CALVINO
VERSUS
WESLEY

Don Thorsen

CALVINO VERSUS WESLEY

Duas teologias em questão

Tradução de Wellington Carvalho Mariano

carisma
EDITORA

Diretora Executiva: Luciana Avelino Cunha

Diretor Editorial: Renato Cunha

Tradução: Wellington Carvalho Mariano

Revisão: Joelson Gomes

Copidesque: Renato Cunha

Capa e diagramação: Marina Avila

Impressão: Unigráfica

1ª edição: 2018

Copyright © 2013 por Don Thorsen originalmente publicado em inglês com o título Calvin vs Wesley: Bringing belief in line with practice. Esta edição em português foi licenciada com todos os direitos reservados para Editora Carisma mediante permissão especial de Abingdon Press.

De acordo com a Lei 9.610/98 fica proibida a reprodução por quaisquer meios a não ser em citações breves com indicação da fonte.

Todas as citações bíblicas, salvo indicação em contrário, foram extraídas da versão Almeida Revista e Corrigida da SBB.

Dados Internacionais de Catalogação na Publicação (CIP)

Ficha Catalográfica elaborada pela bibliotecária Maria Jucilene Silva dos Santos CRB-15/722

F518c
    Thorsen, Don.
    Calvino versus Wesley : duas teologias em questão / Don Thorsen ; tradução de Wellington Carvalho Mariano ; revisão de Joelson Gomes. – Natal, RN : Carisma, 2018.
    240 p. ; 16x23cm.

    ISBN 978-85-92734-06-0

    1. Teologia cristã. 2. Calvinismo. 3. Wesleyanismo.
I. Mariano, Wellington Carvalho, trad. II. Gomes, Joelson, rev. III. Título.

    CDU 27-1

---

carisma
EDITORA

Rua Des. José Gomes da Costa, 1887, Cj. 502-B
Capim Macio, Natal - RN, CEP 59.082-140
editoracarisma.com.br | sac@editoracarisma.com.br

*À minha filha
Heidi Thorsen.*

*Que você possa continuar a crescer
"em sabedoria e em anos,
e em favor divino e humano".*

Sumário

- **PREFÁCIO À EDIÇÃO BRASILEIRA**   11
- **PREFÁCIO**   13
- **ABREVIAÇÕES**   16

- **INTRODUÇÃO**

Os cristãos imitam mais a Wesley do que a Calvino

Teoria e Prática	21
Em Louvor a Calvino	26
Em louvor a Wesley	27
Comparando Wesley e Calvino	29
Mais e Menos de Algo	29
Apêndice: TULIP e ACURA	32
Perguntas para discussão	35

- **CAPÍTULO 1**

Deus: Mais amor do que soberania

O Ser de Deus na Visão de Calvino	38
O Ser de Deus na Visão de Wesley	44
O Amor de Deus	50
A Importância de Nossas Visões sobre Deus	54
Conclusão	56

- **CAPÍTULO 2**

A Bíblia: Mais fundamento primário do que autoridade exclusiva

A Bíblia na Perspectiva de Calvino	60
O *Sola Scriptura* de Calvino	64
A Bíblia na Perspectiva de Wesley	66
Wesley e a *via Media*	70
O Quadrilátero Wesleyano	72
Conclusão	74

■ CAPÍTULO 3

Humanidade: Mais liberdade do que predestinação

Imagem Acerca de Deus e do Pecado	78
Predestinação e Pecado	82
Dupla Predestinação	86
Livre-arbítrio = Graça Livre	90
Monergismo e Sinergismo	92
Conclusão	95

■ CAPÍTULO 4

Graça: Mais preveniente do que irresistível

O que é Graça?	101
Graça Eficaz	102
Graça Preveniente	103
Duas Histórias	106
Tipos de Graça	109
Meios de Graça	112
Conclusão	115

■ CAPÍTULO 5

Salvação: Mais ilimitada do que limitada

Expiação	121
Ordem da Salvação (*Ordo Salutis*)	124
A Visão de Calvino sobre a Salvação	127
Justificação pela Graça Através da Fé	128
A Visão de Wesley sobre a Salvação	130
Segurança da Salvação	133
Conclusão	135
Perguntas para Discussão	137

■ CAPÍTULO 6

Espiritualidade: Mais santidade do que mortificação

Espiritualidade Cristã	141
Mortificação e Vivificação	142
Santidade e a Vida Cristã	150
Plena Santificação	153
Conclusão	158

■ CAPÍTULO 7

Igreja: Mais católica do que magisterial

Natureza da Igreja	163
Igreja Magisterial	166
Crenças Fiéis, Viver Fiel	173
Da Igreja	174
Espírito Católico	177
Conclusão	179

■ CAPÍTULO 8

Ministério: Mais Empoderador que Triunfal

Variedades de Ministério	184
A Visão Ministerial de Calvino	186
Liderança e Ministério	188
Cessacionismo	190
A Visão Ministerial de Wesley	193
Liderança Empoderadora	195
Conclusão	197

■ CONCLUSÃO

Alinhando a crença à prática

Alinhando mais do que Crença à Prática	202
Oito Razões	204
1. Deus: Mais Amor do que Soberania	204
2. Bíblia: Mais Fundamento Primário do que Autoridade Exclusiva	205
3. Humanidade: Mais liberdade do que Predestinação	206
4. Graça: Mais Preveniente do que Irresistível	207
5. Salvação: Mais ilimitada do que Limitada	208
6. Espiritualidade: Mais santidade do que Mortificação	208
7. Igreja: Mais Católica do que Magisterial	209
8. Ministério: Mais Empoderador do que Triunfal	210
Mais Wesley, Menos Calvino	211
O Que Devemos Fazer Então?	212
Perguntas para discussão	213

■ APÊNDICE

Mais ACURA do que TULIP

Calvino – Armínio – Wesley	216
Os Cânones de Dort e TULIP	218
Entendimento Adequado do Arminianismo	226
Wesley e ACURA	228
Calvinismo x Wesleyanismo	229
Mais ACURA do que TULIP	231

Prefácio à edição brasileira

Se há alguém hoje que está em condições para falar com propriedade a respeito de Calvino e Wesley, este alguém é Don Thorsen. Em primeiro lugar, é um wesleyano de berço que cresceu em uma Igreja Metodista Livre. Cursou teologia no *Asbury Theological Seminary*, onde aprofundou-se na compreensão da teologia wesleyana. Por outro lado, ele também conheceu bem de perto o calvinismo enquanto cursava sua pós-graduação em teologia no *Princeton Theological Seminary*. Curiosamente, nesta casa ele foi convencido da superioridade da teologia wesleyana, de modo que, posteriormente, veio a concluir seu doutoramento na *Drew University* aprofundando-se nas pesquisas concernentes a Wesley e ao Metodismo em geral.

Neste livro, veremos que Calvino e Wesley têm muito mais coisas em comum do que nós brasileiros já refletimos a respeito. O propósito do autor não é combater o calvinismo, mas mostrar em que sentido Calvino e Wesley divergem, bem como quais as implicações práticas de tais divergências a respeito de questões fundamentais da fé cristã. Thorsen também observou que a maioria dos evangélicos, mesmo os calvinistas, vivem na prática muito mais de acordo com a teologia de Wesley do que com a sua própria, ao passo que infelizmente muitos têm ignorado o valor intrínseco e influência característicos de Wesley. Assim, Thorsen rebate o preconceito de que Wesley foi bom para descrever a vida cristã na prática, mas falhou em descrevê-la adequadamente em uma sistematização teórica. Com efeito, o livro ressalta que apesar de Wesley não ter sistematizado sua teologia do modo estruturalmente formal como Calvino o fez, seus escritos revelam uma compreensão teológica que se conjuga à prática de maneira muito mais assertiva que a de Calvino.

O leitor deste livro, quer seja ou não wesleyano, deduzirá igualmente como Wesley produziu prolificamente, estabelecendo-se como um teólogo completo que soube conciliar, singularmente, teorização teológica e prática consistente de uma vida cristã tendo a Bíblia como principal recurso. Isto consequentemente promoveu impacto pessoal com reflexo positivo no aspecto social, abrangendo espírito e corpo, piedade e misericórdia, fé e razão. O livro inicia abordando como ambos viam Deus e a Bíblia, para depois discorrer sobre como entendiam a humanidade, graça, salvação e espiritualidade. Conclui com uma abordagem da compreensão deles a respeito da igreja e das questões relacionadas ao ministério. Thorsen procura apresentar o pensamento de Calvino e Wesley da maneira mais justa e imparcial, concentrando-se nos escritos originais a fim de evitar que estudos posteriores de teólogos calvinistas e wesleyanos não influenciassem a partir de uma representação inadequada do pensamento primário.

Recomendo a leitura deste livro a todos que desejam obter uma compreensão mais abrangente e precisa do pensamento teológico de ambos, sobretudo a que observem as implicações práticas para a vida cristã e missão da Igreja. Os temas abordados demonstram-se relevantes visto que o debate envolvendo as duas vertentes doutrinárias continua motivando as gerações que se sucedem. E, claro, por entender que não há espaço para desprezar sua importância no processo contínuo de edificação dos santos.

JOSÉ ILDO SWARTELE DE MELLO
Bispo da Igreja Metodista Livre do Brasil

Prefácio

Há um bom tempo eu penso que os cristãos vivem notavelmente de maneira semelhante à maneira como João Wesley descreveu o Cristianismo e o viver cristão. Contudo, os cristãos geralmente não compreendem ou apreciam as percepções dele acerca do ensino bíblico e das maneiras reais como vivem. Parece-me que é como se Wesley fosse muito bom em descrever a vida cristã na *prática*, mas não foi persuasivo ao descrevê-la em *teoria*. Essa discrepância entre teoria e prática é infeliz. Isto me ficou aparente quando li uma crítica da espiritualidade Wesleyana de Glenn Hinson, que disse: "o pensamento wesleyano sempre se sai melhor na prática do que na teoria".[1]

Minha criação é Wesleyana. Eu cresci em uma Igreja Metodista Livre, embora eu não possa dizer que tudo que ouvi e observei fosse muito Wesleyano. Estudei na Universidade de Stanford, que certamente não era cristã, muito menos Wesleyana. Depois eu estudei no Seminário Teológico Asbury, onde primeiramente

---

1 E. Glenn Hinson, "A Contemplative Response", em *Christian Spirituality: Five Views of Sanctification*, ed. Donald L. Alexander (Downers Grove, IL: Inter Varsity Press, 1988), p. 129.

recebi treinamento teológico e ministerial aprofundado em Wesley e Metodismo. Entretanto, não foi até eu concluir meus estudos de pós-graduação no Seminário Teológico de Princeton — uma instituição Reformada de educação avançada — que eu me convenci da teologia Wesleyana. Daí em diante, eu prossegui para minhas pesquisas de doutorado em Wesley e estudos Metodistas na Universidade Drew, onde obtive meu PhD em estudos teológicos e religiosos.

No curso dos anos, conheci muitos cristãos fora da tradição Wesleyana. Muito frequentemente eles viviam de maneira que mais se parecia com a maneira com a qual Wesley descreveu a vida cristã do que se assemelhasse com suas próprias tradições teológicas. Em particular, eu pensei que tal avaliação se aplicava a cristãos que conheci da tradição Reformada seguidores da liderança teológica de João Calvino. Apesar de eles reivindicarem serem Calvinistas, eles viviam mais como Wesley. Na verdade, eu argumento neste livro que a maioria dos cristãos Protestantes com quem estou familiarizado, incluindo aqueles de tradições Reformadas, vive na prática mais da maneira que Wesley via Deus, a Bíblia, a salvação, a espiritualidade, a igreja, e o ministério. Se minha tese estiver correta, então os cristãos fariam bem em aprender mais acerca de Wesley.

Neste livro, eu me empenho em explicar como Wesley representa muito bem o Cristianismo bíblico, holisticamente concebido, e em promover suas crenças, valores, e práticas. Eu considero tais fatores poderosamente instrutivos para viver vidas que são ambas biblicamente embasadas e relevantes em termos práticos para as pessoas: individual e socialmente; espiritual e fisicamente; eclesiástica e ministerialmente. É minha esperança que outros venham a concordar comigo.

Existem muitas pessoas que eu quero agradecer por me ajudar. Quero começar agradecendo minha editora, Kathy Armistead, por primeiro me desafiar com o projeto de escrever este livro. Ademais, eu sou muito grato a Greg Crofford e minha filha Heidi Thorsen, que leram o manuscrito por completo e me deram valiosos conselhos. Também quero agradecer amigos e colegas que me deram sugestões em capítulos específicos. Eles incluem Larry Wood, Steve O'Malley, Don Dayton, Dennis Okholm, Heather Clements, Brian Lugioyo, Todd Pokrifka, Dan Clendenin, Bernie Van der Walle, Kurt Richardson, Sung Wook Chung, e Dave Bundy.

Também quero agradecer ao Ken Collins a ao Seminário Teológico Asbury, que hospedou o Seminário de Verão de Estudos Wesleyanos, onde eu comecei a trabalhar neste livro. Participantes do seminário me ofereceram conselhos úteis. Eles incluem Larry Wood, Steve O'Malley, Allan Coppedge, e Joe Dongell, que são professores no seminário. Colegas de seminário que contribuíram com meu livro incluem Greg Crofford, Phil Meadows, Bill Faupel, Tom Barlow, Soren Hessler, Ray Degenkolb, Tim Woolley, Rebecca Howell, Corey Markum, Susan Carole, e Chris Johnson.

Quero agradecer a Azuza Pacific University, por fornecer uma bolsa de estudos de doutorado que me ajudou a pagar pela minha viagem para o Seminário de Verão de Estudos Wesleyanos. Também recebi fundos da universidade para auxílio de pesquisa, e agradeço Chris Tansey por sua ajuda. Além disso, quero agradecer meus amigos e colegas na Azusa Pacific que me deram encorajamento para a escrita da obra. Eles incluem Steve Wilkens, Keith Reeves, Brian Lugioyo, Scott Daniels, Kay Smith, Karen Winslow, Roger White, Keith Matthews, e Lynn Losie. Steve foi especialmente útil como colega de diálogo e entusiasta de intervalo entre as aulas que contribuiu tanto com percepções quanto com humor em todo o processo de escrita.

Por fim, quero agradecer minhas filhas, Liesl, Heidi, e Dana Thorsen, por seu contínuo amor, respeito, e encorajamento. Elas ajudam me motivando a articular em *teoria* o que considero na *prática* ser inestimável para o Cristianismo e o viver cristão. É para a minha filha Heidi que dedico este livro.

Abreviações

João Calvino

Commentários | *Comentário de Calvino*, 22 vols., editado e traduzido por John King (1974 rpt.; Grand Rapids: Baker, 1993).

Institutes | *Institutas da Religião Cristã* (1559), The Library of Christian Classics, vols. 20–21; editado por John T. McNeill; traduzido e indexado por Ford Lewis Battles (Philadelphia: Westminster, 1960); as anotações incluem o sistema de numeração de Calvino e a numeração nos dois volumes (1–2).

Works | *Obras Selecionadas de João Calvino: Tratados e Cartas*, 7 vols. Editado por Henry Beveridge e Jules Bonnet, traduzido por Henry Beveridge, et al. (Grand Rapids: Baker, 1983).

João Wesley

Letters (Telford) | *As Cartas do Rev. John Wesley, A.M.*, 8 vols., editados por John Telford (London: Epworth, 1931).

NT Notes | *Notas Explicativas sobre o Novo Testamento*, 3ª ed. corrigida (Bristol: Graham and Pine, 1760–62; muitas reimpressões posteriores).

Works | *As Obras de João Wesley*; começou como A *Edição Oxford de As Obras de João Wesley* (Oxford: Clarendon, 1975-1983); continuou como A *Edição Bicentenária de As Obras de João Wesley* (Nashville: Abingdon, 1984); até a data foram publicados 18 de 35 volumes.

Works (Jackson) | *As Obras de João Wesley*, 14 vols., editados por Thomas Jackson (London, 1872; Grand Rapids: Zondervan, 1958).

Introdução

Os cristãos imitam mais a Wesley do que a Calvino

Embora João Calvino tenha influenciado profundamente o desenvolvimento do Cristianismo, João Wesley fez um trabalho melhor do que Calvino na conceituação e promoção das crenças, valores e práticas cristãs como descritas na Bíblia, e conforme vividas por cristãos Protestantes. Esta reivindicação surpreende as pessoas porque Calvino é mais frequentemente tido como o porta-voz teológico do Cristianismo, uma vez que ele foi um líder fundador da Reforma Protestante do século XVI. Ironicamente, apesar do apelo professo que os cristãos possam fazer à teologia de Calvino, eles geralmente vivem na prática mais como o ensino, pregação e ministérios de Wesley.

Neste livro, eu quero enfatizar o quão bem Wesley entendeu e incorporou o Cristianismo bíblico; não pretendo denegrir Calvino. Pelo contrário, Wesley concordava com Calvino em muitas questões do Cristianismo. Por exemplo, é de conhecimento de muitos que Wesley disse o seguinte acerca de sua concordância com Calvino na questão da justificação pela graça através da fé: "Penso na justificação da maneira que sempre fiz estes vinte e sete anos, e da mesma maneira que o senhor Calvino pensa. Neste quesito eu não sou diferente dele a largura de um fio de cabelo".[2] Consequentemente, se você — o (a) leitor (a) — espera encontrar um ataque metódico a Calvino neste livro, então você ficará desapontado. Também, se você considera a si mesmo um Calvinista convencido, então pode não gostar deste livro. Afinal de contas, preferir a teologia de uma pessoa mais que outra é o suficiente para chatear alguns tanto pessoalmente quanto teologicamente. E este livro decididamente se posiciona do lado do Wesleyanismo em vez do Calvinismo. Embora eu aprecie as contribuições de Calvino para o Cristianismo, argumento que o entendimento teológico de Wesley sobre a Bíblia e sua aplicação para o viver cristão são superiores aos de Calvino.

Seja como for, se quiser aprender acerca das diferenças entre Wesley e Calvino, então você precisará aprender muito acerca das crenças, valores, e práticas desses dois líderes eclesiásticos, motivo pelo qual também considero Wesley mais hábil do que Calvino em entender e aplicar o Cristianismo bíblico. Além disso, se quiser entender porque Wesley notavelmente liderou um dos maiores avivamentos na história da igreja durante o século XVIII e porque os cristãos Wesleyanos, Metodistas, *Holiness*, e Pentecostais continuam a ser profundamente influenciados por Wesley hoje, então você certamente irá querer continuar a ler este livro.

Como cristãos Protestantes, Wesley e Calvino tiveram mais concordâncias do que discordâncias. Ambos reivindicavam seguir a herança do Cristianismo bíblico. Ambos reivindicavam seguir os antigos credos e ensinos de importantes escritores patrísticos; por exemplo, eles acreditavam na criação divina, nas doutrinas da Trindade e Encarnação, Salvação, Ressurreição, Vida Eterna, e assim sucessivamente. Eles tiveram notáveis discordâncias com as interpretações Católicas Romanas dos credos e escritores da patrística, mas tendiam a concordar acerca do por que discordavam dos Católicos Romanos.[3] Por fim, ambos reivindicaram ser parte da ressurreição do Cristianismo encontrado na

---

[2] John Wesley, *Works* 21, *Journal* 14 de maio de 1765, Carta a João Newton. (Nota: Um período que não aparece na carta original foi acrescentado após a palavra *Sr.*) Embora Wesley tenha concordado com muito do que Calvino acreditava, também discordou de muita coisa.

[3] Saiba que mais tradições católicas existem do que apenas a Igreja Católica Romana. Mas na maioria dos casos a palavra *católica* se refere às crenças, valores e práticas da Igreja Católica Romana.

Reforma e nas tradições Protestantes que os seguiram. Certamente tanto Wesley quanto Calvino foram, e continuam sendo, representantes fundacionais do Protestantismo. Assim, se por nenhum outro motivo, o de melhor entender o Cristianismo como um todo, mostra que tanto Wesley quanto Calvino devem ser estudados.

Existem diferenças, claro, entre Wesley e Calvino. Caso contrário, por que haveria tais divergências teológicas e tradições eclesiásticas se originando a partir deles? E, visando distinguir entre esses dois homens, é importante observar os principais pontos de contraste. Suas diferenças representam áreas cruciais de discordância que continuaram entre os cristãos Protestantes que os seguiram. Assim como Wesley consideraria algumas das crenças, valores, e práticas de Calvino como equivocadas, também Calvino consideraria o mesmo acerca de Wesley. Wesley não pensava que tais diferenças excluíam Calvino de ser considerado bíblico e ortodoxo, mas ele realmente as considerava cruciais para o viver cristão espiritualmente frutífero. Talvez se Calvino tivesse tido a oportunidade de avaliar as crenças, valores e práticas de Wesley poderia ter dito o mesmo acerca dele. Nós não sabemos, contudo, uma vez que Calvino viveu dois séculos antes de Wesley, e é anacronístico — isto é, historicamente fora de lugar — especular.

Durante o período de sua vida, Wesley abertamente discordou dos seguidores de Calvino, embora tais discordâncias não o impedissem de ministrar ao lado deles. Mais notavelmente, ele discordou da teologia Calvinista de George Whitefield, que foi um amigo por toda a vida de Wesley. Assim como Wesley apresentou a Whitfield o valor de reuniões de pequenos grupos e o viver em santidade, Whitfield apresentou a Wesley o valor da pregação e evangelismo ao ar livre. Whitfield viajou para as colônias estadunidenses onde ajudou a encabeçar o Primeiro Grande Avivamento. Na Bretanha, Wesley liderou o avivamento Metodista, que semelhantemente contribuiu para a renovação espiritual do mundo de fala inglesa do século XVIII. Apesar de seu debate público, ambos os homens confirmaram e honraram os ministérios um do outro para o assombro tanto de cristãos como de não cristãos que os observavam.

Então, falar acerca do Wesley acertou e o que Calvino errou não implica uma briga arrasadora e prolongada entre cristãos. Mas isto sugere uma oportunidade para ver como dois líderes discordavam um do outro, e por que as pessoas seguem a liderança espiritual de Wesley em vez da de Calvino. De fato, uma das teses deste livro é que um número surpreendente daqueles que reivindicam ser Calvinistas realmente vivem mais como Wesley. Os Calvinistas pensaram suficientemente acerca das implicações da teologia de Calvino concernente à maneira que eles realmente vivem como cristãos? Outros cristãos pensaram de maneira suficiente acerca das implicações de sua teologia concernente à maneira que eles realmente vivem como cristãos? Conforme o subtítulo deste livro sugere, estudar Wesley ajudará os cristãos a "alinhar crença à prática".

Teoria e Prática

Penso que uma das coisas mais difíceis na vida para as pessoas fazerem é viver de maneira consistente, sem hipocrisia. Muitas delas, indubitavelmente, concordariam com esta afirmação. Contudo, ironicamente, elas podem concordar por motivos diferentes dos que eu intenciono. Muito comumente elas acreditam possuir crenças e valores corretos, mas repetidamente não conseguem viver de acordo com estes pontos na prática. Por exemplo, as pessoas têm uma grande concepção do valor de uma dieta saudável, mas lamentavelmente não conseguem segui-la; ou podem entender como organizar suas finanças, mas na prática, não conseguem viver com aquele orçamento. A mesma coisa é verdadeira em questões espirituais: as pessoas podem imaginar como pensam que devem viver, embasadas na Bíblia ou outros valores cristãos, mas repetidamente não conseguem vive-los na prática. Geralmente tais deficiências são atribuídas ao pecado ou ao diabo, e essa pode ser a causa. Todavia, não é sempre nossa *prática* – nossos pensamentos, palavras, e ações – que são flagrantemente deficitários; nós também podemos estar vivendo vidas deficientes na *teoria* teológica, sustentando crenças e valores religiosos que mais enfraquecem nossas vidas cristãs do que nos fortalecem.

Por conseguinte, argumento que cristãos podem viver melhor do que pensam – isto é, melhor do que pensam que acreditam. Por exemplo, algumas pessoas comem mais saudavelmente do que podem descrever teórica ou cientificamente (nem todas as pessoas – analise a si mesmo – mas para algumas este é o caso). Semelhantemente, algumas pessoas lidam com seu orçamento e dinheiro ou seu tempo e responsabilidades do trabalho melhores do que eles podem articular de uma maneira formal, lógica ou em termos de agenda. Na verdade, algumas pessoas são relativamente não conscientes do que fazem, incluindo-se o que fazem bem. E, eles estariam melhores se tivessem maior percepção acerca do que realmente acreditam e valorizam. Pelo fato de cada um de nós termos dons, habilidades, e talentos específicos, algumas coisas se tornam mais fáceis – talvez de maneira consciente ou inconsciente – do que para outras. Em tais casos, as pessoas se beneficiam dessa maior autoconsciência ou autoconhecimento do que os motivam espiritualmente, emocionalmente, intelectualmente e relacionalmente. É certo que algumas pessoas podem se angustiar se descobrirem que suas ideias mais amadas não se encaixam na prática. Então, por toda extensão deste livro eu defendo que uma vida examinada supera de longe uma vida sem autocrítica, e que as pessoas fariam bem em ter suas crenças e valores mais semelhantes do que dessemelhantes em relação a como vivem na prática.

Um tema repetido em todo o livro é que Wesley fornece um melhor entendimento do cristianismo e a vida cristã na prática do que Calvino o faz na teoria. Em outras palavras, Wesley captou melhor a maneira biblicamente descrita que os cristãos devem viver suas vidas — clarificando seus desafios espirituais, esperanças, e sucessos — do que Calvino o fez. Em razão de Wesley não ser um teólogo sistematicamente orientado, como Calvino o era, sua teologia tem sido às vezes assumida como inferior à lógica teológica e ao sistema abrangente de crença de Calvino. Não é que Wesley não fez uso da lógica, pensamento crítico, e argumentação persuasiva; ele simplesmente não desenvolveu um sistema de teologia per se. Mas Wesley teve uma teologia bem concebida e a viveu de maneira consistente.

Por outro lado, a força teológica de Calvino também foi sua maior fraqueza. A vida, incluindo a vida cristã, não é algo necessariamente melhor descrito como um sistema — uma interconexão logicamente construída de crenças e valores. Tal descrição pode ser mais aplicável à filosofia racionalista ou ao escolasticismo cristão do que à Bíblia e ao cristão em si. Ao passo que a teologia sistemática é racionalmente atraente e culturalmente respeitável, na sociedade ocidental especialmente falando, a abordagem teológica menos sistemática e mais orientada pela prática de Wesley é mais apropriada. Essa pertinência é verdadeira quando tratamos de descrever as dinâmicas do cristianismo bíblico em geral, e, em especial, da vida no Espírito — o Santo Espírito de Deus.

De acordo com Wesley, um dos problemas com a abordagem sistemática da teologia é que ela pode ver o Cristianismo muito estreitamente em termos do que se encaixa e o que não se encaixa no sistema. Por exemplo, em toda a sua vida, Wesley sentiu que os Calvinistas equivocadamente o acusavam de advogar justiça (retidão) pelas obras, quando Wesley, consistentemente, advogava justificação pela graça por meio da fé. No final de sua vida, Wesley utilizou as deliberações teológicas Calvinistas. Sobre isto ele afirmou:

> Eu estava em perplexidade quando um pensamento acometeu minha mente, que resolveu o problema imediatamente: "Isto é a chave: Aqueles que sustentam, 'todos são absolutamente predestinados quer para a salvação ou condenação', não veem um meio entre salvação pelas obras e salvação por decretos absolutos". Segue, que todo aquele que nega a salvação por decretos absolutos, ao assim fazer (de acordo com o entendimento deles) afirma a salvação pelas obras.[4]

Wesley reconheceu que aqueles que desenvolvem sistemas de teologia cristã fortemente se devotam a logicamente rejeitar crenças e valores que diferem ou talvez desafiem seu sistema, e fazem isso mesmo no caso em que concordar com seu sistema traia paralelamente a evidência bíblica e o senso comum. Não é que Wesley fosse ilógico e incoerente em desenvolver suas crenças e valores. Afinal de contas, Wesley lecionou na Universidade de Oxford, ensinou lógica, e fez uso de habilidades de pensamento crítico ao escrever suas obras. Mas suas crenças e valores não foram desenvolvidos em um todo sistemático que exigiam apologética e polemismo a fim de preservar um sistema como visão de Cristianismo; as crenças e valores de Wesley eram mais flexíveis, construídas sobre um entendimento dinâmico da presença contínua do Espírito Santo nas vidas das pessoas.

Aqueles que enfatizam a teologia sistemática estão fortemente investidos em argumentar proposicionalmente que suas crenças e valores são corretos e que outras crenças e valores proposicionais estão errados, ou eles ao menos denunciam outras crenças como argumentos perigosos que, por fim, revelam seu erro. Sistematizadores não prontamente admitem que crenças, valores, e práticas cristãs podem variar de pessoa para pessoa e de igreja para igreja. Eles focam mais no que pode ser racionalmente provado certo ou errado, consistente ou inconsistente, independente da comensurabilidade com as circunstâncias de questões e preocupações da vida real. Entretanto, a partir da perspectiva

---

4 John Wesley, "Thoughts on Salvation by Faith", §5, *Works* (Jackson), XI: 493–94.

de Wesley, a criação de sistema e proposição embasados em apologética e polemismo muito comumente falha em capturar a vitalidade liderada pelo Espírito do que ele propôs-se chamar de "religião do coração" – um conceito por demais categoricamente não sistêmico e demasiadamente orientado pelo Espírito para os Calvinistas.[5]

Por outro lado, Calvino naturalmente falava do Espírito Santo e de mistérios que envolvem o Cristianismo. Não é como se ele não levasse em conta tais paradoxos da fé. Calvino estava intelectualmente consciente e era arguto em relação à histórica disputa teológica. Mas para ele, a unidade racional de sua teologia suplantava as variações de experiências individuais de fé, esperança, amor e outros encontros dirigidos pelo Espírito com Deus e outros. Certamente, mistérios e paradoxos existiam na teologia de Calvino, mas eles eram considerados irrelevantes em relação às excelências do poder explanatório de sua teologia sistemática.

Na igreja primitiva, a expressão *complexio oppositorum*[6] era utilizada para descrever afirmações teológicas que aparentemente sustentavam proposições contraditórias. Por exemplo, pelo fato de se pensar que Deus, em última instância, transcende todas as descrições humanas (mesmo descrições bíblicas), existe necessariamente um nível de mistério ou paradoxo concernente às descrições cristãs de Deus, que imanentemente interage com pessoas. A complexidade poderia ser dita verdadeira da teologia de Calvino (ou de qualquer teólogo cristão, para a questão). Afinal de contas, Calvino sistematicamente retratava Deus e todas as questões pertinentes a Deus de uma maneira que honrava a transcendência de Deus enquanto que ao mesmo tempo fazia justiça à presença e relacionalidade imanente Dele. Por que cristãos "andam pela fé, não por vista" (2Co 5.7), tentativas de explicar Deus plenamente – incluindo aquelas de Calvino – foram evitadas. Apesar desta complexidade, cristãos também têm sido confiantes acerca do nível ao qual Deus e os decretos de Deus podem verdadeiramente ser entendidos e comunicado aos outros. Calvino representa um dos teólogos mais confiantes em termos de certeza com a qual pronunciamentos doutrinários podem ser feitos acerca de Deus e das obras de Deus. Isso não significa que sofisticação e nuance não sejam importantes ao se estudar Calvino; eles são. Mas mais importante do que a maioria, Calvino pensava que Deus e todas as questões relacionadas a Deus podem ser pronunciadas com confiança, mesmo se isso significar que existem algumas questões

---

5 Wesley, "Preface", §6, *Sermons, Works*, 1.103–4.
6 Do Latim, que significa "o complexo de opostos"

e preocupações que os cristãos devam evitar, uma vez que estas questões e preocupações não se encaixem num todo sistemático.

Apesar da abordagem mais prática de Wesley com a teologia, ele melhor entendeu, respondeu a, e deu direção aos desafios que as pessoas enfrentam. Estes desafios incluem a maneira que o Espírito Santo conduz e dá poder as pessoas, e como as pessoas precisam ser fiéis na forma que vivem em resposta a Deus, a Bíblia, e amando seus próximos como a eles mesmos. A inclinação de Calvino para a criação de sistema não é o valor cristão mais elevado, e fazendo assim se perde mais da dinâmica da vida cristã do que se tem contribuição da razão e da lógica. Novamente, isto não quer dizer que a raciocínio, razão, e lógica não sejam importantes; só significa que eles não devem receber mais valor do que a fé, esperança, e amor, que são mais relacionais do que racionais por natureza. E relacionamentos, afinal de contas, podem ser desordenados ou inexatos em se tratando de descrevê-los, incluindo nosso relacionamento com Deus. Isso não quer dizer que os cristãos não devam tentar habilmente entender Deus, a si mesmos, seus relacionamentos, e outras questões religiosas. Mas há necessidade de haver maior disposição para investigar a desordem do Cristianismo, incluindo todos os seus mistérios e paradoxos, do que não fazê-lo.

Wesley sabiamente conhecia a necessidade de manter em tensão determinados opostos comumente mantidos em separado. William Abraham descreve Wesley e sua teologia da seguinte maneira:

> A significância de Wesley como teólogo repousa fundamentalmente em sua habilidade para sustentar em conjunto elementos da tradição cristã que geralmente são separados e expressos em isolamento. Assim sendo, ele integra ênfases contrastantes que são vitais a uma visão saudável e abrangente da fé cristã.
>
> Considere os seguintes pares disjuntivos: fé, obras; devoções pessoais, prática sacramental; piedade pessoal, preocupação social; justificação, santificação; evangelismo, educação cristã; Bíblia, tradição; revelação, razão; comprometimento, civilidade; criação, redenção; grupos em célula, igreja institucional; cena local, paróquia mundial.[7]

---

[7] William J. Abraham, *The Coming Great Revival: Recovering the Full Evangelical Tradition* (San Francisco: Harper & Row, 1984), p. 67.

Como resultado da abordagem integradora e prática de Wesley para entender o Cristianismo bíblico, sua teologia foi existencialmente relevante e aplicável, mesmo não sendo sempre expressa com a categorização precisa de uma teologia sistemática.

Em Louvor a Calvino

João Calvino (1509-1564) foi inegavelmente um dos mais influentes líderes cristãos de todos os tempos, não apenas da Reforma Protestante. Juntamente com Martinho Lutero e Ulrico Zwínglio, Calvino foi uma das figuras mais significativas para o ressurgimento espiritual do Cristianismo na Europa continental durante o século XVI. Ele foi um escritor prolífico que mais notavelmente viveu e trabalhou em Genebra, onde comandou as igrejas suíças que iniciaram a tradição Reformada do Protestantismo. Seguindo a liderança teológica e eclesiástica de Zwínglio e William Farel, Calvino pregou e ensinou regularmente nas igrejas genebrinas. Ele foi um apologista do Protestantismo, e seus escritos serviram para estabelecer o Movimento Reformado, que se separou da autoridade eclesiástica e política da Igreja Católica Romana. Calvino também foi polêmico quando considerou necessário desafiar ideias e ações cristãs alternativas que ele julgava heréticas ou uma ameaça ao entendimento Reformado de Cristianismo bíblico.

Um de seus maiores legados foi a escrita das *Institutas da Religião Cristã*, publicada primeiro com seis capítulos em 1536. Por todo o período de sua vida, Calvino revisou as *Institutas* várias vezes, ocasionalmente expandindo seu comprimento e outras vezes acrescentando capítulos. Ele publicou sua edição final em 1559, com oitenta capítulos divididos em quatro volumes ou livros. Falando em termos gerais, o primeiro livro lidava com Deus e criação; o segundo, lidava com Jesus Cristo e redenção; o terceiro livro tratava sobre o Espírito Santo e justificação; o quarto livro lidava com a igreja e ministério. É difícil calcular a importância que as *Institutas* têm tido no moldar de incontáveis vidas e congregações por cinco séculos. Em uma única publicação, Calvino foi capaz de destilar suas crenças teológicas básicas, valores morais, e práticas ministeriais. Se alguém quisesse uma publicação a qual ele ou ela pudesse, em troca, entender a essência da teologia reformada, então as *Institutas* forneciam uma única fonte para entendê-la. Se um cristão ou igreja pudesse se voltar a um *corpus*, além da Bíblia, para articular sua fé ou a fé da igreja, então as *Institutas* de Calvino representava um compêndio abrangente e sistemático de crenças, valores, e práticas que poderiam ser utilizados com autoridade entre cristãos Protestantes.

Juntamente com as *Institutas*, Calvino encorajava as pessoas a estudar comentários da Bíblia escritos por ele. Publicou comentários exegéticos sobre quase todos os livros neotestamentários e muitos do Antigo Testamento. Estes ajudaram as pessoas a estudar a Bíblia com mais profundidade na medida em que elas se empenhavam em entender o Cristianismo em um contexto pós–católico romano e pós–império romano. Ademais, Calvino publicou sermões, criou catecismos, e até mesmo escreveu hinos para a adoração e nutrição das pessoas nas igrejas. Para adicionalmente servir às pessoas, Calvino instituiu um lugar de educação cristã, que incluía um *collège* para a instrução de crianças e uma *académie* para a educação avançada de alunos. Ele enviou pastores como missionários, em especial para seu país de origem, a França, e gerenciou um *consistoire* (ou concílio), que serviu como uma corte eclesiástica para decidir acerca de questões da fé, valores, e práticas cristãs, mesmo exercendo a autoridade para censurar, excomungar, e mais em relação aos considerados hereges. A estas realizações, outras poderiam facilmente ser acrescentadas, incluindo a influência que exerceu na expansão do movimento Protestante por toda a Europa continental e Bretanha. Compreensivelmente, Calvino jamais viu a plena extensão de sua influência, uma vez que ela continua a crescer até o dia de hoje.

Em louvor a Wesley

João Wesley (1703–1791) viveu aproximadamente dois séculos após Calvino. De muitas maneiras, seus contextos sociais, políticos e eclesiásticos foram dramaticamente diferentes, e tais diferenças devem ser tidas em mente ao compararmos os dois líderes. Durante o período de sua vida, Calvino esteve mais envolvido com o estabelecimento da igreja de Genebra contra séculos de poder Católico Romano (político e também eclesiástico). Wesley, contudo, esteve mais envolvido com a renovação da Igreja da Inglaterra – a Igreja Anglicana – que ele argumentava havia perdido sua vitalidade espiritual. Calvino tentou defender zelosamente e argumentar de maneira clara em favor da tradição

Reformada, ao passo que Wesley quis evangelizar e moldar meios eficazes de formação espiritual. Naturalmente, Wesley e Calvino foram semelhantes de muitas formas. Ambos eram decididamente bíblicos; ambos foram dedicados ao bem-estar da igreja; e ambos empenharam-se em disseminar suas crenças, valores, e práticas.

Wesley foi ministro anglicano ordenado que serviu como missionário, foi professor em Oxford, e por fim – com seu irmão Carlos – tornou-se um dos cofundadores do Metodismo. O metodismo foi um movimento de renovação cristã que renovou pessoas na Bretanha como também no recém-estabelecido Estados Unidos da América. O Metodismo funcionou como uma ordem dentro da Igreja Anglicana, com sociedades Metodistas que se reuniam no meio da semana, com reuniões de aulas, e pessoas selecionadas que proviam pequenos grupos de responsabilidade para a promoção da vida santa e ministério. Ele designou ministros itinerantes que viajaram amplamente para apoiar as sociedades Metodistas, incluindo homens e mulheres que serviram como ministros locais leigos. Wesley promoveu evangelismo, missões, e vários ministérios sociais. Além de criar escolas e orfanatos para crianças, ele advogou em prol da reforma presidiária e a abolição da escravatura.

Apesar de Wesley ser melhor conhecido por sua liderança no Metodismo, ele também foi um escritor prolífico. Como ministro, escreveu muitos sermões, compilando mais de 150 em sua coleção de sermões juntamente com suas *Notas Explicativas do Novo Testamento*, que serviram como diretrizes doutrinárias para os Metodistas. Além disso, Wesley publicou suas cartas, uma série em forma de diário que abrangeu um período de quase cinquenta anos de sua vida, além de uma antologia de trinta volumes de escritos cristãos intitulada *Biblioteca Cristã* contendo "Extratos e Resumos de Artigos Selecionados de Teologia Prática que Foram Publicados em Língua Inglesa". Wesley não escreveu uma teologia sistemática; em vez disso, ele resolveu falar "*ad populum* – para a maior parte da humanidade – para aqueles que nem apreciam e nem entendem a arte do pensar, mas que não obstante são juízes daquelas verdades que são necessárias à felicidade presente e futura".[8] Consequentemente, Wesley publicou múltiplos volumes de literatura cristã que cristãos e igrejas continuam a utilizar.

---

8 Wesley, "Preface", §2, em *Sermons, Works* (1.103–4).

Comparando Wesley e Calvino

Ao comparar Wesley a Calvino, eu não pretendo discutir todas as suas crenças, valores, e práticas. Em vez disto, planejo focar em algumas das diferenças basilares entre eles, e as implicações destas diferenças no entendimento que tinham da igreja e do ministério. Esta abordagem irá ainda destacar importantes afirmações teológicas tanto de Wesley quanto de Calvino. Os leitores podem ficar seguros de que estudarão a essência do entendimento de ambos em relação a Deus, a humanidade, pecado, salvação, a igreja e ministério. Nem toda doutrina será estudada, mas grande extensão de suas crenças, valores, e práticas serão discutidas.

Focarei primariamente nos escritos de Wesley e Calvino, em vez da literatura secundária acerca deles. Isto será fácil uma vez que ambos os homens foram autores prolíficos. Eu trarei literatura secundária acerca dos dois homens quando for apropriado, em especial quando se tratar de seus respectivos contextos históricos, mas, sobretudo me deterei nos escritos primários.

Planejo evitar desenvolvimentos posteriores de "Calvinismo" e "Wesleyanismo", conforme se desenrolaram após o tempo dos respectivos líderes. Certamente, nós às vezes ouvimos mais acerca do Wesleyanismo e tradições Metodistas do que acerca de Wesley. Estas tradições podem revelar demais acerca de seus fundadores, às vezes trazendo percepções ou implicações com as quais estes fundadores não estavam preocupados ou, talvez, desconhecessem. Outras vezes os seguidores de Calvino e Wesley – Calvinistas e Wesleyanos – representam equivocadamente e mesmo distorcem as ideias dos seus fundadores. Embora tais informações possam ser de ajuda para se entender Calvino e Wesley, tal não será o foco deste livro. Em vez disto, focarei nos escritos originais dos dois autores.

Mais e Menos de Algo

Ao avaliar Wesley e Calvino, minha abordagem será acerca de como eles enxergam diferentes crenças e valores do Cristianismo, em especial aqueles que diretamente influenciam as vidas dos cristãos. Assim sendo, começarei por discutir como eles viam Deus e a Bíblia, uma vez que estes são pontos básicos para a vida cristã. Darei continuidade falando acerca de como Wesley e Calvino entendiam a humanidade, graça, salvação e espiritualidade. Por fim, discorrerei acerca de como eles entendiam a igreja e outras questões relacionadas ao ministério.

Investirei mais tempo falando acerca dos escritos de Wesley e Calvino do que sobre suas abordagens interpretativas da Bíblia por si só. Isso pode desapontar alguns leitores, uma vez que eles poderiam querer analisar mais intimamente como cada homem lidava com determinadas passagens bíblicas. Entretanto, algumas destas passagens serão, naturalmente, investigadas. Além disso, tanto Wesley quanto Calvino reivindicaram que suas crenças, valores e práticas estavam embasadas primariamente na Bíblia. Portanto, não se trata de estabelecer aqui quem era mais bíblico em relação ao outro, já que ambos foram completamente conhecedores da Bíblia e construíram suas respectivas teologias sobre ela. Eles simplesmente não concordavam com a interpretação um do outro, e então o foco deste livro será mais em comparar e contrastar o entendimento hermenêutico de cada qual do que fazer exegese bíblica.

Comparações revelarão que Wesley e Calvino têm mais em comum do que o contrário. Entretanto, é nas diferenças focaremos com mais frequência, não porque quero ser contencioso, mas porque é a maneira que deve ser seguida a fim de contrastar os dois e de salientar suas distinções – o que os faz se destacarem dentre outros na história da igreja. Sem qualquer dúvida, algumas das diferenças tornaram-se grandes pontos de controvérsia entre Protestantes posteriores. Alguns dos debates teológicos surgiram durante a vida de Calvino, e tais debates terminaram em bem mais do que sentimentos feridos; excomunhões, banimentos, e até mesmo execuções ocorreram. Hoje, debates sobre os mesmos tipos de questões acerca das quais Wesley e Calvino discordaram continuam a dividir cristãos. Então a comparação de Wesley e Calvino não é um debate histórico essencialmente nostálgico sem relevância contemporânea, pelo contrário. Cristãos devem estar conscientes das questões teológicas envolvidas de sorte que possam se tornar mais informados e mais preparados para decidir por si mesmos acerca dos assuntos debatidos. Embora possamos achar difícil decidir, as questões são por demais importantes para serem ignoradas. Na verdade, o fato de termos como mais persuasivo – Wesley ou Calvino – pode ter implicações bem abrangentes acerca de como vivemos como cristãos e ministramos a outros.

Ao comparar Wesley e Calvino, minha abordagem será mostrar ênfases entre as crenças, valores e práticas dos dois líderes cristãos. Tentarei evitar fazer comparações do tipo ou isto ou aquilo, embora em alguns casos esta reação seja inevitável. Este pensamento dualista – do "ou isto ou aquilo", pode danificar descrições acuradas das visões tanto de Wesley quanto de Calvino. Embora eu me posicione com Wesley, em vez de Calvino, tento ser justo nas visões de ambos os homens de maneira que as comparações sejam genuínas em vez de forçadas. Não é justo criar um "espantalho", por assim dizer, que não descreve com precisão as visões de Calvino, apenas para derrota-lo. Pelo contrário, penso que existem diferenças genuínas o bastante entre Wesley e Calvino de maneira que os contrastes não precisam ser fabricados. Se os leitores considerarem que erro ao apresentar Calvino – ou, aliás, Wesley – então peço desculpas e estou disposto a ser corrigido. No mínimo, é minha intenção ser o mais preciso e imparcial quanto possível.

Por exemplo, ao falar sobre como Wesley e Calvino enxergavam o ser de Deus, ambos acreditavam em sua soberania. Ambos acreditavam que Deus é todo-poderoso, e ambos acreditavam que ele é amável. Não é que eles não acreditassem nestas coisas acerca de Deus, porque as coisas têm mais a ver sobre a forma de como acreditavam nelas. Wesley, eu defendo, coloca mais ênfase no amor de Deus do que em seu poder, enquanto Calvino coloca mais ênfase no poder que no amor. Isto não quer dizer que Wesley jamais fala acerca do poder de Deus ou que Calvino jamais fale do amor divino. Então, alguém pode encontrar referências individuais em Wesley e Calvino que parecem contradizer o que eu digo acerca deles. Entretanto, referências individuais a partir de Wesley ou Calvino não necessariamente refutam minhas teses. (Semelhantemente, referências individuais a partir da Bíblia que apoiam quer Wesley, quer Calvino, não necessariamente refutam minhas teses, uma vez que ambos os líderes apelaram à mesma Bíblia e versículos; Wesley e Calvino apenas interpretavam tais passagens diferentemente). De novo, os contrastes entre Wesley e Calvino são, às vezes, mais uma questão de ênfase (proeminência, pronúncia, ou predileção) do que pensamento dualista – do isto ou aquilo – concernente à comparação entre os dois.

Ênfases, naturalmente, são difíceis de estabelecer. Ao assim fazê-lo, apresentarei citações tanto de Wesley quanto de Calvino a fim de demonstrar meu ponto. Tais referências não pretendem ser provas fáceis, óbvias e simples de minhas teses, utilizando *eisegese* (textos-prova) em vez de *exegese* dos escritos dos dois líderes. Em vez disto, estas referências pretendem representar detalhadamente as teologias de Wesley e Calvino. Este livro não objetiva ser uma pesquisa teológica exaustiva, mas tenciona ser sensato na representação das crenças essenciais, valores e práticas de ambos os líderes, que se originam através de estudo mais criterioso e extensivo deles.

Cada capítulo começa falando acerca das visões de Calvino sobre determinado assunto. Em seguida falo acerca das visões de Wesley, e então comparo e contrasto os dois. Em cada capítulo apresento implicações das crenças e valores de ambos, uma vez que suas implicações são tão importantes quanto seus valores racionais, proposicionais ou confessionais. Crença correta (ou o que alguns se referem como *ortodoxia*: Latim, *orto*, "correta" + *doxia*, "glória, ensino, crença") há muito é considerada fundamental para o Cristianismo, mas outras dimensões próprias também o são. Estes valores cristãos incluem ação correta (*ortopraxia*), um coração correto (*ortocardia*), e uma sociedade correta (*ortosocietas*).[9] O Cristianismo não deve ser entendido em uma dimensão única; ele é holístico, abraçando o todo da criação de Deus e sua obra redentora no mundo. Por todo o livro, discutirei estas ideias como maneiras para desenvolver uma forma mais ampla, relevante e eficaz de entender Deus, o Cristianismo, e as maneiras que o Senhor intenciona para que vivamos embasados em ensinos bíblicos, assim como também no Cristianismo histórico e na experiência pessoal.

Apêndice: TULIP e ACURA

No apêndice discorrerei sobre os denominados cinco pontos do Calvinismo, que surgiram no século seguinte ao falecimento de Calvino. Na Holanda, o debate inflamou-se entre os seguidores de Calvino e os seguidores de Jacó Armínio, todos estes participantes da tradição Reformada do Protestantismo. No Sínodo de Dort, os seguidores de Armínio – os Remonstrantes – esperavam debater suas diferenças com os Calvinistas governantes, mas acabaram sendo condenados por suas crenças. Pontos de discordância se tornaram conhecidos como os "Cinco Pontos do Calvinismo", que no inglês foram resumidos com o acróstico TULIP. A sigla significa (1) Depravação total, (2) Eleição incondicional, (3) Expiação limitada, (4) Graça irresistível, e (5) Perseverança dos santos.

---

9 Alguns eruditos descrevem as referências de Wesley a um coração correto (*ortocardia*) como afeições ou temperamentos corretos (*ortoafeto*) ou paixões corretas (*ortopatia*).

É discutível, naturalmente, se os Cinco Pontos do Calvinismo representam, de maneira precisa, as visões de Calvino. O debate do Sínodo de Dort não será discutido neste livro até o apêndice, mas o fundamento das questões aparecerá conforme Calvino as discute em seus escritos.

Embora os Calvinistas hoje comumente se refiram aos Cinco Pontos do Calvinismo como uma forma abreviada para distinguir suas crenças, valores e práticas em distinção dos outros, não penso que os autodenominados Calvinistas vivam de acordo com tais pontos. É por isso que alguns seguidores chamam a si mesmos de Calvinistas de quatro pontos, de três pontos, de dois pontos e – em alguns casos – de um ponto e meio ou menos! Quando estes seguidores de Calvino seguem tão poucos pontos que refletem sua teologia sistemática, é de se imaginar porque eles continuam a se autodenominarem Calvinistas. Afinal de contas, muito das visões de Calvino, como as de indivíduos que o seguem, dependem da interconexão lógica entre os componentes de seu sistema de crenças.

Wesley, entretanto, não discordou por completo de todas as partes dos Cincos Pontos do Calvinismo. Logo, é impróprio comparar Wesley e Calvino embasado neste critério quíntuplo. Nem é acertado teologicamente interpretar Wesley como Arminiano, uma vez que as categorias, Calvinista e Arminiana, representam o debate que se originou dentro da tradição Reformada da Europa continental.

No entanto, o contexto teológico de Wesley não é oriundo primariamente da Europa continental e da Reforma Protestante magisterial herdadas de Lutero e Calvino. Aquele procede mais da tradição Anglicana, que bebeu profundamente das tradições *católicas* (ou universais) do Cristianismo, incluindo a tradição Católica Romana, Ortodoxa, e igrejas Protestantes. Como tal, eu me refiro à tradição teológica de Wesley como herdeira do *Anglo-Catolicismo*, uma vez que ela foi formada pela junção de mais tradições primitivas do que a Reforma continental. Afinal de contas, a palavra *católica* serviu na história para descrever a igreja universal e mundial e não qualquer ramificação particular dela. Por exemplo, a expressão propriamente dita (*católica*) noticiou-se de forma proeminente no primeiro credo cristão formal – o Credo Niceno no quarto século – juntamente com as palavras *una*, *santa* e *apostólica* na descrição das marcas da Igreja.

Todavia, nem todos estão familiarizados com o termo *Anglo-Catolicismo*, e ele pode ser confuso para Protestantes que pensam – por definição – que eles devem se opor a qualquer coisa que cheire a Romanismo. Este tipo de reação pronta e irrefletida, contudo, é infeliz porque desconsidera muito da influência histórica que a Igreja da Inglaterra exerceu sobre Wesley como também sobre muitos outros cristãos no mundo de fala inglesa. Assim sendo, a fim de entender Wesley, não se deve impor a ele termos teológicos e doutrinas representativas do Cristianismo Reformado ou Arminiano. Tal imposição irá entender mal e representar mal suas crenças, valores e práticas. As visões teológicas de Wesley surgiram dentro do contexto mais amplo das influencias teológicas Anglo-Católicas na Bretanha e não por influências da Europa continental. Na fase posterior de sua vida, Wesley se identificou com o Arminianismo como sendo semelhante a suas preocupações teológicas, em especial na disputa com Calvinistas. Mas a teologia que moldou seus ministérios veio mais através das tradições Anglo e Católicas que precederam ou foram paralelas à Reforma continental. Assim sendo, categorias Anglo-Católicas devem receber consideração primária se quisermos apreciar adequadamente as crenças, valores e práticas de Wesley.

Se as pessoas insistirem em utilizar os Cinco Pontos do Calvinismo como o veículo de comparação entre Wesley e Calvino, ainda que tal prática seja histórica e teologicamente inapropriada, então o apêndice neste livro pode lhes ser de ajuda. Conforme já mencionei, um dos motivos pelos quais o Calvinismo é tão atraente é em razão de seu apelo racional e sistêmico. Ele é tão lógico que suas crenças básicas podem ser apresentadas ponto a ponto, justificando porque o pensamento organizado sobre qualquer assunto impressiona muito mais as pessoas. Em minha opinião, um dos motivos porque as pessoas não consideram as teologias orientadas pelo Arminianismo (mais reflexivas de antigas teologias católicas, ortodoxas, e anglicanas) com maior rigor e critério é porque não há uma "sigla" com a qual se possa lembrar as visões contrárias aos Cinco Pontos do Calvinismo. É por isso que criei uma sigla alternativa: ACURA.[10] As letras do acróstico querem dizer (1) Todos são pecadores, (2) Eleição condicional, (3) Expiação ilimitada, (4) Graça resistível, e (5) Segurança da salvação.[11]

---

10 Deve-se notar que ACURA é a forma em inglês de: (1) *All are sinful*, (2) *Conditional election*, (3) *Unlimited atonement*, (4) *Resistible grace*, e (5) *Assurance of salvation*. Ao traduzir os termos do acróstico para o português não é possível manter a estrutura das letras como no original. Da mesma forma que o acróstico TULIP (em inglês: (1) *Total depravity*, (2) *Unconditional election*, (3) *Limited atonement*, (4) *Irresistible grace*, e (5) *Perseverance of the saints*) ao ser traduzido para o português, não consegue manter as letras do acróstico na tradução. O acróstico possui significado e estilo, porém na tradução só é possível manter o significado, mas não o estilo (N. E.).

11 Eu primeiramente sugeri este acróstico em um livro que escrevi com Steve Wilkens intitulado

O acróstico pode soar um tanto clichê, mas ele ajuda as pessoas a lembrar das diferenças entre Calvino (e seus seguidores) e aqueles que discordaram. Entre aqueles que discordaram estiveram Armínio, Wesley, e um sem-número de outras pessoas, incluindo muitos que viveram bem antes de Calvino. É minha esperança que quando as pessoas lerem o apêndice, concluam ao devotarem tempo para refletir sobre as questões teológicas envolvidas, que o conteúdo da sigla ACURA se aplica bem melhor a como eles acreditam e vivem suas vidas do que a partir de seu antagonista, TULIP.

Discussão

1. Embora possa ser a primeira vez que você tenha lido acerca de João Calvino, o que você sabe sobre ele e sobre seus seguidores Calvinistas?

2. O que você sabe sobre João Wesley e seus seguidores Wesleyanos, que incluem Metodistas, movimentos de santidade, e outras tradições?

3. Em que nível suas crenças e valores (teoria) se correlacionam com a maneira que você vive (prática)? Por que você pensa ser este o caso? Como pode a relação teoria x prática tornar-se mais complementária?

4. Quando você pensa ou concebe o Cristianismo? Ele é mais como um sistema? Um estilo de vida? Ou uma combinação dos dois?

5. O que é mais importante: crenças corretas ou prática correta? Coração correto? Sociedade correta? Todos em igualdade, ou existe uma ordem em seus valores?

6. Embora eu não discuta a comparação entre Calvinismo e Arminianismo até o a seção final do livro, você já ouviu falar dos Cinco Pontos do Calvinismo e Arminianismo? O que você pensa a respeito?

Everything You Know about Evangelicals Is Wrong (Well, Almost Everything): An Insider's Look at Myths and Realities (Grand Rapids: Baker Academic, 2010), p. 212, n. 12.

Capítulo 1

Deus: Mais amor do que soberania

Amados, amemo-nos uns aos outros; porque o amor é de Deus; e qualquer que ama é nascido de Deus e conhece a Deus. Aquele que não ama não conhece a Deus; porque Deus é amor (1Jo 4.7-8).

Quando eu estava no seminário, um colega de quarto se matriculou para o curso de EPC – Educação Pastoral Clínica. Seu ministério particular supervisionado era servir como capelão no hospital universitário do estado. No primeiro dia, o supervisor enviou os alunos capelães para as dependências do hospital sem muitas instruções prévias. Na chegada, lamentaram que não estavam certos sobre como ministrar aos pacientes. Eles deveriam orar pelos pacientes? Se orassem, como deveriam orar? Por cura física ou espiritual? Por encorajamento para perseverar? Por atendimento de qualidade por parte de seus médicos? Ou eles não deveriam orar, mas ministrar aos pacientes mais com os dons de misericórdia, conversa, ou advogando em prol de suas necessidades particulares?

O supervisor respondeu-lhes fazendo uma pergunta: Qual é a visão de vocês sobre Deus? Se você acredita que todas as coisas acontecem de acordo com a vontade de Deus, então deve orar para que a vontade do Senhor seja feita. Se você acredita em um Deus que cura, então você deve orar pela cura. Se você acredita em um Deus que ajuda as pessoas a se ajudarem, então você deve orar pela força espiritual, física e emocional dos pacientes. Se você não acredita em um Deus que responde orações, então você se concentrará mais em estar presente com os pacientes, conversando com eles, e advogando em favor deles.

Esta história me influenciou profundamente como seminarista, pois me fez perceber o quão importante é minha visão sobre Deus. Como você vê Deus? Porque como cristãos, a forma como vemos Deus afeta todos os aspectos de nossas vidas. Por exemplo, ela afeta o quanto, se muito ou pouco, nós pensamos que Deus está ativamente envolvido em nossa salvação. Tão importante quanto, ela afeta o quanto – se muito ou pouco – nós pensamos que Deus está ativamente envolvido em nosso cotidiano. Deus está muito ou pouco envolvido? Como Deus está envolvido nisso? Quais prioridades Deus têm, e quais fins Deus está tentando realizar? A vontade de Deus é primariamente para nosso benefício pessoal ou para o benefício da Igreja? Ou, existem grandes planos envolvidos que podem ou não nos afetar diretamente como pessoas? Os planos de Deus incluem a sociedade, todos os países, e o meio ambiente?

Estas e todas as demais perguntas semelhantes afetam profundamente nossas vidas como também nosso entendimento do Cristianismo. Elas influenciam o que pensamos acerca de Deus, assim como nossas crenças básicas que nos influenciam diariamente – quem somos como também o que pensamos, dizemos e fazemos. Não devemos minimizar nossas visões sobre Deus, ainda que nem sempre estejamos absolutamente conscientes delas. Crenças acerca de Deus, quer estejamos conscientes ou inconscientes a respeito delas, nos afetam de maneira poderosa, porque elas influenciam quem somos e como nos relacionamos conosco e com terceiros no mundo, e não apenas em como nos relacionamos com Deus. Assim sendo, ao comparar Wesley a Calvino, é importante começar com como cada um via Deus.

O Ser de Deus na Visão de Calvino

Calvino acreditava na absoluta soberania de Deus. A partir dessa perspectiva, os cristãos devem fazer tudo o que podem para reconhecer o poder absoluto de Deus, para celebrar sua glória, e devem agradecer pelo fato de o Senhor dirigir tudo o que acontece. Na passagem de abertura das *Institutas*, Calvino diz:

> *Quase toda a sabedoria que possuímos, isto é, a verdadeira e sã sabedoria, consiste em duas partes: o conhecimento de Deus e de nós mesmos. Mas, embora unidos por muitos laços, qual vem primeiro e qual traz o outro à tona não é fácil de discernir. Em primeiro lugar, ninguém pode olhar para si mesmo sem imediatamente voltar seus pensamentos para a contemplação de Deus, em quem ele "vive e se move" [Atos 17.28]. Pois, bem claramente, os dons poderosos com os quais somos dotados dificilmente vêm de nós mesmos; de fato, nosso próprio ser não é nada senão subsistir no Deus único.*[12]

---

12 Calvino, *Institutas*, I.i.1 (1.35).

Calvino fez tudo o que podia para honrar a majestade de Deus e isso influenciou todas as dimensões de suas crenças, valores e práticas.

Esta visão soberana de Deus faz completo sentido aos cristãos. Com que frequência você ouve as pessoas dizerem que eles "dão toda a glória a Deus?" Eles não querem receber crédito por qualquer coisa boa que aconteça; em vez disto, louvam e agradecem a Deus por quem Deus é e por tudo o que tem feito: criando-os, providencialmente cuidando deles e os redimindo.

Por que as pessoas não querem jamais tirar alguma coisa da soberania, majestade, glória e poder de Deus?

A partir da perspectiva de Calvino, estas afirmações acerca de Deus são firmemente ensinadas na Bíblia, ou, conforme ele comumente se referia a ela, Escritura. Versículos após versículos podem ser encontrados que falam acerca da supremacia de Deus, de seu poder, conhecimento e presença. Calvino especialmente falava do poder de Deus, o qual ele se referia como "onipotência de Deus":

> Pois ele é considerado onipotente, não porque ele pode realmente fazer, ainda que por vezes ele cesse e fique inerte, ou deixe que, por um impulso geral, continue a ordem que deu à natureza, mas porque, governando o céu e terra com sua providência, modera todas as coisas de modo que nada aconteça que não seja do seu desígnio. Assim é que, no salmo, quando se diz que "faz tudo o que deseja" [Sl 115.3; cf. Sl 113.3, Vulgata], nota-se que tal vontade é correta e deliberada.[13]

A doutrina de Calvino acerca da providência reflete sua elevada consideração pela soberania divina. A providência de Deus tem a ver com seu contínuo cuidado pela criação. Tamanho é o cuidado dele com o mundo e as pessoas que criou que nada acontece sem a sua supervisão. Calvino disse: "De início, então, deixe que meus leitores entendam que providência não significa aquilo pelo qual Deus ociosamente observa do céu o que acontece na terra, mas que, como mantenedor das chaves, ele governa todos os acontecimentos".[14] E continuou:

---

13 *Ibid.*, I.xvi.3 (1.200).
14 *Ibid.*, I.xvi.4 (1.201–2).

Em suma, uma vez que se diz que a vontade de Deus é a causa de todas as coisas, fiz de sua providência o princípio determinativo para todos os planos e obras da humanidade, não apenas a fim de exibir sua força nos eleitos, que são regidos pelo Espírito Santo, mas também para compelir os réprobos à obediência.[15]

Assim sendo, Calvino pensava que a soberania de Deus é uma bênção, um consolo e encorajamento às pessoas, em especial aos cristãos, pois indicava que eles não estão entregues sem um Deus onipotente que supervisiona e propositalmente opera em suas vidas. De fato, a soberania e a providência de Deus representam o "princípio determinativo" de Calvino.

Ao falar acerca da providência de Deus, Calvino suscitou a questão do réprobo – isto é, aquele que sofrerá condenação eterna. Se Deus controla tudo o que acontece, então por que é que alguns são réprobos? Calvino claramente acredita que o futuro de todos, incluindo os réprobos, acontece pela vontade ou decretos de Deus, que ocorreram antes de o mundo ser criado. Ele disse: "Deus uma vez estabeleceu por seu eterno e imutável plano aqueles a quem muito antes determinou de uma vez por todas receber na salvação, e aqueles a quem, por outro lado, ele devotaria à destruição".[16] E prosseguiu: "Portanto, aqueles a quem ele ignora, condena; e isto ele o faz por nenhuma outra razão senão pelo desejo de excluí-los da herança que predestina a seus próprios filhos".[17] Calvino estava consciente das implicações teológicas destas afirmações, e realmente admitiu: "O decreto é de fato horrível, eu confesso".[18] Contudo, ele considerava que a afirmação da soberania de Deus e de seus propósitos onipotentes transcendiam aqueles com mentes humanas finitas, e que as pessoas devem se chegar a todas as obras de Deus com submissão humilde, tanto intelectual quanto voluntariamente.

---

15 Ibid., I.xviii.2 (1.232).
16 Ibid., III.xxi.7 (2.931).
17 Ibid., III.xxviii.1 (2.947).
18 Ibid., III.xxviii.7 (2.955). A expressão latina *decretum horribile*, que Calvino utilizou, é às vezes traduzida como "decreto horrível" ou "espantoso". Calvino utilizou a expressão para descrever a doutrina da reprovação, mas outros a têm utilizado para descrever a totalidade de sua teologia da predestinação divina, eleição e reprovação.

Em vez de ser uma desvantagem para a fé, Calvino considerava a providência onipotente de Deus como um enorme benefício, uma espécie de encorajamento àqueles que creem, porque por fim, Deus está no controle de tudo o que acontece. Em razão da finitude humana e do pecado, é um alívio saber que quem salva as pessoas é Deus, em vez de elas terem que confiar em qualquer potencialidade humana para garantir a salvação. Louvor e graças a Deus, que nos redime quando não temos os meios para nos redimirmos a nós mesmos!

Calvino não via contradição entre dizer que Deus determina tudo o que acontece e dizer que os pecadores – isto quer dizer todas as pessoas – são responsáveis pelo pecado. São eles que, por fim, sucumbem à tentação, e não Deus; as pessoas cometem os atos pecaminosos. É indubitável que esta afirmação está envolta em mistério, mas o claro ensinamento da Bíblia nega que Deus seja a causa do pecado. Certamente, a fé cristã exige que as pessoas afirmem os ensinos da Bíblia em vez de tentar com suas formas humanas, finitas e corrompidas pelo pecado, resolver questões de responsabilidade última pelo pecado. Em vez de Deus, é Satanás e os demônios os instigadores últimos do pecado e do mal, de sorte que eles, assim como também as pessoas, são indesculpáveis. Mesmo assim, as pessoas ainda são culpadas pelo pecado, uma vez que elas é que cometem transgressões contra Deus. Em relação a como esta culpabilidade se dá, Calvino aconselhou que "é melhor não dizer nada, ou ao menos tocar no assunto levemente":

> Mas apesar de estas coisas serem afirmadas de maneira sucinta e não claramente, elas são mais do que suficientes para remover a majestade de Deus de toda difamação. E o que nos diz respeito saber qualquer coisa mais acerca dos demônios ou conhecer isto para qualquer propósito? Algumas pessoas se queixam que a Escritura não estabelece, em numerosas passagens, de maneira sistemática e clara, a queda dos demônios, sua causa, maneira, época e caráter. Mas porque isto não tem nada a ver conosco, foi melhor não dizer nada, ou ao menos tocar levemente na questão, pois não convém que o Espírito Santo alimente nossa curiosidade com histórias vazias para efeito algum. E vemos que o propósito de Deus não era ensinar nada em seus sagrados oráculos exceto o que

devíamos aprender para nossa edificação. Portanto, a menos que nós mesmos nos protelemos em questões supérfluas, nos contentemos com este breve resumo da natureza dos demônios: eles foram inicialmente criados anjos de Deus, mas pela degeneração eles arruinaram a si mesmos e se tornaram instrumentos de ruína para outros.[19]

Não se pensa que Deus esteja diretamente envolvido com a causa do pecado, quer entre demônios ou pessoas, e, desta forma, Calvino pensava ser errado acreditar que Deus é de qualquer forma imaginável, responsável pelo pecado e pelo mal. Tal conhecimento não é para "nossa edificação"; e se este é o caso, portanto, devemos nos contentar em saber aquilo que Deus nos informou.

Desde o início das *Institutas*, Calvino adverte os leitores que Deus não revelou plenamente todas as questões à humanidade. Algumas verdades são por demais grandes para as pessoas entenderem, porque Deus e seus caminhos são inefáveis – isto é, além da compreensão humana. Ele disse:

> De fato, sua essência é incompreensível; consequentemente, sua divindade de longe escapa a toda percepção humana. Mas sobre suas obras individuais ele gravou marcas inconfundíveis de sua glória, tão claras e tão proeminentes que mesmo o iletrado e estúpido não consegue advogar desculpa de ignorância.[20]

Os caminhos de Deus estão ocultos, e as pessoas não devem ser curiosas acerca de questões feitas que não sejam diretamente respondidas na Bíblia. É melhor confiar no que a Bíblia diz, acreditando que ela revela tudo o que precisamos saber acerca de Deus, e nos contentarmos com as bênçãos que ela transmite. Calvino advertiu as pessoas contra serem excessivamente curiosas em questões teológicas:

> Primeiro, então, deixe-os se lembrar de que quando investigam a predestinação eles estão penetrando nos sagrados distritos da sabedoria divina. Se alguém com despreocupada confiança

---

19 *Ibid.*, I.xiv.16 (1.175).
20 *Ibid.*, I.v.1 (1.52).

> adentrar neste espaço, ele não terá êxito em satisfazer sua curiosidade e entrará em um labirinto do qual não pode encontrar a saída. Por isso não é certo ao homem desenfreadamente sondar as coisas que o Senhor desejou esconder em si mesmo, e revelar desde a própria eternidade a mais sublime sabedoria, que ele quer que reverenciemos, mas não entendamos que através disto ele deva nos encher de admiração. Ele estabeleceu por sua Palavra os segredos de sua vontade que decidiu revelar a nós. Estes ele decidiu revelar desde que previu que nos diziam respeito e nos beneficiariam.[21]

Posteriormente, diremos mais acerca da doutrina de Calvino sobre a predestinação. Nada obstante, ele deixou claro que as pessoas devem refrear sua curiosidade. Para nós é suficiente dizer que Deus está no controle e devemos nos livrar de todos os cuidados uma vez que "os segredos de sua vontade" transcendem nosso entendimento humano. Se as pessoas insistirem em questionar a bondade ou obras de Deus, então elas se tornarão perdidas como se em um labirinto ou enigma do qual "não há saída". Deve-se aceitar o que Calvino acreditava ser os claros ensinamentos da Bíblia acerca do poder soberano de Deus para afetar todas as bênçãos prometidas, e desconsiderar perguntas e preocupações acerca da logística de tais crenças.

Segundo a perspectiva de Calvino, as pessoas devem descansar em seu entendimento da soberania, poder e majestade de Deus. A vida é difícil de entender, isso sem mencionar o viver. Contudo, Deus nos revelou na Bíblia que está com o absoluto controle. Nós não precisamos nos preocupar acerca daquilo que, falando em última instância, não temos controle. Só há um que está no controle, e podemos descansar em paz, sabendo que Deus cuidará de nós, uma vez que somos incapazes de cuidarmos de nós mesmos. Novamente, louvor e graças sejam dadas a Deus, que recompensa pela aparente necessidade que as pessoas suportam espiritualmente, intelectualmente, emocionalmente, relacionalmente e socialmente!

Era óbvio para Calvino que o conhecimento das pessoas é finito, e a completa pecaminosidade das pessoas parecia igualmente óbvia para ele. Por elas mesmas, as pessoas não possuem poder cognitivo, nem espiritual para

---

21 *Ibid.*, III.xxi.1 (2.922–23).

responder as perguntas e preocupações que têm muito menos as questões e preocupações acerca da vida eterna. Se alguém tem poder suficiente para satisfazer todas as perguntas e preocupações da pessoa, este alguém é Deus. Ao contemplar a extraordinária grandeza (e horribilidade) da situação da vida, que alternativa as pessoas têm senão de se submeterem humilde e obedientemente a Deus, o único com poder suficiente para ajudá-las em seu estado de finitude e pecaminosidade?

Em razão dos ensinos da Bíblia, Calvino deduziu que a mera deliberação humana não poderia penetrar a soberania de Deus. As pessoas devem se submeter à autoridade da Bíblia e suas afirmações claramente proposicionais acerca da soberania, majestade e glória de Deus. O que a Bíblia não declara proposicional e claramente não deve ser questionado – isto é, ao menos não em extensão. Deus não considerou adequado responder todas as perguntas e preocupações que as pessoas possuem; contudo, saber que Deus, em última instância, controla tudo o que existe é suficiente para nos encorajar. Não precisamos nos preocupar com tentativas para sondar todos os mistérios que existem. Em vez disto, devemos confiar que Deus, como um pai amável, sabe que o conhecimento de todas as coisas não nos é bom e novamente, como um pai amável, Deus cuida daquelas necessidades das quais nós mesmos não podemos cuidar.

Cristãos em particular devem afirmar o que a Bíblia diz acerca da soberania, majestade e glória de Deus e ficarem cheios de alegria pelo fato de que Deus os elegeu para a salvação. Sua fé é um dom, que eles não mereceram, uma vez que a fé obtida vem de Deus, não delas mesmas. Cristãos não teriam fé caso não estivessem entre os eleitos – aqueles a quem Deus tem para receber vida eterna. Desta forma, eles devem dar louvor e graças a Deus pela incomensurável bênção da vida eterna, forjada através da expiação de Jesus Cristo.

O Ser de Deus na Visão de Wesley

Como Calvino, Wesley igualmente acreditava na soberania divina. Em sua obra "Pensamentos sobre a Soberania de Deus", ele disse: "Como criador, ele tem agido, em todas as coisas, de acordo com sua própria vontade soberana... Aqui, portanto, ele pode, no sentido mais absoluto, fazer o que lhe aprouver com os seus. Consequentemente, ele criou os céus e a terra, e todas as coisas que nela estão, em todo sentido concebível, 'de acordo com seu próprio beneplácito'".[22] Wesley também acreditava na onipotência de Deus, afirmando que

> ele é onipotente, como também onipresente; não pode haver mais limites a seu poder, do que para sua presença. Ele "tem braço forte; forte é sua mão e elevada é sua destra". Ele faz tudo o que lhe apraz, nos céus, na terra, mar, e em todos os lugares profundos. Aos homens sabemos que muitas coisas são impossíveis, mas não a Deus: com ele "todas as coisas são possíveis". Toda vez que desejar, o realizar está presente com ele.[23]

Então Wesley se alinhava tanto com a Bíblia quanto com o Cristianismo histórico na afirmação da soberania e poder ilimitado de Deus. Da perspectiva de Wesley, não havia dúvida acerca da habilidade divina para realizar tudo o que pretende fazer na criação e entre as pessoas.

Quando Wesley pensava sobre a soberania de Deus o fazia em relacionamento com a santidade. Ele considerava a santidade como fundamental para um entendimento bíblico de Deus. Logo, para Wesley, a santidade envolvia mais do que poder. A santidade divina distingue Deus acima de tudo e todos no mundo. Isto inclui verdade e justiça como também amor e misericórdia. Então as pessoas não devem pensar em Deus primariamente em termos de poder porque isto pode levá-las a perder de vista a preocupação de Deus em estar se relacionando com o povo que criou. Estar em relacionamento inclui atributos relacionais de amor, graça, paciência, bondade, e perdão para com aqueles de quem ele espera prestação de contas. Wesley disse:

> Santidade é outro dos atributos do Deus todo-poderoso, plenamente sábio. Ele está infinitamente distante de todo contato com o mal. Ele "é luz; e nele não há treva alguma". Ele é Deus de justiça e verdade imaculada; mas acima de tudo está sua misericórdia. Isto nós podemos facilmente aprender

---

22 Wesley, "Thoughts upon God's Sovereignty", *Works* (Jackson), 10.361.
23 Wesley, "Thoughts upon God's Sovereignty", *Works* (Jackson), 10.361.

a partir daquela linda passagem nos capítulos trinta e três e trinta e quatro de Êxodo: "Então disse Moisés: "Peço-te que me mostres a tua glória". Então o Senhor desceu na nuvem, permaneceu ali com ele e proclamou o seu nome: o Senhor. E passou diante de Moisés, proclamando: Senhor, Senhor, Deus compassivo e misericordioso, paciente, cheio de amor e de fidelidade, que mantém o seu amor a milhares e perdoa a maldade, a rebelião e o pecado".[24]

A santidade de Deus, naturalmente, não é mera questão da essência ou ser de Deus; é um atributo com o qual os cristãos devem se preocupar. Nem é a soberania de Deus mais importante do que seus outros atributos, incluindo seu amor e as relações com as pessoas. Certamente, os atributos de Deus devem ser entendidos como incluindo o seu amor e as maneiras nas quais as pessoas podem crescer em relacionamento amável com ele e outros.

Deus criou pessoas para estarem em relacionamento com ele como também com as outras pessoas. A soberania de Deus não exclui uma genuína habilidade (ou poder) da parte das pessoas para decidir se e como se relacionar com ele. Naturalmente, aquele poder não lhes é mais natural em razão dos efeitos do pecado. Todavia, Deus concede graça que capacita as pessoas a uma quantidade suficiente de poder volitivo para responder às propostas graciosas dele para a salvação como também para um crescimento relacional. Até porque, a Bíblia descreve salvação como reconciliação – a reconciliação de relacionamento entre duas (ou mais) pessoas. A salvação envolve mais do que uma mudança de estado no relacionamento jurídico, ela envolve uma mutualidade qualificativa, que Deus capacita pela graça. Ao permitir às pessoas uma medida de vontade, Deus não se torna menos soberano. Realmente, Wesley pensava que a soberania implica uma maior realização, a saber, provisão para as pessoas escolherem responder livremente a Deus em amor como também em fé e esperança. Certamente, poder volitivo da parte das pessoas ocorre pela graça de Deus, permitindo às pessoas escolherem com sinceridade, e não determinativamente como Calvino estabeleceu.

A afirmação da soberania divina não exclui Deus de voluntariamente restringir seu poder, por assim dizer, de sorte que as pessoas podem exercer

---

24 *Ibid.*, §7, 7.266.

liberdade genuína de escolha, o que é crucial para seu relacionamento com ele. Naturalmente, Wesley não pensava no livre-arbítrio das pessoas como uma habilidade inata à natureza humana, sem o auxílio da providência graciosa de Deus. Pelo contrário, Wesley concordava com a rejeição de Calvino quanto aos Pelagianismo e Semipelagianismo, que atribuía às pessoas o início da salvação em vez de Deus. De fato, o debate cristão sobre o relacionamento entre a predestinação divina e a liberdade humana vem de muito tempo antes tanto de Calvino quanto de Wesley. Mas o debate esquentou com a reintrodução feita por Calvino e Lutero da condenação agostiniana contra todas as formas de Pelagianismo como sendo salvação por obras de justiça, o que a Bíblia claramente rejeita em especial nos escritos do apóstolo Paulo. Infelizmente, Calvino – como Agostinho – tendia a colocar o debate em termos de ou isto ou aquilo: ou a salvação é ganha pelo mérito humano (Pelagianismo), ou é imerecida, vindo através da graça divina (Agostinianismo). Contudo, o debate é bem mais complexo, e mais do que duas visões surgiram na história da Igreja. Assim como Agostinho argumentou contrariamente ao Semipelagianismo, visão que não defende de maneira minuciosa o valor das obras para a retidão como o Pelagianismo, surgiu também o que poderia – ao menos – ser chamado de visão Semiagostiniana. A visão Semiagostiniana suplantou o Agostinianismo na história da Igreja e continua a ser a visão dominante entre os cristãos hoje, apesar dos argumentos em contrário de Lutero e Calvino.

    O Semiagostinianismo pode ser utilizado para descrever visões Católico-Romanas, Ortodoxas e Anglicanas da predestinação divina e do livre-arbítrio que se desenvolveram em contraponto ao que era considerada a visão autoritativa da predestinação divina de Agostinho. Estas visões semiagostinianas podem ser encontradas em líderes cristãos históricos tais como Cesário de Arles, Tomás de Aquino e Desidério Erasmo, bem como em muitos outros que antecederam Calvino. O Semiagostianismo afirma que Deus graciosamente inicia, sustém e completa a salvação das pessoas, e, desta forma, elas devem escolher aceitar ou rejeitar sua salvação e reconciliação com Deus. Deus voluntariamente limita seu poder sobre as pessoas de sorte que suas decisões não são efetivamente determinadas. No mínimo, as pessoas devem acreditar ou resistir às ofertas de Deus para a salvação. E porque Deus conhece eternamente as decisões das pessoas, ele responde à elas de acordo, operando através do Espírito Santo para redimir a todos os que respondem positivamente. Para as pessoas, tal conhecimento divino parece como presciência, mas isso se dá em razão do entendimento limitado das pessoas acerca do tempo. Desta forma, Deus graciosamente capacita as pessoas de maneira que elas têm poder bastante para escolher livremente aceitar ou rejeitar o dom de salvação divina através de Jesus Cristo.

A autolimitação divina não é considerada como representando uma real limitação na soberania, poder e majestade de Deus. Se Deus voluntariamente escolhe permitir às pessoas certa medida de liberdade genuína, esta permissão não representa uma depreciação de Deus. Da mesma maneira, Deus permite à totalidade da criação funcionar com certa medida de genuína liberdade. Por esta razão, é possível estudar cientificamente as leis da natureza, por assim dizer. Como tal, as leis da natureza funcionam com certo nível de independência da causação direta de Deus. Decerto Deus continua a cuidar providencialmente da criação e das pessoas, mas as várias leis da natureza e atividades dos agentes humanos podem ser investigadas indutivamente, dedutivamente, e de outras formas além. Realmente, grandes quantidades de conhecimento e sabedoria podem ser acumuladas a fim de auxiliar as pessoas como também o mundo através de disciplinas científicas, tecnológicas, médicas e outras afins. Tais investigações, portanto, não devem ser vistas como uma limitação em Deus, mas antes um derramar da sua soberania, poder e majestade, tornando possíveis tais investigações.

Wesley considerava a si mesmo um fiel seguidor da tradição anglo-católica da teologia cristã que enfatizava tanto a soberania divina quanto a liberdade humana. Se ele discordava de Calvino, isto tinha muito a ver com sua fidelidade à tradição da Igreja na qual ele havia sido criado, educado e ordenado, ao invés de motivado por um polemismo gratuito contra Calvino. Certamente, Wesley manteve discordâncias com os seguidores de Calvino em sua época, mas ele assim o fez convencido de que a tradição anglo-católica do Cristianismo melhor representava os ensinos da Bíblia do que a tradição agostiniano-calvinista do Protestantismo. Deus realmente predestina pessoas, de acordo com Wesley, mas isto está mais condicionado ao conhecimento eterno de Deus (ou presciência) do que propriamente a decretos divinos (ver Rm 8.29). Como consequência, em relação aos desafios dos Calvinistas de que sua teologia reduzia a soberania de Deus, Wesley disse:

> Livre-arbítrio natural, no presente estado da humanidade, eu não entendo: eu apenas assevero, que existe uma medida de livre-arbítrio sobrenaturalmente restaurada à cada homem,

juntamente com aquela luz sobrenatural que "ilumina a todo homem que vem ao mundo". Mas de fato, se isto é natural ou não, isto não importa para sua objeção. Pois isto está igualmente contra ambos, contra qualquer livre-arbítrio de qualquer tipo; sua afirmação é assim, "se o homem possui qualquer livre-arbítrio, Deus não pode ter toda a glória de sua salvação", ou "não é tanto para a glória de Deus, salvar o homem como um agente livre, colocado em capacidade de concordar com sua graça de um lado, e de resistir, de outro; como para salvá-lo na maneira de um agente necessário, pelo poder que ele não pode possivelmente resistir".[25]

Da perspectiva de Wesley era absurdo pensar que a soberania de Deus era, de alguma forma, diminuída por permitir às pessoas uma medida de liberdade e responsabilidade. Pelo contrário, ele considerava bem menos convincente acreditar em um Deus que por fim excluía qualquer liberdade humana, exceto a liberdade para fazer aquilo que Deus havia ordenado às pessoas pensarem, dizerem e fazerem.

Ao falar acerca da soberania de Deus, Wesley fazia distinção entre a obra de Deus como criador do mundo e como regente do mundo. Como criador Deus agiu em todas as coisas de acordo com sua soberana vontade; como juiz, Deus governa as pessoas que foram criadas à imagem dele. Naturalmente, a liberdade de Deus é infinita, ao passo que a liberdade das pessoas é finita, e existem muitos fatores — espirituais, físicos, emocionais e culturais — que diminuem o livre-arbítrio humano. Mas ele é, entretanto, livre-arbítrio genuíno, e Deus governa o mundo repleto de pessoas às quais se esperam que ajam responsavelmente. Wesley disse, "De seu próprio beneplácito, ele fez uma criatura como o homem, um espírito em corpo, e, em consequência de sua natureza espiritual, o dotou com entendimento, vontade e liberdade".[26] Deus criou pessoas para exercerem entendimento, vontade e liberdade – isto é, autonomia – mas Deus não determina irresistivelmente tais exercícios. Em vez disto, ele graciosamente cria e sustém pessoas com o potencial para escolher, incluindo o potencial para pecar, mas jamais os deixa sem a opção para a redenção.

---

25 Wesley, "Predestination Calmly Considered", §45, *Works* (Jackson), (10.229–30).
26 Wesley, "Thoughts upon God's Sovereignty", *Works* (Jackson), 10.362.

O Amor de Deus

Quanto mais Wesley interagia com os seguidores de Calvino, menos paciência ele tinha com suas crenças, as quais considerava equivocadas em relação tanto a como viam Deus quanto a como enxergavam a vida cristã. Para Wesley, isto tinha a ver com seu entendimento de Deus como amável. Ele foi profundamente influenciado pelo fato de como o amor de Deus deve predominar na nossa visão de Deus e do relacionamento divino conosco. Por exemplo, 1João 4.7-12, diz:

> Amados, amemo-nos uns aos outros; porque o amor é de Deus; e qualquer que ama é nascido de Deus e conhece a Deus. Aquele que não ama não conhece a Deus; porque Deus é amor. Nisto se manifestou o amor de Deus para conosco: que Deus enviou seu Filho unigênito ao mundo, para que por ele vivamos. Nisto está o amor, não em que nós tenhamos amado a Deus, mas em que ele nos amou a nós, e enviou seu Filho para propiciação pelos nossos pecados. Amados, se Deus assim nos amou, também nós devemos amar uns aos outros. Ninguém jamais viu a Deus; se nos amamos uns aos outros, Deus está em nós, e em nós é perfeito o seu amor.

Aqui a Bíblia diz que "Deus é amor" e Wesley pensava que a mensagem crucial da Bíblia tem mais a ver com elevar mais o amor do que o poder de Deus – não que o poder da soberania de Deus não seja importante, mas que o poder sem amor perde a plena revelação de Deus com as pessoas da Bíblia. Na verdade, no comentário sobre 1João 4.8 acima, Wesley descreveu o amor como "querido de Deus, seu atributo reinante, o atributo que lança uma amável glória sobre todas as suas outras perfeições".[27]

Naturalmente, Calvino falou acerca do amor de Deus. Por exemplo, ele disse que "ninguém dá a si mesmo livremente e de boa vontade ao serviço de Deus a menos que tenha saboreado seu amor paternal, ele é, por sua vez, atraído a amá-lo e adorá-lo".[28] Calvino continuou dizendo que a obra da expiação deriva do amor de Deus, quando disse:

---

27 Wesley, *NT Nots*, 1 John 4.8.
28 Calvino, *Institutes*, I.v.3 (1.55).

> Por esta razão, Paulo diz que o amor com que Deus nos abraçou "antes da criação do mundo" foi estabelecido e embasado em Cristo [Ef 1.4-5]. Estas coisas estão em plena concordância com a Escritura, e belamente harmonizam estas passagens nas quais se diz que Deus declarou seu amor para conosco ao nos dar seu Filho unigênito para morrer [Jo 3.16]; e, em contrapartida, que Deus era nosso inimigo antes de ter sido feito novamente favorável a nós pela morte de Cristo [Rm 5.10]. [29]

Então, embora o amor faça parte definitivamente da teologia de Calvino, não é o foco primário. Um breve manuseio dos títulos das seções nas *Institutas* revela uma forte ênfase em Deus como criador, seu conhecimento, na lei e evangelho, nos benefícios e efeitos da graça, e na Igreja. Temas encontrados nos capítulos de Calvino incluem a Bíblia, o poder de Deus, o agir secreto do Espírito, fé, eleição eterna, e assim sucessivamente. Mas amor não aparece explicitamente nos enunciados de títulos ou epígrafes das *Institutas*. Mesmo no material dos escritos de Calvino, o amor não é um tema proeminente – pelo menos não tão proeminente quanto Wesley desejava.

Um dos motivos pelos quais Wesley enfatizava tanto a dinâmica da natureza do amor de Deus tinha a ver com sua visão relacional da Trindade – três pessoas em relacionamento amoroso dentro de Deus. Na maioria das vezes, ele não questionava muito acerca dos mistérios da natureza divinamente trinitária de Deus o Pai, Filho e Espírito Santo. Ainda assim, Wesley concebia a "nova criação" por vir como "uma constante comunhão com o Pai e seu Filho Jesus Cristo, através do Espírito; um contínuo gozar do Deus único e trino, e de todas as criaturas nele".[30] Embora Wesley não focasse extensivamente na doutrina da Trindade, ele ficou aterrorizado que Calvino tenha promovido a execução do espanhol Miguel Serveto em parte motivado em razão de uma visão heterodoxa da Trindade. Wesley disse: "Penso nelas como palavras muito boas [isto é, Trindade e Pessoa]. Mas considero muito duro ser queimado vivo por não usá-las; em especial com fogo lento, feito de madeira verde e úmida".[31]

---

29 *Ibid.*, II.xvi.4 (1.506).
30 Wesley, "New Creation", §18, *Works*, 2:510.
31 Wesley, "Some Remarks on 'A Defence of the Preface to the Edinburgh Edition of Aspasio Vindicated'", §6, *Works* (Jackson), 10:351. As palavras entre colchetes são minhas.

De acordo com Wesley, a soberania divina e o amor não são contraditórios, mas complementares. Naturalmente, um argumento semelhante poderia ser feito na descrição de Calvino, uma vez que ele falava tanto do amor quanto da soberania de Deus. Contudo, Calvino enfatizava a soberania bem mais do que enfatizava o amor. Wesley, entretanto, disse que é em razão da soberania de Deus e amor santo que Deus criou as pessoas à sua imagem, e por isso providencialmente cuida delas mesmo quando não lhe retribuem esse amor, e lhes fornece redenção de sorte que elas, de boa vontade – e não por compulsão divina – amam. Do amor de Deus, Wesley disse:

> Se Deus nos amou *DE TAL MANEIRA*; - observe, a ênfase do argumento jaz neste exato ponto: *nos amou DE TAL MANEIRA*, de modo a entregar seu filho unigênito para morrer uma morte amaldiçoada para nossa salvação. Amados, que maneira de amor é esta com a qual Deus nos amou; a fim de nos dar seu único Filho, em glória igual a do Pai, em Majestade coeterna? Que maneira de amor é esta com qual o unigênito de Deus nos amou para *esvaziar a si mesmo*, o máximo possível, de sua divindade eterna; a fim de despir-se daquela glória que ele possuía com o Pai antes da criação do mundo; a fim de tomar sobre si a forma de servo.[32]

A referência a Jesus como tendo esvaziado a si mesmo de suas prerrogativas divinas exemplifica tanto a natureza voluntária quanto amável do relacionamento de Deus com as pessoas. Assim como Deus voluntariamente limitou o controle divino sobre as pessoas a fim de que elas possam exercer liberdade para escolher e para amar, o Filho de Deus, Jesus, voluntariamente agiu para redimir as pessoas de seus abusos de liberdade – isto é, de seus pecados. Em contraste a Calvino e seus seguidores, Wesley disse que a amabilidade de Deus deve ser mantida como principal no entendimento de todos os demais atributos divinos:

> Quão mal a eleição e reprovação concordam com a verdade e sinceridade do evangelho! Mas não estão elas especialmente em desacordo com o registro escriturístico de seu amor e

---

32 Wesley, "God's Love to Fallen Man", §5 sermon 59, *Works* (Jackson), (6.235).

bondade? Aquele atributo que Deus peculiarmente reivindica, por onde ele se gloria acima de todo o resto. Não está escrito, "Deus é justiça", ou "Deus é verdade" (Embora ela seja justo e verdadeiro em todos os seus caminhos). Mas está escrito, "Deus é amor", amor não abstrato, sem limites; e "sua bondade não tem limites". Seu amor se estende àqueles que nem o amam e nem o temem. Ele é bom, mesmo para o mal e o ingrato; sim, sem qualquer exceção ou limite, a todos os filhos dos homens. Pois "o Senhor é amável" (ou bom) "a todos os homens", e sua misericórdia está sobre todas suas obras".[33]

Wesley estava particularmente preocupado acerca de como os seguidores de Calvino sobrepunham a soberania e o poder de Deus em relação a sua santidade e amor:

Como Deus é bom ou amável com o réprobo, ou aquele que não é eleito? (Você pode escolher o termo: pois se ninguém, senão os eleitos incondicionalmente são salvos, o resultado é o mesmo). Você não pode dizer, ele é um objeto do amor ou bondade de Deus, em relação a seu estado eterno, aquele que foi criado, diz o Sr. Calvino franca e claramente, *in vitae contumeliam et mortis exitium*, "para viver uma reprovação, e morrer eternamente".[34]

Na opinião de Wesley, a doutrina de Deus de Calvino, em especial no que tange ao papel de Deus na eleição e reprovação das pessoas, "é uma doutrina de blasfêmia"; ela torna Deus "mais cruel, mais falso e injusto do que o diabo".[35]

Talvez Charles Wesley, seu irmão, forneça a *pièce de résistance* (peça de resistência) em relação à discordância de Wesley com a teologia de Calvino e seus seguidores. Charles foi poeta e compositor de hinos para o Movimento Metodista, e ele escreveu *Hinos Sobre o Eterno Amor de Deus*. Nesta coleção ele descreveu o contraste entre o "terrível decreto" de Calvino com o "decreto de amor" de Wesley. Considere o seguinte hino sobre "graça livre":

---

33 Wesley, "Predestination Calmly Considered", §42 *Works* (Jackson), 10.227.
34 Ibid.
35 Wesley, "Free Grace", §§23, 25 *Works* (Jackson), 7.381, 383.

Não precisamos de réprobos para provar
Que a graça, a graça livre, é verdadeiramente livre,
Quem não consegue ver que Deus é amor,
Abra seus olhos, e olhe para mim,

Sobre nós, a quem Jesus chamou,
Para afirmar que tudo o que sua graça pode gozar,
Para vindicar o valor de sua paixão
Suficiente para dez mil mundos salvar.

Ele a todos tornou possível
Seu dom de justiça abraçar,
Todos nós podemos seu chamado replicar,

Que todos possam livremente pela graça ser salvos.
Ele prometeu a toda a humanidade atrair;
Sentimos ele de cima nos chamar;
E com ele a graciosa lei pregar,
E o DECRETO DE AMOR publicar[36]

A Importância de Nossas Visões sobre Deus

Como vemos Deus está inextricavelmente atrelado a como nós, por sua vez, pensamos acerca de nós mesmos e o mundo no qual vivemos – o que dizemos e o que fazemos. Isto afeta não apenas nosso relacionamento com Deus como também nosso entendimento sobre ele. Nossa visão de Deus influencia se temos esperança acerca do futuro ou se estamos conformados às forças que estão além de nosso controle. Isto influencia o quanto respondemos e nos acanhamos em relação às circunstâncias. Nós nos consideramos participantes

---

36 Charles Wesley, "Free Grace" (hymn XVI), in *Hymns on God's Everlasting Love* (Bristol: Felix Farley and Sons, 1741); reimpressa em *The Poetical Works of John and Charles Wesley*, vol. 3, ed. G. Osborn (London: Wesleyan-Methodist Conference Office, 1869), p. 96.

ativos no mundo, tanto espiritualmente quanto fisicamente? Embora devamos essencialmente confiar em Deus acerca de como a vida se desenvolve, em que nível acreditamos que Deus quer que sejamos participantes ativos?

Um Calvinista, naturalmente, discordaria da avaliação de Wesley quanto a predestinação divina e liberdade humana. Embasado no controle soberano de Deus, os cristãos podem ser esperançosos e responsivos, não estoicos[37], que Calvino criticou como uma filosofia ímpia. Calvino concordaria que quaisquer teologias que permitam liberdade humana, independente de como elas sejam concebidas, correm o risco de Pelagianismo – isto é, a usurpação da soberania de Deus pera o exercício imaginado do papel da pessoa tanto em seu bem-estar eterno quanto em seu bem-estar terreno. Conforme veremos, Calvino permite um tipo de liberdade humana compatível com a soberania divina, mas em sua visão essa liberdade, por fim, não pode resistir à graça de Deus. Desta forma, qualquer teologia que aceite responsabilidades que Deus jamais intencionou que elas as tivessem, para Calvino, erra no sentido de transgredir o primeiro dos dez mandamentos, que desonra a glória e majestade de Deus.

Assim como Calvino teria pensado que Wesley estava equivocado, Wesley considerava Calvino igualmente errado. Da perspectiva de Wesley, Deus precisa ser visto mais como amoroso do que poderoso, mais relacionalmente do que regiamente, mais autodoador (e autolimitador) do que autoritário. Certamente, existem versículos na Bíblia que parecem afirmar a visão de Calvino sobre Deus, e tais versículos não devem ser descartados. Nem devem ser descartados os demais versículos que Wesley destacava estabelecerem o amor como decisivo para melhor conceituar a pessoa e obras de Deus. Embora passagens bíblicas afirmem o poder soberano de Deus, elas não sugerem um autoritarismo que exclui amor e relacionamentos livremente escolhidos da parte das pessoas, em especial em suas relações com Deus.

Philip Schaff pode melhor resumir a crítica de Wesley feita a Calvino em relação a seu entendimento sobre o divino. Schaff pertenceu a Tradição Reformada alemã, e tornou-se um historiador da Igreja internacionalmente conhecido na virada do século XX. De Calvino e aqueles que o seguiam, Schaff disse:

---

37 Referente ao estoicismo, pensamento filosófico criado por Zenão de Cício (334-262 a.C.), na cidade de Atenas, e defendia uma perspectiva determinista. Cleanto uma vez opinou que o homem ímpio é "como um cão amarrado a uma carroça, obrigado a ir para onde ela vai".

> O sistema calvinista é popularmente (embora não bem corretamente) identificado com o sistema agostiniano, e compartilha seu mérito (...) mas também seu principal defeito de confinar a graça salvífica de Deus e a obra expiatória de Cristo a um pequeno círculo dos eleitos, e ignorar o amor geral de Deus a toda a humanidade (João 3.16). É a teologia da soberania divina em vez do amor divino.[38]

Conclusão

Tanto Wesley quanto Calvino acreditavam na soberania, poder e majestade de Deus. Calvino pensava que tais crenças resultavam no divino controle de tudo o que acontece, e que as pessoas devem louvar e dar graças a Deus por tudo o que disto decorre. Wesley pensava que tais crenças resultavam em divino controle, que Deus limitava pelo bem das pessoas que podem exercer a liberdade – pela graça de Deus – para aceitar a salvação divina e para amar a Deus em troca. Wesley pensava que Calvino estava errado em acreditar que a soberania de Deus tanto sobrepuja a liberdade das pessoas de sorte a tornar a liberdade insignificante ou inexistente.

A maioria dos cristãos acredita que Deus é soberano e que eles têm uma importante parcela de liberdade, tanto em relação ao se arrepender e crer em Deus para sua salvação quanto para decisões cotidianas que tomam. Seu sentido de liberdade para tomar decisões importantes para esta vida e para a vida eterna não é ilusório. Embora sua tomada de decisão seja possibilitada pela graça de Deus, eles também dão louvor e graças ao Espírito de Deus por auxiliá-los em tudo o que acontece. Em razão desta liberdade capacitada pela graça, os cristãos também podem amar como são amados por Deus. Nas palavras de João, "nós o amamos porque ele nos amou primeiro" (1Jo 4.19).

---

38 Philip Schaff, *History of the Christian Church*, 8 vols. (1910 reimpressão; Grand Rapids: Eerdmans, 1976), 8.261.2

Discussão

1. De que maneiras você poderia dizer que Wesley e Calvino mais concordam e discordam acerca de como veem a Deus?

2. O que é mais importante acerca da soberania de Deus, daquilo que chamamos poder onipotente?

3. Dada a soberania de Deus, a que nível você pensa que as pessoas são livres para decidir acerca de sua salvação ou sobre outros aspectos de suas vidas?

4. O que é importante acerca do amor de Deus – da bondade e graça de Deus para com as pessoas?

5. Quais são os outros atributos de Deus?

6. Por que é importante para os cristãos pensar acerca de sua visão de Deus e sobre como esta afeta suas vidas?

Capítulo 2

A Bíblia: Mais fundamento primário do que autoridade exclusiva

Toda a Escritura é divinamente inspirada, e proveitosa para ensinar, para redarguir, para corrigir, para instruir em justiça; Para que o homem de Deus seja perfeito, e perfeitamente instruído para toda a boa obra (2Tm 3.16-17).

Quando leciono cursos de teologia cristã, os alunos às vezes acham difícil explicar o que acreditam acerca de questões doutrinárias particulares. Ou, em alguns casos, eles são capazes de recitar o que foram ensinados acerca da doutrina cristã, mas não sabem o que isto significa. Em tais casos, eu posso perguntar aos alunos não o que acreditam, mas como vivem. Por exemplo, concernente à Bíblia, os alunos podem, confiantes em si mesmos, reivindicar que a Bíblia é a palavra de Deus: ela é inspirada, autoritativa, e fiel. Eles podem não ser capazes de explicar o que a inspiração divina, autoridade religiosa, e verdade bíblica significam precisamente, mas eles, contudo, sinceramente as afirmam.

Em resposta, eu pergunto não o que eles acreditam acerca da Bíblia, mas como realmente ela funciona em suas vidas. Por exemplo, com que frequência eles leem a Bíblia? Uma vez por dia? Uma vez por mês? Por todas as declarações confessionais que os alunos fazem acerca das excelências da Escritura, suas ações podem não traduzir suas reivindicações de fé caso eles leiam a Bíblia apenas uma vez por semana. Em tais casos, suas declarações de fé não se harmonizam de fato com suas palavras. Na verdade, pode-se argumentar que eles, em vez disto, consideram a Bíblia como sem importância, e talvez dispensável na vida cotidiana. Apesar das afirmações exemplares dos alunos acerca da Bíblia, tais declarações parecem rasas caso suas ações (prática) não suportem suas crenças (teoria).

O que dizer da tomada de decisões? Qual é o nível que o fator Bíblia desempenha na tomada de decisões dos alunos. Talvez, especialmente em relação às doutrinas misteriosas, como a Trindade e a Encarnação, a Bíblia represente a única autoridade pertinente para suas crenças doutrinárias. Mas o que dizer em relação às decisões corriqueiras da vida, tal como sobre o uso do tempo, trabalho e dinheiro? O que dizer de valores utilizados para decidir quais programas de televisão e filmes assistir, quais carros e casas comprar, ou quais correntes políticas e candidatos apoiar? Por mais importante que seja a alegação dos alunos quanto ao papel que a Bíblia desempenha em suas vidas, ela realmente é um fator importante na tomada de decisões ou somente quando é conveniente vez ou outra?

Wesley e Calvino sustentaram visões semelhantes acerca da Bíblia, e ambos a utilizaram diariamente na forma como viveram e lideraram. Eles compartilharam muitas semelhanças em suas visões acerca da inspiração divina, autoridade e fidelidade da Bíblia, portanto, não muito será gasto em comparação acerca de como eles viam a Bíblia *per se*. Mas havia diferenças em como eles entenderam e promoveram a Bíblia em seus respectivos ministérios e teologias. Em especial, considere a seguinte pergunta: a Bíblia permanece sozinha como autoridade religiosa, ou existe um relacionamento mais dinâmico entre a Bíblia e outros fatores na tomada de decisão cristã?

À primeira vista, as diferenças entre Wesley e Calvino podem não parecer importantes. Questões complicadas, contudo, são aquelas que seguiram tanto Wesley quanto Calvino – às vezes enfatizando demasiadamente coisas que Wesley e Calvino disseram ao passo que menosprezam outras coisas. Certamente, diferenças claras ocorreram entre como Wesley e Calvino viam a Bíblia, concernente a outros fatores ou autoridades religiosas. Estas diferenças não são apenas importantes para entender suas respectivas visões da Bíblia, elas também são importantes para entender as diferenças entre como Wesley e Calvino viam outros aspectos do Cristianismo, por exemplo, como eles entendiam a salvação, a Igreja e ministério.

A Bíblia na Perspectiva de Calvino

Calvino começou as *Institutas* falando sobre Deus em seus primeiros cinco capítulos, e ele continuou teorizando sobre a Bíblia nos cinco capítulos seguintes. Ele utilizava o termo *Escritura*, em vez de *Bíblia*. Historicamente, Escritura (ou Escrituras) significa "escrito, ou escritos" e Bíblia significa "livro, ou livros". Santa Escritura (ou Sagrada Escritura) e Santa Bíblia são maneiras cristãs de se referir ao cânon (ou padrão) de escritos considerados como santos, sagrados e divinamente inspirados por Deus, conforme descritos em 2Timóteo 3.16-17: "Toda a Escritura é divinamente inspirada, e proveitosa para ensinar, para redarguir, para corrigir, para instruir em justiça; para que o homem de Deus seja perfeito, e perfeitamente instruído para toda a boa obra." Geralmente os cristãos se referem a ela ou como Escritura ou Bíblia. Neste livro eu utilizo os dois termos intercambiavelmente.

Nas *Institutas*, Calvino afirmou que a Bíblia é necessária para ensinar e guiar aqueles que acreditam em Deus, que é o criador e redentor soberano. A Bíblia funciona como "lentes" (ou óculos de leitura), que auxilia as pessoas a conhecerem a Deus. Calvino disse que

> assim como o homem de olhos turvos e aqueles de fraca visão, se você colocar diante deles o mais belo livro, ainda que eles o reconheçam como alguma espécie de escrito, contudo, eles mal interpretam duas palavras, mas com o auxílio de óculos começarão a ler distintamente; assim é a Escritura, juntando o então confuso conhecimento de Deus em nossas mentes, tendo dispersado nossa cegueira, claramente nos mostra a verdade de Deus.[39]

A Bíblia é especialmente necessária para a salvação, uma vez que as pessoas não podem saber sobre ela sem a revelação divina.

Calvino considerava a Bíblia inspirada pelo Espírito Santo, enquanto sua autoridade certamente é confirmada pelo testemunho do Espírito Santo e não por qualquer outra aprovação. Aqui Calvino distinguia sua visão daquela mantida pelo Catolicismo Romano, uma vez que o último considerava a Bíblia como parte de um entendimento mais amplo da autoridade da igreja que incluía o processo de canonização bíblica. Apesar de os católicos acreditarem que a Bíblia seja divinamente inspirada, o Espírito Santo de Deus operava através da liderança, concílios, e decisões da igreja para canonizar seu conteúdo. Desta forma, a Igreja Católica tem prioridade sobre sua autoridade bíblica tanto histórica quanto teologicamente, uma vez que ela era a igreja primitiva que codificou a Bíblia. Contudo, Calvino discordava, dizendo que somente Deus, através do Espírito Santo, testifica a inspiração, autoridade e fidelidade da Bíblia, e não qualquer autorização humana ou eclesiástica. Ele afirmou:

> Que este ponto, portanto, permaneça: que aqueles a quem o Espírito Santo tem interiormente ensinado verdadeiramente

---

[39] Calvino, *Institutas*, I.vi.1 (1.70).

baseiam-se na Escritura, e que a Escritura de fato autentica a si mesma; desta forma, não é certo sujeitá-la à prova e razão. E a certeza da qual ela é digna para nós, ela a alcança pelo testemunho do Espírito (...). Portanto, iluminados por seu poder, nós não acreditamos por nós, nem por julgamento de terceiros, que a Bíblia é de Deus, mas acima do julgamento humano nós afirmamos com plena certeza.[40]

Calvino argumentou que é a Igreja que se baseia na Bíblia, e não o contrário. Quando a igreja testifica a Bíblia, ela fala verdadeira e autoritativamente. Como tal, a igreja não representa a autoridade para autorizar a Bíblia, uma vez que a autoridade da Igreja é que é derivada da Bíblia. Embora Calvino tenha apelado primariamente ao "testemunho secreto do Espírito Santo" para estabelecer a inspiração divina, autoridade e fidelidade da Bíblia, ele defendeu que a razão humana – embora limitada – fornece provas firmes o bastante para estabelecer a credibilidade da Bíblia. A simplicidade das verdades bíblicas, incluindo sua ordem e harmonia interna, corrobora sua inspiração, autoridade e fidelidade.[41]

Em se tratando da revelação bíblica, Calvino foi proficiente em sua abordagem à hermenêutica – o estudo da teoria e prática da interpretação, afinal, ele escreveu comentários sobre a maioria dos livros da Bíblia. Naturalmente, Calvino viveu bem antes do surgimento da crítica histórica do século XIX, portanto, seria um exercício anacrônico especular acerca da hermenêutica de Calvino em comparação a desenvolvimentos posteriores. Ele certamente estava consciente das práticas hermenêuticas interpretativas das igrejas do período primitivo e medieval, assim como também da hermenêutica contemporânea de Lutero, Erasmo, Philipp Melanchthon, e Martin Bucer. Calvino sabia acerca da metodologia quádrupla – a *Quadriga* – que buscava os sentidos literal (histórico), alegórico (simbólico), topológico (moral) e anagógico (metafísico ou escatológico) da Bíblia. De acordo com Raymond Blacketer, Calvino focava naquilo "que ele chama de *sens naturel*, o significado literal, histórico e direto do texto. Em comparação a outros exegetas de sua época, ele é menos apto em se engajar em exegese especulativa, e comumente critica o método de encontrar múltiplos sentidos espirituais no

---

40 *Ibid.*, I.vii.5 (1.80).
41 *Ibid.*, I.viii.5 (1.85–86) e I.ix.1 (1.93).

texto, tais como caracterizados pela interpretação medieval, incorporada naquilo que é conhecido como a Quadriga".[42]

Embora seu estudo da Bíblia tenha sido de amplo alcance, Calvino evitou debate prolongado, intricado e especulativo sobre interpretação bíblica. Ele escreveu comentários diretos por considerar que as pessoas fossem capazes de estudar a Bíblia por elas mesmas. Calvino concordava com as ideias de Lutero acerca da perspicácia da Escritura, a saber, que não é difícil ou misterioso demais para as pessoas lerem e entenderem por elas mesmas. A Igreja e os eruditos bíblicos podem auxiliar as pessoas a lerem e entenderem a Bíblia, mas os indivíduos têm recursos suficientes para lê-la, entendê-la, e interpretá-la. Calvino estava ocupado em criticar aquilo que ele considerava supersticioso e, às vezes, abordagens fanáticas ao Cristianismo, por exemplo, quando as pessoas alegavam profecias diretas de Deus em sua época. Sua preocupação era, em parte, em razão das contínuas reivindicações de Católicos Romanos de que Deus continuava a falar através do papa e do magistério católico, que representa a autoridade de ensino do papa e do colégio de bispos, ao invés de por intermédio da Bíblia. Ele, consequentemente, rejeitava a autoridade do papa e do magistério Católico Romano.

Calvino também rejeitava aqueles que alegavam receber nova revelação do Espírito Santo que excedesse os ensinos bíblicos, o que ele pensava que ocorria entre muitos Anabatistas.[43] De acordo com Calvino, o Espírito de Deus não nos conduz além da Bíblia. Ela é o dispositivo de segurança contra reivindicações revelatórias extrabíblicas, quer sejam reivindicações proféticas que venham através da igreja ou de indivíduos. Calvino disse:

> Portanto, o Espírito, prometido a nós, não possui a tarefa de inventar novas e desconhecidas revelações, ou de forjar novas

---

[42] Raymond A. Blacketer, "Commentaries and Prefaces", em *The Calvin Handbook*, ed. Herman J. Selderhuis (Grand Rapids: Eerdmans, 2009), p. 184.

[43] Anabatistas (re-batizadores) são cristãos da chamada "ala radical" da Reforma Protestante. Os anabatistas não formavam um único grupo ou igreja, pois havia diversos ramos chamados genericamente de "anabatistas" com crenças e práticas diferentes e divergentes. Eles foram assim chamados porque os convertidos eram batizados apenas na idade adulta, por isso, eles re-batizavam todos os seus prosélitos que já tivessem sido batizados quando crianças, pois criam que o verdadeiro batismo só tinha valor quando as pessoas se convertessem conscientemente a Cristo. Desta forma os anabatistas desconsideravam tanto o batismo Católico quanto o batismo dos Protestantes Luteranos, Reformados e Anglicanos (**N.E**).

formas de doutrina, para nos afastar da doutrina recebida do evangelho, mas de selar nossas mentes com aquela mesmíssima doutrina enaltecida pelo evangelho.[44]

O *Sola Scriptura* de Calvino

Assim como Lutero, Calvino defendeu a autoridade da Bíblia para determinar crenças, valores, e práticas cristãs. Neste sentido, ele incorporou o *slogan* da Reforma *sola Scriptura* (Latim, "somente a Escritura"). Curiosamente, Calvino não fez uso desta fraseologia precisa nas *Institutas*. Contudo, o fundamento da *Sola Scriptura* pode ser encontrado por todos os seus escritos. Lutero, por sua vez, sob acusação de heresia que enfrentou na Dieta de Worms (1521), defendeu-se publicamente com as seguintes palavras:

> Se eu não me tornar convencido pelo testemunho da Escritura ou bases racionais claras — pois acredito que nem no papa nem nos concílios sozinhos, uma vez que é óbvio que eles erraram em vários momentos — permaneço subjugado pelas passagens escriturísticas que citei e minha consciência cativa à palavra de Deus. Portanto, não me retrato e nem retratarei coisa alguma. Pois agir contra minha consciência é difícil, nocivo e perigoso. Que Deus me ajude! Amém.[45]

Após fazer esta confissão, presume-se que Lutero teria dito, "Aqui estou! Não posso fazer diferente", embora os historiadores considerem que estas palavras são na verdade um antigo acréscimo lendário.[46] Seja como for, a citação acima reflete o posicionamento incisivo que Lutero tomou ao confrontar a autoridade papal e magisterial da Igreja Católica Romana, substituindo-a pela autoridade da Bíblia. Apesar de Lutero ter empregado "bases racionais claras" e "consciência" em sua defesa, a autoridade à qual ele apelava era a Escritura somente.

---

44 Calvino, *Institutes*, I.ix.1 (1.94).
45 Martinho Lutero, citado por Erwin Iserloh, Joseph Glazik, e Hubert Jedin, *Reformation and Counter Reformation*, trans. Anselm Biggs e Peter W. Becker, em *History of the Church*, vl. V, ed. Hubert Jedin e John Dolan (tradução para o ingles 1980; reimpressão, New York: Crossroad, 1986), p. 79.
46 *Ibid.*, n. 17.

Desta forma, o *Sola Scriptura* é comumente descrito como o princípio formal ou causa (isto é, fonte autoritativa) da Reforma, uma vez que Lutero e outros reformadores estabeleceram a Bíblia como sua norma religiosa de autoridade.

Ademais, o princípio *sola Scriptura* está presente por todos os escritos de Calvino. Ao discorrer sobre a verdadeira religião, ele afirmou: "agora, a fim de que a verdadeira religião possa brilhar sobre nós, devemos sustentar que ela deve ter seu início a partir da doutrina celestial e que ninguém pode sequer experimentar a correta e sã doutrina a menos que seja um aluno da Escritura".[47] Em razão dos efeitos da queda, a autoridade divina e até mesmo a autoridade da Igreja não deve ser equiparada à autoridade da Bíblia. Em vez disto, Calvino claramente enfatizou a Bíblia como o padrão prescritivo do Cristianismo. Foi isto que Calvino afirmou ao dizer que

> este seja um forte princípio: nenhuma outra palavra deve ser sustentada como a Palavra de Deus, e receber espaço na igreja, senão o que está contido primeiro na Lei e os Profetas, então nos escritos dos apóstolos; e a única maneira autorizada de ensinar na igreja é pela prescrição e padrão de sua Palavra.[48]

Calvino não foi um literalista acrítico ou insensível em seu entendimento da autoridade bíblica. Ele foi incrivelmente sofisticado em entender que, secundário à Bíblia, os crentes ao tomarem decisão teológica precisam empregar ensinos cristãos históricos, especialmente a partir dos mais antigos escritores patrísticos, bem como o pensamento crítico. Essa sofisticação foi às vezes perdida durante a Reforma, por exemplo, pelos Anabatistas que incansavelmente apelavam para nenhuma autoridade exceto a Bíblia. Ela também foi às vezes perdida sob Protestantes posteriores que ensinavam que o princípio *sola Scriptura* significava que absolutamente nenhum recurso ou fator possuía qualquer contribuição legítima. Mesmo hoje, cristãos podem ingenuamente argumentar que a Bíblia somente – e nada mais – deve informar suas crenças, valores e práticas. Contudo, mesmo uma análise superficial na tomada de decisão das pessoas revela que elas comumente confiam em desenvolvimentos doutrinários da história da igreja, argumentação lógica, e confirmação empírica lógica para

---

47 Calvino, *Institutes*, I.vi.2 (1.72).
48 *Ibid.*, IV.viii.8 (2.1155).

suas mais queridas crenças, valores e práticas, embora sem reconhecimento.

Calvino, preocupado que a Reforma fosse considerada uma novidade, além de especialmente herética, deixa isto claro no prefácio das *Institutas*. Argumentou que o Protestantismo estava em continuidade tanto com a Bíblia quanto com a tradição cristã –continuidade que, segundo ele, o Catolicismo Romano distorcia. Por todos os escritos de Calvino, referências podem ser encontradas a tais escritores patrísticos como Jerônimo, Agostinho, e Crisóstomo como autoridades cristãs a quem ele apelava ao desenvolver sua teologia e ministério. Ele bebeu mais dos escritos de Agostinho, em especial em se tratando do relacionamento entre predestinação divina e liberdade humana. Por fim, Calvino ajudou a supervisionar a criação de ordenanças e confissões Protestantes que, juntamente com a Bíblia e seus próprios escritos, se tornaram fundamentais para seus seguidores.

A Bíblia na Perspectiva de Wesley

Wesley era um amante da Bíblia. E assim como Calvino ele acreditava em sua inspiração divina, autoridade religiosa e fidelidade. No prefácio de seus Sermões, Wesley falou acerca da importância da Bíblia, especialmente para o bem da salvação, e descreveu a si mesmo como *homo unius libri* (do latim, "um homem de um livro"):

> Quero saber uma coisa, o caminho para o céu — como chegar seguro naquela feliz terra. Deus mesmo dignou-se a ensinar o caminho: para este próprio fim ele desceu dos céus. Ele o escreveu em um livro. Ó, dá-me este livro! A qualquer preço dá-me o Livro de Deus! Eu o tenho. Aqui há conhecimento suficiente para mim. Deixe-me ser *homo unius libri*.[49]

Ele concordava com os Protestantes em seu foco sobre a primazia da autoridade escriturística em questões de fé e prática. Apesar de ele ter vivido dois séculos após a Reforma, o conflito entre Protestantes e Católicos ainda continuava em sua época, e Wesley reafirmava "a palavra escrita de Deus como

---

49 Wesley, "Preface", §5, *Sermons, Works*, 1.105.

a única e suficiente regra de fé e prática cristãs; e nisto somos fundamentalmente distintos daqueles da Igreja Romana".⁵⁰

Wesley acreditava que o Espírito Santo inspirou a escrita, a canonicidade, bem como a transmissão da Bíblia, e que hoje o Espírito Santo escolhe principalmente guiar as pessoas através dela:

> Pois ainda que o Espírito seja nosso principal líder, contudo, Ele não é absolutamente nossa regra; as Escrituras são a regra pela qual Ele nos conduz à verdade. Portanto, falando em inglês claro, chame o Espírito de nosso 'guia', que significa um ser inteligente, e as Escrituras nossa 'regra', que significa algo utilizado por um ser inteligente, e tudo fica óbvio e claro.⁵¹

Então a Bíblia é garantida pelo Espírito Santo e também pelas evidências racionais e empíricas, uma vez que ela vem através de um criador inteligente. Assim sendo, ao falar acerca da inspiração da Bíblia, Wesley apelava aos "quatro grandes e poderosos argumentos que fortemente nos induzem a acreditar que a Bíblia deve ser de Deus; a saber, milagres, profecias, a bondade da doutrina, e o caráter moral do escritor".⁵²

Apesar de Wesley ter sustentado uma elevada visão da Bíblia, ele não era simplisticamente um homem de um livro. Pelo contrário, Wesley foi um tutor da Universidade de Oxford que possuía muito conhecimento da história da igreja, incluindo seus desenvolvimentos eclesiástico e teológico. Ele leu, editou e escreveu muitos livros, e exigia que os pastores e líderes leigos que ele supervisionava lessem amplamente os clássicos da civilização ocidental, lógica, retórica e também a Bíblia ao prepará-los para que exercessem liderança e ministério nas igrejas. Em seu "Minutas sobre Várias Controvérsias", Wesley respondeu aos líderes Metodistas que argumentavam que somente precisavam ler a Bíblia:

> Esse é o nível do entusiasmo. Se você não precisa de nenhum livro senão a Bíblia, você está acima do nível do apóstolo Paulo. Ele queria outros também. 'Traga os livros', ele disse, 'mas em

---

50 Wesley, "The Character of a Methodist", §1, em *Works* (Jackson), 8:340.
51 Wesley, "To Thomas Whitehead", 10 de fevereiro de 1748, *Letters* (Telford), 2.117.
52 Wesley, "A Clear and Concise Demonstration of the Divine Inspiration of the Holy Scriptures", *Works* (Jackson), 11.484.

especial os pergaminhos', aqueles escritos em pergaminhos. 'Mas não tenho gosto pela leitura'. Adquira gosto através da leitura ou retorne a sua profissão.⁵³

Wesley entendia que a teologia, espiritualidade e ministério não são disciplinas limitadas, se isoladas de um rico contexto de aprendizado a partir de múltiplas fontes além da pessoa e obra do Espírito Santo nas vidas das pessoas como também da Bíblia.

Por exemplo, ele via a si mesmo firmemente dentro do contexto da tradição anglo-católica do Protestantismo. Ele permaneceu toda vida um ministro ordenado da Igreja da Inglaterra, e suas raízes teológicas foram formadas em sua instrução. Wesley admirava e bebia dos reformadores continentais, mas foi com os reformadores britânicos com quem ele mais se identificou. Remontando a Thomas Cranmer, Wesley era parte da Reforma Britânica na Inglaterra, cujos líderes consideravam a si mesmos uma *via media* (Latim, "um meio termo") entre católicos romanos e os reformadores continentais. Como tal, anglicanos bebiam mais das fontes da tradição da Igreja, incluindo o Catolicismo romano e as igrejas ortodoxas do que o fizeram Lutero e Calvino. A Bíblia era considerada a autoridade religiosa fundamental, mas a tradição da Igreja também era considerada uma genuína – ainda que secundária – autoridade religiosa. Como os cristãos devem decidir entre os ensinos da Bíblia e tradição da igreja, quando elas parecem discordar uma da outra?

Os anglicanos acreditam que a razão representa a autoridade religiosa dada por Deus para discernir entre a Bíblia e a tradição, e através de uma dinâmica interdependência destas duas coisas, os cristãos podem discernir mais facilmente a vontade de Deus e o Espírito Santo em questões de religião. Henry McAdoo descreveu esta abordagem metodológica ao Cristianismo como um caminho para os reformadores britânicos evitarem o autoritarismo do catolicismo romano, de um lado, e do outro, obstar a liberdade descontrolada que resultava na crença dos reformadores continentais na habilidade dos indivíduos de interpretarem a Bíblia, por si mesmos. McAdoo diz:

> Uma característica geral do método teológico anglicano é então esta polaridade ou qualidade de viver em tensão, que vai

---
53 Wesley, "Minutes of Several Conversations", Q.32, *Works* (Jackson), 8.315.

longe para explicar como o elemento da razão não se tornou, em grande parte, excessiva durante o século XVII uma vez que ele jamais existiu em um vácuo, teologicamente falando, mas operava em conjunto com outros elementos tais como o apelo à Escritura e à antiguidade.[54]

A ênfase anglicana na primazia da autoridade religiosa, acoplada às autoridades secundárias legítimas de tradição e razão, não interessava aos reformadores continentais, com seu foco proeminente no *Sola Scriptura*.

O anglicanismo surgiu dentro do contexto do Iluminismo florescente, e tais influências intelectuais precisam ser consideradas quando avaliamos criticamente Wesley e sua visão de questões teológicas particulares. Wesley valorizava sobremodo a racionalidade, por exemplo, quando considerava a Bíblia, teologia e ministério. Neste sentido, a Reforma continental surgiu dentro do contexto das ideias humanistas[55] e nominalistas[56] prevalentes na educação tanto de Lutero quanto de Calvino, que influenciaram suas teologias. É ingênuo pensar que Lutero e Calvino desenvolveram suas crenças, valores e práticas embasados somente na Bíblia. Ambos eram pensadores cristãos sofisticados que beberam tanto da racionalidade contemporânea quanto histórica. Embora tais considerações sejam cruciais para se entender contextualmente as diferentes tradições teológicas do Protestantismo, elas não podem ser reduzidas a elas. Ainda assim, tais considerações nos auxiliam entender tanto a Wesley quanto Calvino.

---

54 Henry R. McAdoo, *The Spirit of Anglicanism: A Survey of Anglican Theological Method in the Seventeenth Century* (New York: Scribner's, 1965), 313.

55 Movimento intelectual difundido na Europa durante a Renascença (séc. XIV) e inspirado na civilização greco-romana, que valorizava um saber crítico voltado para um maior conhecimento do homem e uma cultura capaz de desenvolver as potencialidades da condição humana (**N.E.**).

56 O nominalismo é uma doutrina segundo a qual as ideias gerais, como gêneros ou espécies, não passam de simples nomes, sem realidade fora do espírito ou da mente. A única realidade são os indivíduos e os objetos individualmente considerados. Desse modo, o universal não existe por si: é mero nome, vocábulo com significado geral, mas sem conteúdo concreto, que só reside no individual e no particular. Em seu retrospecto histórico da doutrina nominalista, Leibniz afirmava que, para os partidários do nominalismo, só existem, além das substâncias singulares, os nomes puros e, desse modo, a realidade das coisas abstratas e universais é eliminada (**N.E.**).

Wesley e a *via Media*

Wesley adotou a *via media* da Igreja da Inglaterra, enfatizando a prioridade da Bíblia ao utilizar a tradição da igreja e o pensamento crítico em sua teologia e ministério. Ele não considerava isto como estando em oposição ao princípio do *Sola Scriptura* do reformismo continental. Assim sendo, Wesley não interpretava nem Lutero ou Calvino como servilmente prestando atenção somente à Bíblia, sem diálogo teológico e eclesiástico responsável com outras autoridades religiosas. Ele considerava o *Sola Scriptura* sendo mais confirmação da Bíblia como autoridade final em questões religiosas – como principal invés de única autoridade em questões de fé e prática cristãs.

Wesley se referiu mais à Bíblia como autoritativa em sua teologia e ministério enquanto mantinha a Bíblia como a autoridade final. Por exemplo, na edição de 1771 de suas *"Obras Reunidas"*, Wesley disse o que se segue: "Nesta edição eu apresento a homens sérios e sinceros meus últimos pensamentos maduros, concordáveis, espero, à Escritura, razão e antiguidade cristã".[57] Ele pensava que a "antiguidade cristã" representava "a religião da Igreja primitiva, de toda a igreja nas eras mais puras".[58] Certamente, Wesley não valorizava toda tradição da igreja de igual modo. Ele valorizava o Protestantismo sobre o Catolicismo romano, a Reforma britânica na Inglaterra sobre a Reforma continental, e a igreja primitiva sobre seus desenvolvimentos medievais. Para ele, muito era aprendido a partir de tais autoridades históricas como também em relação ao que poderia ser entendido através do pensamento lógico e crítico.

A razão, afinal, não representava tanto uma fonte intuitiva de conhecimento quanto servia como ferramenta de lógica e pensamento crítico para se entender corretamente e aplicar as crenças, valores e práticas cristãs. Ao falar acerca da importância da lógica, Wesley disse: "Pois o que é isto, se corretamente entendido, senão a arte do bom senso? De compreender claramente as coisas, julgar verdadeiramente e raciocinar conclusivamente?"[59] Naturalmente, a razão e a racionalidade representam um dom de Deus, dado por Deus na criação, uma vez que as pessoas são criadas à imagem dele. Certamente a finitude da humanidade como também sua pecaminosidade exigem que as pessoas fielmente discirnam a natureza e a extensão da razão. Ainda assim,

---

57 Wesley, "Preface", §6, *Works* (Jackson), 1.iv.
58 Wesley, "On Laying the Foundation of the New Chapel", (1777, sermão 112), II.3, *Works*, 3:586.
59 Wesley, "Address to the Clergy", I.2, *Works* (Jackson), 10.483.

Wesley estava suficientemente confiante no dom dado por Deus da razão para dizer: "É um princípio fundamental conosco [isto é, Metodistas] que renunciar a razão é renunciar a religião, que a religião e a razão andam de mãos dadas, e que a religião irracional é falsa religião".[60]

Embora Wesley não tenha tentado ser teologicamente inovador, ele fez uma contribuição notável ao desenvolvimento intelectual do Cristianismo quando falou acerca da experiência como uma autoridade religiosa genuína juntamente com a tradição e a razão. Novamente, como Calvino, Wesley não pretendia criar algo novo, mas restaurar o que havia sido acreditado por toda a história da igreja, desde a época de Jesus Cristo. Ao apelar à autoridade empírica, Wesley pensou estar tornando explícito o que sempre fora acreditado, valorizado e praticado – embora não necessariamente de maneira consciente – a saber, que o evangelho causa uma diferença cotidiana verificável em nossas vidas e em nosso mundo. No prefácio de sua obra "Sermões", Wesley reivindicou apresentar "a religião verdadeira, escriturística e experimental" refletindo a "religião do coração":

> Tenho me esforçado a descrever a verdadeira, escriturística e experimental religião de modo a nada omitir que seja parte real dela, e de nada acrescentar a ela que dela não seja parte. E isto é especialmente meu desejo, primeiro, guardar aqueles que estão colocando seus rostos em direção ao céu (e que, tendo pouco conhecimento das coisas de Deus, são aqueles mais propensos a serem desviados do caminho) da formalidade, da mera religião externa, que quase tirou a religião regida pelo coração do mundo; e segundo, para advertir aqueles que sabem a religião do coração, a fé que opera pelo amor, a fim de que a qualquer tempo eles não anulem a lei através da fé, e então caiam vítimas da cilada do diabo.[61]

Por religião experimental, Wesley queria dizer a experiência de Deus e da salvação divina, que tinha a ver com a fé e esperança, mas também com o amor experimentado pelos crentes. Eles sentiam o amor de Deus, e eles, em troca, tangivelmente expressavam o amor também para com os outros. Para

---

60 Wesley, "To Dr. Rutherford", 28 March 1768, *Letters* (Telford), 5.364. As palavras em colchetes são minhas.
61 Wesley, "Preface", §6, *Sermons, Works*, 1.106.

Wesley, a realidade de Deus e nossa salvação eram tangíveis, realidades sentidas e não meramente uma afirmação proposicional da Bíblia. Wesley estava tão convencido da dimensão empírica da autoridade religiosa que ele falava acerca de como os sentimentos importavam, independente de quão volátil e difícil de discernir eles sejam. Ele disse:

> Destas passagens [isto é, bíblicas] pode suficientemente parecer para qual propósito cada cristão, de acordo com a doutrina da Igreja da Inglaterra, não "recebe o Espírito Santo". Mas isto ficará ainda mais claro a partir daquelas que seguem; em que o leitor pode semelhantemente observar um sentido racional e franco de Deus revelando-se a nós, da *inspiração* do Espírito Santo, e de um cristão *sentindo* em si mesmo o poderoso operar do Espírito de Cristo.[62]

Wesley estava especialmente preocupado com a sentida presença do Espírito – isto é, da declaração ou testemunho do Espírito Santo. Calvino falou acerca do testemunho do Espírito Santo principalmente em termos da validade da Bíblia, mas Wesley pensava que a validação experimental da presença e obra do Espírito Santo em outras dimensões da vida cristã também eram importantes e válidas confirmações da verdade divina. O Cristianismo é mais do que uma existência proposicional bíblica, doutrinária; ele é cheio do Espírito, relacional, dinâmico. Ele acreditava que a experiência representa uma genuína – ainda que secundária – autoridade religiosa ao lado da tradição e razão, concernente à autoridade principal da Bíblia.

O Quadrilátero Wesleyano

O uso da Escritura por Wesley, assim como da tradição, razão e experiência, às vezes é referido como o "quadrilátero wesleyano". Wesley, naturalmente, não fez uso da expressão, assim como Calvino não escreveu acerca de *Sola Scriptura*. Contudo, ambos os termos se tornaram associados aos homens supramencionados. Albert Outler cunhou o quadrilátero. Ele extraiu esta

---

62 Wesley, "A Farther Appeal to Men of Reason and Religion, Part I", v.24, *Works*, 11.167. As palavras em colchetes são minhas.

imagem do quadrilátero de Lambeth utilizado pelos anglicanos, que se refere aos quatro muros de uma muralha que defende aqueles dentro dela. Acerca do quadrilátero, Outler disse que

> ele foi intencionado como metáfora para uma síndrome de quatro elementos, incluindo diretrizes quádruplas de autoridade no método teológico de Wesley. Em tal quaternidade a Sagrada Escritura é única. Mas isto é, por sua vez, iluminado pela sabedoria cristã coletiva de outras Eras e culturas entre a Era Apostólica e a nossa. Ele também permite o resgate do Evangelho do obscurantismo por meio das disciplinas da razão crítica. Mas a revelação bíblica sempre deve ser recebida no coração pela fé: esta é a exigência da "experiência".[63]

Alguns têm criticado o quadrilátero como um mito; se assim é, então é um mito útil – conceito, paradigma ou ferramenta heurística – para capturar a forma interdisciplinar e interdependente que os cristãos refletem, decidem e agem em relação às crenças sinceras e valores. Pode-se igualmente dizer que o *Sola Scriptura* para Calvino, foi um mito, uma vez que ele não fez uso da expressão; contudo, é um mito benéfico para capturar seu foco proeminente na autoridade da Bíblia. Certamente, as visões que Wesley e Calvino tinham acerca da Bíblia, cânon e hermenêutica, assim como autoridade religiosa são mais complexas e interativas do que pode ser dito tão simplesmente. Mas o Quadrilátero e o *Sola Scriptura* nos auxiliam a distinguir entre as visões teológicas e metodológicas dos dois homens.[64]

Embora Wesley não discordasse da ênfase do *Sola Scriptura* de Calvino, ele o consideraria inadequado para lidar com as complexidades das crenças e valores cristãos, e especialmente para ministrar às questões cotidianas que afligem as pessoas diariamente. Wesley iria querer que os cristãos refletissem teologicamente de maneiras abrangentes; que considerassem mais explicitamente as contribuições históricas de indivíduos, igrejas, além de como outras declarações confessionais fazem, e, integrá-las criticamente, contextualmente,

---

63 Albert C. Outler, "The Wesleyan Quadrilateral in John Wesley", *Wesleyan Theological Journal* 20, nº. 1 (Primavera de 1985), p. 11.

64 Para mais informações acerca do quadrilátero wesleyano, veja: Don Thorsen, *The Wesleyan Quadrilateral* (Grand Rapids: Zondervan, 1990), e W. Stephen Gunter et al., *Wesley and the Quadrilateral* (Nashville: Abingdon Press, 1997).

e experimentalmente na vida. Especialmente em razão da ênfase de Wesley na presença e obra contínuas do Espírito Santo, uma abordagem mais holística à autoridade religiosa é necessária a fim de entender a presença imanente do Espírito, o relacionamento interativo com as pessoas e a graciosa capacitação delas.

Wesley pensava que a Bíblia não é tão solitária em sua autoridade religiosa quanto é primária. Naturalmente, tanto Wesley quanto Calvino diriam que, falando em termos últimos, Deus é quem é nossa autoridade. Mas Deus escolheu revelar uma testemunha acerca de como as pessoas devem viver, e essa testemunha subsiste primariamente na palavra escrita de Deus, isto é, da Bíblia. A isto, os cristãos podem acrescentar genuínas – ainda que secundárias – autoridades religiosas. Elas não precisam ser faladas em termos de tradição, razão e experiência, mas podem também ser faladas como criação, cultura ou outras categorias contextuais. Contudo, Wesley forneceu suas próprias categorias úteis e perspicazes, que hoje carregam o peso da duradoura tradição Metodista. O princípio quádruplo do quadrilátero wesleyano é extremamente útil. Ele ajuda a responder tanto as complexidades do entendimento cristão como sua aplicação para as necessidades sempre em mudança da vida: individual e socialmente; física e espiritualmente; eclesiástica e ministerialmente.

Permita-me citar a partir de um livro que escrevi sobre o quadrilátero wesleyano. Eu discorro sobre o valor de como Wesley mais advogava uma "fé viva" do que "uma totalidade sistêmica", característica de Calvino:

> O quadrilátero wesleyano não enfatiza tanto a qualidade do produto final quanto a qualidade da abordagem ou o meio para alcançar o produto final. A partir da perspectiva de Wesley, a teologia envolvia mais de um meio de se tratar das questões religiosas do que uma parte do fim — uma totalidade complexa, sistêmica. Inteireza vinha através de um processo em vez de conclusão. O quadrilátero pode ter funções dogmáticas (positivas) e apologéticas (negativas), mas a ênfase tende a criticar menos os aspectos doutrinários do que a fé viva.[65]

Conclusão

Tanto Wesley quanto Calvino acreditavam na autoridade última de Deus. Ambos adicionalmente acreditavam que a Bíblia é inspirada, autoritativa e

---
65 Thorsen, *Wesleyan Quadrilateral*, p. 248.

fidedigna. Em particular, eles consideravam a Bíblia como a autoridade principal à qual devemos nos voltar para determinar questões de vida e fé cristãs. Calvino, assim como Wesley, estudou e apelou proeminentemente à Bíblia em sua reflexão teológica a tal ponto que é identificado com o *slogan* da Reforma do *Sola Scriptura* – "somente a Escritura".

Embora Wesley tenha concordado com a primazia da autoridade bíblica, ele foi mais explícito em apelar à outras autoridades como sendo genuínas – ainda que secundárias – na reflexão teológica. Ele via a si mesmo como parte da *via media* caminhava entre a Reforma continental e os excessos do Catolicismo romano. Wesley valorizava as tradições da história da igreja, que canonizou a Bíblia como também aprovou crenças cristãs ortodoxas. Ele valorizava o pensamento crítico e a necessidade de argumentação e pregação persuasivas. Por fim, Wesley valorizava uma experiência relevante que confirmava o Cristianismo bíblico como também a contínua presença e obra do Espírito Santo na vida das pessoas.

Discussão

1. De que maneiras você diria que Wesley e Calvino mais concordam e discordam acerca da Bíblia?

2. O que você pensa acerca do princípio *sola Scriptura* – "somente a Escritura" da Reforma?

3. O que você pensa sobre o prospecto da expressão "mais do que a Bíblia" tendo contribuição autoritativa em suas crenças, valores e práticas?

4. Existe diferença entre o que você diz acreditar acerca da natureza e autoridade da Bíblia e como a Bíblia funciona, de maneira prática, em sua vida cotidiana?

5. O que você pensa acerca da ênfase de Wesley na primazia da autoridade bíblica, acoplada à genuína – ainda que secundária – autoridade religiosa da tradição da igreja, pensamento crítico, e experiência relevante?

6. Como o quadrilátero wesleyano é um conceito útil para pensar acerca das maneiras dinâmicas nas quais os cristãos tomam decisões teológicas sobre o que pensam, dizem e fazem?

Capítulo 3

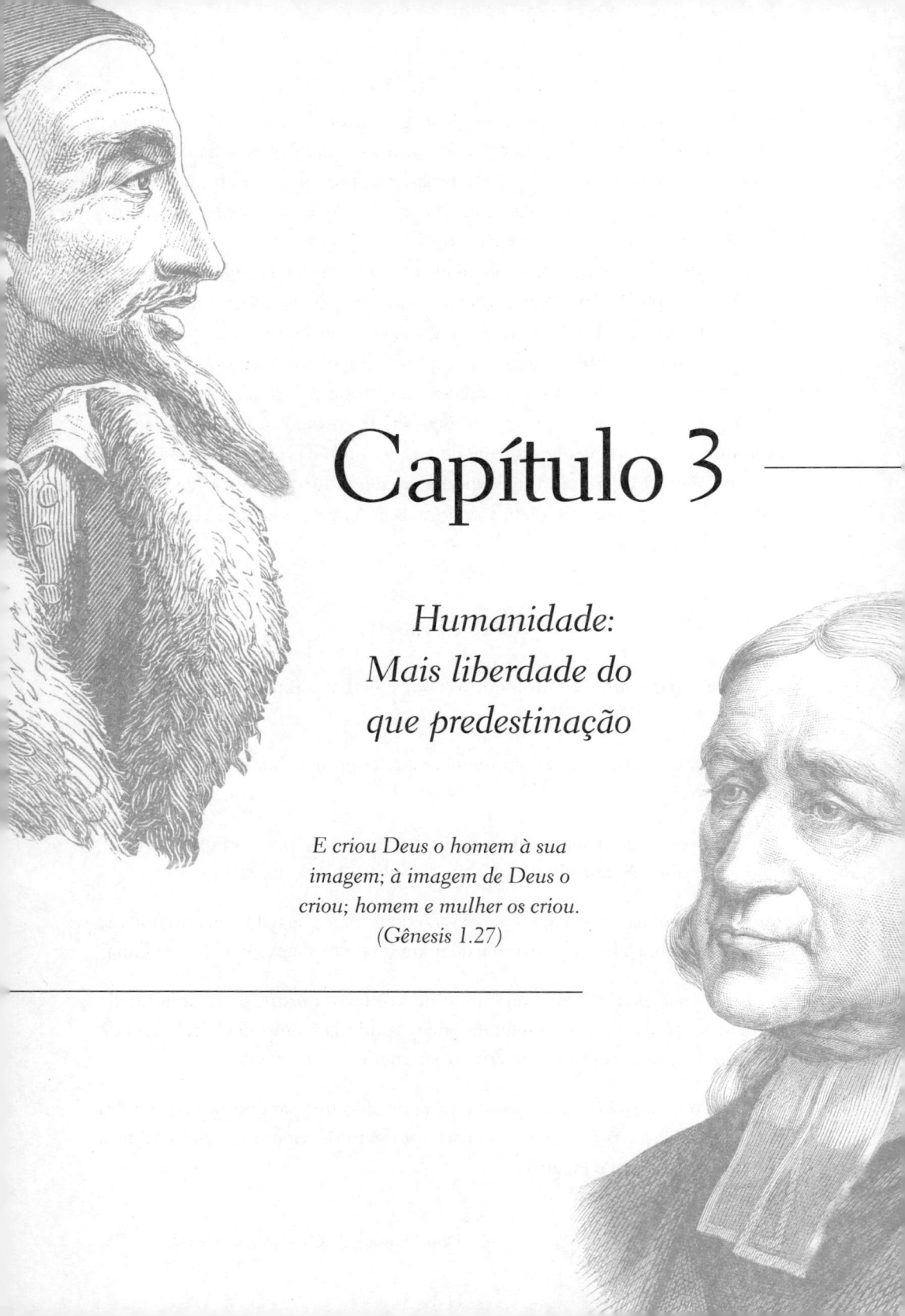

Humanidade: Mais liberdade do que predestinação

E criou Deus o homem à sua imagem; à imagem de Deus o criou; homem e mulher os criou.
(Gênesis 1.27)

Quando eu era aluno de pós-graduação, um amigo meu e sua esposa tiveram seu primeiro filho. Quando os visitei na semana seguinte, o filho recém-nascido começou a chorar e lamentar. Meu amigo, seguro de si, declarou: "Há evidência de pecado original. Ele quer o que quer, quando quer!" Eu não concordei muito com meu amigo, e sugeri que, uma vez que seu filho não podia falar, chorar e se lamentar eram as únicas formas de comunicação. Mas meu amigo discordou. Para ele, as ações de seu filho eram provas positivas de como as pessoas estão escravizadas pelo pecado, totalmente depravadas, quer estejam ou não conscientes disto.

Eu não era pai na época desta conversa, mas agora tenho três filhas, que já se tornaram adultas. Entretanto, quando minhas filhas nasceram, eu não considerava o choro delas — pelo menos não como recém-nascidos — como prova necessária de uma inclinação herdada para o pecado. Nem eu as considerava totalmente depravadas, em vez disto, eu pensava nelas como se desenvolvendo de um grau menor para maior maturidade. Desta forma, a mãe delas e eu continuamente as ajudávamos a aprender as coisas e tomar decisões sábias. Nós cuidamos de lhes fornecer experiências de aprendizado criativo e utilizar discrição em termos de amigos com quem elas passavam o tempo, quando iam à escola e igreja. Em outras palavras, nós abordamos a paternidade como se nossos pensamentos, palavras, e ações fizessem uma diferença a longo prazo no preparo de nossas filhas para a fase adulta. Minha esposa e eu lemos livros, fomos à seminários, tivemos conversas com amigos, e oramos a Deus a fim de nos tornarmos pessoas melhores – pessoas de fé e caráter cristãos.

Eu não sei como se pode abordar a paternidade sem a suposição de que palavras e ações fazem a diferença, que as pessoas podem ser pais melhores ou piores, e que os filhos podem se tornar pessoas melhores ou piores enquanto crescem. Certamente, não sou um pai perfeito, e minhas filhas não são perfeitas. Naturalmente, além dos pais, existe uma infinidade de fatores que influenciam a criação dos filhos: biologia, cultura, classe, raça, etnicidade, gênero, língua, e assim sucessivamente. No entanto, minha abordagem com a paternidade era que tanto minhas filhas quanto eu tínhamos liberdade para fazer escolhas, e eu queria criar minhas filhas de maneira que as ajudariam a maximizar a tomada de decisões futuras para que elas fossem tomadas de maneira culta, sábia e fiel.

Parece-me que a liberdade humana, ou o que alguns chamam de livre-arbítrio, é óbvia em nosso dia-a-dia. Embora nossa liberdade possa não ser absoluta em razão de fatores limitadores – tanto espirituais quanto físicos – que afetam nossas vidas, uma medida de livre-arbítrio genuíno existe. Pensar que nossas escolhas são determinadas (e não são livres, falando em última instância) exige poderosa argumentação psicológica ou teologicamente.

Surpreendentemente, pouquíssimas pessoas reivindicam que suas vidas e decisões são determinadas e que vivem mais como observadoras do que participantes na vida. Essa visão determinista quer seja movida biológica, fisiológica ou teologicamente, tem implicações morais importantes tanto para a sociedade quanto para os indivíduos. Teologicamente, o pensamento de Calvino advogava a crença de que as pessoas são poderosamente influenciadas por Deus e sua vontade, e que o pecado também influencia poderosamente as pessoas, a tal ponto que elas hoje são incondicionalmente dependentes de Deus. Wesley também pensava que Deus e o pecado influenciam poderosamente as pessoas, mas ele não pensava que a liberdade das pessoas era aniquilada, e isso em razão da graça capacitadora de Deus. Como os cristãos pensam acerca destas questões influencia significativamente como vivem no cotidiano, ou quão responsáveis elas são para suas decisões e como planejam o futuro. Então é importante falar acerca das diferenças entre Wesley e Calvino, especialmente em relação ao entendimento dos dois sobre a humanidade e sobre a natureza e extensão da liberdade humana.

Imagem Acerca de Deus e do Pecado

Tanto Wesley quanto Calvino acreditavam que as pessoas eram criadas à imagem de Deus (Gn 1.26-27). Calvino disse que "embora a glória de Deus brilhe no homem exterior, contudo, não há dúvida de que o lugar adequado de sua imagem é na alma (...) dado que seja considerado como um princípio estabelecido que a imagem de Deus, que é vista ou brilha nestas marcas exteriores, é espiritual".⁶⁶ Similarmente, Wesley disse:

> Então Deus criou o homem à sua própria imagem [...] Não escassamente em sua *imagem natural*, uma figura de sua própria imortalidade, um ser espiritual dotado de entendimento, liberdade da vontade, e várias afeições; não meramente em sua *imagem política*, o regente deste mundo inferior, tendo "domínio sobre os peixes do mar, e sobre as aves do céu, e sobre o gado, e sobre toda a terra"; mas principalmente em sua *imagem moral*, que, de acordo com o apóstolo, é "retidão e verdadeira santidade".⁶⁷

Wesley e Calvino acreditavam que Deus criou a humanidade de maneira privilegiada que refletia sua imagem e semelhança, como parte da boa criação de Deus.

Entre as várias formas que as pessoas refletem a imagem de Deus está em seu livre-arbítrio. Contudo, a liberdade humana pode ser tanto uma desvantagem quanto um benefício. Ter liberdade torna alguém suscetível a escolhas erradas ou insensatas e más. Tanto Wesley quanto Calvino acreditavam que as pessoas tinham caído de seu *status* privilegiado, dado através da criação, e tinham pecado contra Deus. Se isto não fosse ruim o bastante, toda a humanidade herdou os efeitos, que Wesley e Calvino descreveram como "pecado original". Calvino disse que o "pecado original, portanto, parece ser uma depravação hereditária e corrupção de nossa natureza, difundida em todas as partes da alma, que primeiro nos torna sujeitos à ira de Deus, produzindo então em nós aquelas obras chamadas pela Escritura de 'obras da carne' [Gl 5.19]."⁶⁸ Para Calvino, a depravação era mais extensiva do que intensiva, o pecado se estendendo a todas as dimensões da vida. Semelhantemente, Wesley pensava que o pecado original de nossos ancestrais nos deixou com uma imagem de Deus que é corrompida e, consequentemente, necessitando de redenção. De

---

66 Calvino, *Institutes*, I.xv.3 (1.186).
67 Wesley, "The New Birth," I.1, *Works*, 2.188.
68 Calvino, *Institutes*, II.i.8 (1.251).

acordo com Wesley, a ocorrência do pecado corrompeu a vida, conhecimento, vontade, liberdade e felicidade das pessoas.[69]

Calvino pensava que a humanidade havia se tornado irrevogavelmente corrupta ou depravada pelos efeitos do pecado original. Ele e Wesley falaram da natureza humana de duas formas: de um lado, eles falaram acerca da natureza humana anterior à queda pecaminosa da humanidade; por outro lado, falaram da natureza humana após a queda, ou seja, de uma natureza marcada pelo pecado. Assim sendo, é importante saber o contexto particular no qual cada homem falou a respeito da natureza humana.

Para começar, Wesley e Calvino discordavam no que concerne a explicação para o pecado original das pessoas – isto é, para sua queda da bondade criada. Calvino disse que as pessoas são responsáveis: "Consequentemente, o homem cai de acordo com o que a providência de Deus ordena, mas ele cai por seu próprio erro".[70] Então as pessoas são responsáveis pelo pecado, mas ela ocorre dentro do contexto da providência de Deus. Mas a providência não é soberana, englobando tudo e meticulosamente decretada para todas as pessoas, grupos e nações? Calvino pensava que a Bíblia claramente afirma que as pessoas são responsáveis pelo pecado, contudo, ele igualmente pensava que a Bíblia claramente declara que Deus decretou (ou predestinou) o que acontece. Apesar de estas proposições serem contraditórias, Calvino defendia que deviam ser conjuntamente sustentadas como partes do plano "oculto" ou secreto de Deus, do qual as pessoas não são informadas. Nós devemos aceitar a providência de Deus (e a culpabilidade das pessoas) sem questionar, uma vez que todas as coisas acontecem para a glória de Deus. Então Calvino disse que

> agora precisamos ter unicamente isto em mente: o homem era bem diferente na primeira criação de toda sua posteridade, a qual, obtendo seu pecado original dele em seu estado corrompido, contraiu uma mancha hereditária. Mas o motivo pelo qual ele não sustentou o homem pela virtude da perseverança jaz oculto em seu plano; a sobriedade é para nós parte da sabedoria. O homem, de fato, recebeu a habilidade contanto que ele exercitasse a vontade; mas ele não tem a vontade para

---

69 Wesley, "The Image of God," ii.2-5, *Works*, 4.298–99.
70 Calvino, *Institutes*, III.xxii.8 (2.957).

usar sua habilidade; pois este exercício da vontade teria sido seguido pela perseverança. Contudo, ele não é desculpável, pois recebeu tanto que voluntariamente trouxe sua própria destruição; de fato, nenhuma necessidade foi imposta sobre Deus de dar ao homem outra coisa senão uma vontade medíocre e mesmo transitória, para que a partir da Queda do homem Ele possa gerar ocasião para Sua própria glória.[71]

No tocante ao pecado, Calvino afirmou que a responsabilidade está com as pessoas, em vez de com Deus. O pecado é sempre culpa das pessoas, de acordo com Calvino, em razão dos ensinos da Bíblia acerca do pecado. Apesar de a culpabilidade das pessoas pelo pecado parecer ilógica dada a soberania dos decretos de Deus, os cristãos devem humildemente aceitar sua culpa como parte do plano divinalmente eterno, embora oculto à humanidade.

A questão acerca de quem carrega a responsabilidade última pelo pecado – pessoas ou Deus – era uma questão que surgiu durante a vida de Calvino. Muitos em Genebra questionaram as óbvias implicações da visão de Calvino sobre a providência e predestinação divinas. Mais notavelmente foi Jérôme-Hermès Bolsec, que em 1551 criticou a teologia de Calvino e o acusou de tornar Deus o autor do pecado. Como resultado de seu ataque naquilo que considerava como absurdos da teologia reformada de Calvino, Bolsec foi banido de Genebra. Então questões acerca das implicações da visão de Calvino sobre a providência divina e predestinação não são novas, mas tais ideias foram expelidas de sua presença assim como também de Genebra.

Semelhante a Bolsec, Armínio, e outros críticos de Calvino, Wesley não acreditava que a soberania, poder e glória divinas impediam a autorrestrição voluntária de Deus quanto ao controle divino sobre as pessoas, subsequente à queda pecaminosa da humanidade. Ele pensava que a Bíblia ensina uma visão diferente de Deus e suas obras. De acordo com Wesley, Deus criou pessoas à sua imagem e permite que elas – pela graça – tenham e exercitem liberdade genuína da vontade, tanto antes quanto depois da queda. Certamente, o mistério permanece em relação a todas as operações de Deus em relacionamento com as pessoas. Todavia, Wesley pensava que Calvino não podia evitar tornar Deus, em última instância, responsável pelo pecado, uma vez que ele argumentava

---

71 *Ibid.*, I.xv.8 (1.196).

tão insistentemente como Deus é o "princípio determinativo" de tudo o que acontece.[72] Wesley discordava tanto da interpretação bíblica de Calvino quanto da sua lógica teológica. Era necessário, de acordo com Wesley, projetar à Bíblia uma vontade de Deus oculta afirmando que ele controla todos os eventos, ao mesmo tempo afirmando que as pessoas sejam responsáveis pelo pecado. Tanto a Bíblia quanto a história da igreja fornecem explicações teológicas acerca de como os cristãos podem afirmar tanto a soberania de Deus quanto a responsabilidade das pessoas.

Não obstante o fato de Calvino e seus seguidores terem afirmado que Deus controla todos os eventos conquanto não seja responsável pelo pecado, Wesley discordava. Wesley concordou que as pessoas são pecaminosas e que não conseguem salvar a si mesmas, mas Wesley reagia a Calvino no que concernia às razões do por que as pessoas são responsáveis pelo pecado. Pela graça, Deus tanto permite quanto capacita as pessoas a terem uma medida – ainda que medida genuína – de responsabilidade. Novamente, se pela graça, elas podem decidir responder aos estímulos do Espírito Santo em suas vidas e aceitar o dom de Deus para salvação, elas também podem decidir resistir ao Espírito de Deus. Desta forma, a culpabilidade das pessoas pelo pecado é condicionada às suas decisões, em vez de condicionada às decisões de Deus irresistivelmente predeterminadas antes da fundação do mundo.

Predestinação e Pecado

Tanto Wesley quanto Calvino acreditavam na predestinação, porque para ambos a Bíblia ensina a respeito. A predestinação é comumente pensada em termos da determinação de Deus sobre quem é salvo, mas também utilizada para descrever a determinação de Deus a respeito de outras circunstâncias. Como tal, a predestinação está relacionada ao cuidado geral de Deus com o mundo e as pessoas, que é conhecida como "providência". A providência tem a ver com o que Deus decreta para o mundo e as pessoas, e alguns decretos de Deus, se não todos, aconteceram antes da criação, antes da "fundação do mundo" (Ef 1.4). De uma perspectiva humana, tais decretos parecem predeterminados – isto é, determinados antes de nossa experiência e conhecimento da providência aqui e agora.

---

72 *Ibid.*, I.xviii.2 (1.232).

Por outro lado, Wesley e Calvino sustentavam visões diferentes acerca da natureza e extensão dos decretos providenciais de Deus. Calvino defendia que a providência de Deus abrange tudo o que acontece. Ele disse que "não apenas céu e terra e as criaturas inanimadas, mas também os planos e intenções dos homens, são governados por sua providência de sorte que eles são suportados por ela direto para seu fim designado".[73] Por vezes a visão de Calvino é referida como "providência meticulosa", uma vez pensando que Deus meticulosamente decreta tudo o que acontece, quer tenha a ver com acontecimentos da natureza, quer tenha a ver com as decisões das pessoas. Tanto é este o caso que, conforme previamente observado, Calvino pensava que Deus predestina aqueles que serão salvos e aqueles que serão condenados:

> Chamamos predestinação o decreto eterno de Deus, pelo qual ele compactuou consigo mesmo aquilo que desejou tornar de cada homem. Pois todos não são criados em condição igual; antes, a vida eterna é preordenada para alguns, e condenação eterna para outros. Portanto, como todo homem foi criado para um ou outro destes fins, nós falamos dele como predestinado para a vida ou morte.[74]

Calvino, naturalmente, não pensava que esta afirmação de todo excluía a responsabilidade humana, uma vez que Deus deseja que as pessoas ajam livremente. Em outras palavras, o Senhor deseja que as pessoas queiram agir da maneira que ele preordenou para agir. Para Calvino, as pessoas possuem o que alguns Calvinistas denominaram como "liberdade compatibilista", uma vez que as escolhas do livre-arbítrio das pessoas são compatíveis com a vontade de Deus. Na verdade, Calvino diria que as pessoas somente são livres quando seus pensamentos, palavras e ações se conformam à vontade de Deus – isto é, aos decretos de Deus. Esse entendimento representa uma concepção logicamente consistente de acordo com Calvino, e, assim, explica como as pessoas podem ser consideradas responsáveis por suas ações antes e depois da queda. Nesta vida, são as pessoas que escolhem, não Deus. Calvino rejeitava visões alternativas de liberdade consideradas por ele como naturalista, voluntarista ou

---

73 *Ibid.*, I.xvi.8 (1.207).
74 *Ibid.*, III.xxi.5 (2.926).

indeterminada. Tais visões da liberdade humana beiravam ao Pelagianismo, ou seja, a crença de que as pessoas naturalmente exercem livre-arbítrio sem referência ao governo soberano de Deus do mundo.

Wesley, por sua vez, não acreditava em um entendimento naturalista (ou ateísta) da liberdade humana. Conforme já mencionado, ele se opunha às crenças do Pelagianismo, que enfatiza retidão pelas obras em relação à salvação. Nos Artigos da Religião, Wesley afirmou do Metodismo que "o pecado original não consiste em imitar a Adão (como em vão dizem os pelagianos)".[75] Por causa do pecado, as pessoas não têm aquela inata habilidade humana para ganhar ou merecer sua salvação. Neste sentido, Wesley concordava com a crença reformada de que a natureza do pecado é herdada. Logo, em clara oposição ao Pelagianismo, ele não pensava que as pessoas naturalmente têm os recursos para viver retamente e, desta forma, virem a merecer salvação. No entanto, Wesley pensava que Calvino – como Agostinho – tinha uma concepção por demais limitada das opções teológicas para se entender a predestinação divina e a liberdade humana. Falando em termos simples, eles consideravam apenas duas opções: Agostinho e Pelágio (ou Agostinianismo e Pelagianismo). Quando as pessoas pensam excludentemente de duas maneiras sobre as questões, tanto excluem a complexidade acerca de como elas são discutidas na Bíblia, como também se elas foram discutidas na história da Igreja. Em vez disto, Wesley defendia que Agostinho reagiu exageradamente a Pelágio (e outras variações do Pelagianismo, conhecido como Semipelagianismo), enfatizando não apenas um predestinarianismo determinadamente orientado, mas também o tipo de predestinarianismo absoluto que Calvino sugeria. Em uma discussão dialógica que Wesley criou entre "um predestinariano e seu amigo", ele falou acerca da história da predestinação, ao dizer que

> Agostinho ora fala de maneira favorável, ora de maneira contrária. Mas toda a antiguidade, pelos quatro primeiros séculos é contrária a você [isto é, o predestinarianismo], assim como também toda a Igreja Oriental até o presente dia; e a Igreja da Inglaterra, tanto em seu Catecismo, Artigos e Homilias.

---

75 Methodist Episcopal Church, *The Articles of Religion*, 1784/1804, artigo 7: "Of Original or Birth Sin", em *Creeds and Confessions of Faith in the Christian Tradition*, vl. III, parte 5, *Statements of Faith in Modern Christianity*, ed. Jaroslav Pelikan and Valerie Hotchkiss (New Haven: Yale University Press, 2003), p. 203.

E assim são vários da maioria de nossos santos mártires, bispo Hooper e bispo Latimer, em particular.[76]

Wesley considerava semi-agostinianismo consistente com a maior parte da tradição do Cristianismo, remontando à Bíblia e aos mais antigos autores da Patrística. Sua herança teológica, concernente às questões de predestinação divina e liberdade humana, não fluíam de Agostinho ou de reformadores Protestantes magisteriais como Lutero e Calvino que concebiam a vontade humana como estando em plena escravidão. Semelhantemente, em contradistinção à teologia reformada de Jonathan Edwards, que foi um contemporâneo seu nas colônias estadunidenses, Wesley afirmou não poder

> permitir as consequências, sobre a suposição do Sr. Edwards [...] Pois a vontade deles, em sua suposição, é irresistivelmente impelida; de sorte que eles não podem evitar fazer deste ou daquele modo. Se assim, eles não mais são culpáveis por tal vontade e nem pelas ações que dela seguem. Não existe culpa caso eles estejam sob a necessidade de desejar. Não pode haver bem ou mal moral, a menos que eles tenham liberdade como também vontade.[77]

Em vez disto, Wesley seguiu as visões teológicas do Catolicismo romano, igrejas ortodoxas e Anglicanismo, que viam a liberdade humana como um dom gracioso de Deus disponível a todos antes da queda, e que continuou disponível – ainda que em forma diminuída – após a queda. Por meio da obra preveniente (também conhecida como precedente, preventiva) da graça, Deus permite uma medida de liberdade, através do Espírito Santo, que é suficiente para as pessoas agirem responsavelmente.

Agostinho havia falado de graça preveniente, mas ele não pensava que tal graça poderia ser resistida. Em contraste, a maioria dos cristãos na igreja primitiva pensava que a graça preveniente capacitava uma medida de liberdade genuína da parte dos indivíduos para decidir, por exemplo, em relação ao dom da salvação como oferta divina. Mas tal graça não assegurava a decisão de

---

76 Wesley, "A Dialogue between a Predestinarian and His Friend", *Works* (Jackson), 10.265.
77 Wesley, "Thoughts Upon Necessity", iii.7, *Works* (Jackson), 10.467. As palavras em colchetes são minhas.

alguém, uma vez que Deus também permite às pessoas – pela graça – pecar. Consequentemente, as pessoas, no passado e presente, são culpadas de seu pecado por suas próprias decisões – decisões não predestinadas irresistivelmente por Deus, mas determinadas pelas pessoas para resistir a Deus. Como tal, as pessoas são inescusáveis por seu pecado.

Dupla Predestinação

A eleição para vida eterna e a reprovação para condenação eterna são às vezes referidas como "dupla predestinação", que Wesley descreveu como a visão da predestinação absoluta. Calvino não empregou o termo, mas o conceito de dupla predestinação está implícito por toda a sua teologia. Por exemplo, Calvino escreveu, "Diz-se que Deus ordenou desde a eternidade aqueles a quem ele deseja abraçar em amor e aqueles a quem ele deseja derramar sua ira".[78] Claramente Calvino mantinha que Deus elege alguns, enquanto a outros reprova. Essa eleição e reprovação dual é o que Calvinistas posteriores chamaram de "dupla predestinação", adotada para descrever sua teologia reformada. Calvino usou passagens bíblicas tais como Romanos 9–11 a fim de fazer sua defesa de como Deus incondicionalmente predestinou o estado eterno de todos, como tudo é determinado pela a glória de Deus, e como os cristãos não devem questionar os decretos divinos.

Deus não predeterminou o estado eterno das pessoas embasado no conhecimento eterno (ou presciência) que condiciona ou influencia os seus decretos. Pelo contrário, os decretos de Deus não são condicionados ou influenciados por quaisquer pensamentos, palavras ou feitos de parte das pessoas. A eleição e reprovação se dão inteiramente por causa da vontade de Deus, e os cristãos em particular devem se cuidar de tentar entender estes decretos. Calvino disse, "Aquele que aqui busca uma causa mais profunda do que o secreto e inescrutável plano irá se atormentar para propósito algum".[79]

Calvino seguia a tradição teológica tanto de Agostinho quanto de Lutero, acreditando que Deus elegeu alguns para serem salvos. Contudo, nem Agostinho e nem Lutero foram tão longe quanto Calvino ao dizer que Deus

---

78 Calvino, *Institutes*, III.xxiv.17 (2.985).
79 *Ibid.*, III.xxiv.12 (2.978).

elegeu alguns para serem condenados. Neste sentido, as visões teológicas de Agostinho e Lutero são às vezes referidas como "predestinação única", defendendo que a Bíblia claramente afirma que alguns são eleitos para a vida eterna, ao passo que outros são ignorados. Esta visão de ser passado por cima é também conhecida como "preterição" — isto é, a negligência de Deus dos condenados, em vez da direta danação deles. Contudo, Calvino pensava que a afirmação da soberania de Deus exigia que este fosse entendido como diretamente decretando os estados eternos de todos os homens. Embora seguidores de Calvino debatam a precisa ordem dos decretos de Deus (ex. supralapsarianismo[80] em face do infralapsarianismo[81]), a predestinação é absoluta e não condicionada à qualquer resposta humana. Para Calvino, o mistério de eleger alguns para serem salvos e outros para serem condenados não era menos pavoroso do que o mistério de Deus eleger alguns e negligenciar outros. Assim sendo, os cristãos devem ser ousados em suas reivindicações acerca dos decretos divinos, em vez de se afastarem da lógica das implicações teológicas apenas porque tais decretos deixam as pessoas desconfortáveis.

Wesley não concordava com as formulações teológicas Reformadas, quer da predestinação única, quer da dupla predestinação. Em se tratando da predestinação única, ele pensava que cristãos tais como Agostinho e Lutero não poderiam nem bíblica ou logicamente defender tal visão. Wesley sobre isto, disse:

> Você ainda acredita que em consequência de um decreto imutável e irresistível de Deus, a maior parte da humanidade reside em morte, sem qualquer possibilidade de redenção: visto que como ninguém pode salvá-las, senão Deus; e ele não as salvará. Você acredita que ele decretou absolutamente não salvá-las; e o que é isto senão decretar condená-las? Isto é, com efeito, nem mais, nem menos; é a mesma coisa. Pois se você está morto, e completamente incapaz de tornar-se vivo; e se

---

80 Supralapsarianismo é a visão de que Deus, contemplando o homem ainda não caído, escolheu alguns para receber a vida eterna e rejeitou todos os outros. Assim, um supralapsariano diria que o reprovado (não eleito) – vaso de ira preparado para destruição (Rm 9.22) – foi primeiramente ordenado para este fim (**N.E.**).

81 O infralapsarianismo (também conhecido como "sub-lapsarianismo") sugere que o decreto de Deus permitir a queda precede logicamente seu decreto de eleição. Assim, quando Deus escolheu o eleito e ignorou o não eleito, ele estava contemplando todos eles como criaturas caídas (**N.E.**).

Deus decretou absolutamente sua morte eterna – você está eternamente relegado à condenação. Então, ainda que você empregue palavras mais suaves do que alguns [ex. preterição ou predestinação única], você quer dizer a mesmíssima coisa.[82]

Em relação às implicações da dupla predestinação da teologia de Calvino, as palavras de Wesley foram mais diretamente ao ponto. Ele rejeitava todas as variações teológicas do Calvinismo, independente da linguagem teológica utilizada: "'eleição', 'preterição', 'predestinação' ou 'reprovação'. Porque no final das contas, é tudo a mesma coisa".[83]

Da perspectiva de Wesley, Calvino diminuía a soberania de Deus assim como também os outros atributos divinos de amor, santidade, retidão, justiça e bondade. Em vez disto, Wesley pensava que se Deus é imutável, então o amor imutável de Deus e seu bom caráter para com aqueles que aceitam o dom da vida eterna estão inclusos. Deus somente julga aqueles que escolhem permanecer em pecado. De acordo com ele, "Deus é imutável em relação a seus decretos. Mas quais decretos? Os mesmos que ele ordenou que fossem pregados a toda criatura: 'o que crer será salvo, o que não crer será condenado'".[84]

A eleição de Deus não está embasada em decretos eternos sem condições, mas na presciência de Deus. De acordo com Wesley, Deus é aquele "a quem todas as coisas estão presentes de uma vez, que vê toda a eternidade em um olhar" e Deus sabe quem será convencido da graça como os "eleitos desde a fundação do mundo".[85] Para as pessoas, tal conhecimento é considerado presciência, uma vez que ele parece acontecer diante de suas vidas. Realmente, as pessoas estão limitadas à duração finita do tempo, que elas experimentam como passado, presente e futuro. Contudo, o conhecimento de Deus é eterno e não limitado da mesma maneira que a experiência das pessoas com o tempo.

O entendimento de Wesley sobre a eleição tinha mais a ver com a vontade geral de Deus para todas as pessoas do que a vontade específica de Deus, que Deus eficazmente – isto é, irresistivelmente – opera nas vidas dos

---

82 Wesley, "Free Grace", §9, *Works* 3.547. Eu acrescento as palavras "preterição ou predestinação única" que Wesley mencionou no seguinte parágrafo; vide "Free Grace", §9, sermão 110, *Works*, 3.547.
83 *Ibid.*, §9, 3.547.
84 Wesley, "Predestination Calmly Considered", §58, *Works* (Jackson), 10.238.
85 *Ibid.*, §18, *Works* (Jackson), 10.210.

indivíduos. De nossa perspectiva humana finita, é difícil entender os atributos transcendentes da eternidade, quais sejam, a onipresença e onisciência de Deus. Wesley acreditava que poderia se dizer que Deus conhece o futuro, que é como as pessoas concebem o conhecimento eterno de Deus. Mas elas não podiam compreender isto de maneira plena, uma vez que estão limitadas pelo espaço e tempo, consistindo de um passado, presente e futuro. Contudo, Deus não está limitado da mesma maneira e conhece todas as coisas como se elas fossem presente.

Presciência não é conhecimento causativo. Deus conhece nosso futuro porque Deus conhece tais eventos desde a eternidade. Em um claro sentido, aqueles eventos informam o conhecimento de Deus, e antes que eles ocorressem em nossas vidas, Deus escolheu interagir com as pessoas a fim de salvá-las e abençoá-las. Tal conhecimento para nós, não é plenamente compreensível e, portanto, permanece um mistério. E em certa extensão, todas as nossas afirmações teológicas acerca de Deus, os atributos de Deus e seu governo, por fim, transcendem nosso conhecimento humano finito. Contudo, em razão dos ensinos da Bíblia, podemos falar, de maneira significativa e plausível, acerca de tais questões porque a Bíblia as escolheu tornar conhecidas. A partir da perspectiva de Wesley, a Bíblia fala bem mais acerca de como a liberdade humana é compatível com a soberania divina, em vez de sua eliminação por ela. Assim sendo, o ensino bíblico acerca da presciência de Deus fornece uma explicação de como os cristãos podem afirmar tanto a predestinação quanto a liberdade humana, sem apelar à explicação de Calvino, que é tão horrível quanto oculta.

Apesar das limitações em nosso conhecimento da pessoa e obra do Espírito Santo, Wesley estava convencido de que Deus não excluía a liberdade humana, mas graciosamente a capacitava. As pessoas não são salvas ou condenadas exclusivamente pelos decretos de Deus, mas pela cooperação entre eles e Deus, habilitada pela graça divina. Pensar o contrário, de acordo com Wesley, excluía a crença em um Deus que é amável e justo: "a justiça não pode ter lugar em galardoar ou presentear meras máquinas".[86] Em outro lugar Wesley disse: "como pode o juiz de toda a terra consigná-las [isto é, os réprobos] ao fogo eterno, para o que foi na verdade seu próprio ato e feito?"[87]

---

86 Ibid., §37, Works (Jackson), 10.224.
87 Wesley, "The Consequence Proved", §8, Works (Jackson), 10:373–74. As palavras em colchetes são minhas.

Livre-arbítrio = Graça Livre

Talvez seja impróprio falar de livre-arbítrio em relação à teologia de Wesley porque ele preferia falar disto como "graça livre". Em seu sermão "Graça Livre", Wesley disse:

> Quão livremente Deus ama o mundo! [...] A graça ou o amor de Deus, de onde vem nossa salvação, é livre em todos, e livre para todos [...] Ela não depende de qualquer força ou mérito no homem [...] Eles não são a causa, mas os efeitos dela. Qualquer bem que haja no homem, ou que é feito pelo homem, Deus é o autor e o executor dele.[88]

Teologicamente falando, a habilidade das pessoas para escolher não é natural, porque Deus desde o início a doou, e ela continua a ser capacitada pela graça. Deus graciosamente inicia a liberdade humana, sustenta-a e completa sem transgredir a habilidade genuína das pessoas para aceitar ou rejeitar as relações graciosas de Deus com elas. Desta forma, a graça livre deve permanecer mais proeminente em nossa discussão teológica do que o livre-arbítrio, uma vez que é Deus quem traz o aumento espiritual.

A graça livre (ou liberdade humana) pode se referir a várias dimensões das vidas das pessoas. Permita-me começar com a salvação: qual é o nível de envolvimento das pessoas em sua salvação? Apesar dos efeitos do pecado, Wesley acreditava que as pessoas ainda têm liberdade suficiente para escolher ter fé e se arrepender de seus pecados, pela graça de Deus, e, por consequência, receber o dom divino da salvação. Neste sentido, ele não discorda nem minimamente com o princípio da Reforma de justificação pela graça por meio da fé. Wesley disse que

> [A salvação] é livre em todos aqueles a quem ela é dada. Ela não depende de qualquer força ou mérito do homem, não, nem em nível algum, nem na totalidade, nem em parte. Ela não depende, de modo algum, nem das boas obras ou retidão

---

88 Wesley, "Free Grace," §§1–3,*Works*, 3.544–55.

do recebedor; nem de qualquer coisa que ele tenha feito, ou qualquer coisa que ele é. Ela não depende de seus esforços. Ela não depende de seu bom temperamento, ou bons desejos, ou bons propósitos e intenções; pois todas estas fluem da graça livre de Deus.[89]

As pessoas escolhem receber o livre dom de Deus da salvação porque Deus fornece os recursos graciosos para assim fazê-lo. Wesley então arguiu: "de que maneira é mais glorioso para Deus salvar o homem irresistivelmente do que o é salvá-lo como um agente livre, por tal graça ao passo que ele pode concordar ou resisti-la?".[90] A partir de sua perspectiva, a glória de Deus brilhava mais através de seu caráter inteiramente amável do que através de puro poder. É um bem maior que o amor possa acorrer dentro de um contexto de reciprocidade – de dar e receber amor – do que de uma forma unilateral que trivializa o relacionamento das pessoas com Deus.

A eleição para a salvação acontece porque Deus conhece de antemão aqueles que livremente aceitarão a graça e terão fé para a salvação. Conforme o apóstolo Paulo disse acrca dos "que dantes conheceu também os predestinou para serem conformes à imagem de seu Filho, a fim de que ele seja o primogênito entre muitos irmãos (Rm 8.29). Wesley acreditava em eleição divina, mas ela tinha mais a ver com uma eleição geral do que uma eleição particular (meticulosa). A primeira torna a graça disponível a todos, ao passo que a última torna a graça salvadora disponível apenas para os poucos que são eleitos.

Por toda a história da igreja, a maioria dos cristãos não considerava uma ofensa à glória e majestade de Deus acreditar que Deus intencionalmente limitou o poder divino sobre as pessoas a fim de que elas pudessem exercitar liberdade humana genuína, apesar do risco do pecado e do mal. Na verdade, a autolimitação divina deve ser vista como uma expressão mais holística de soberania, porque um bem maior ocorre com essa atitude do que se as pessoas forem sempre controladas, como no determinismo divino. Certamente, o livre-arbítrio não é facilmente identificável ou sustentável, em especial em um mundo tão consciente dos fatores poderosos e restritivos para nossa tomada de decisão: biologia, relacionamentos, cultura, economia, política, e assim sucessivamente.

---

89 *Ibid.*, §3, *Works*, 3.545.
90 Wesley, "Predestination Calmly Considered", §49, *Works* (Jackson), 10.231.

Mas Wesley pensava que a Bíblia, assim como a Igreja Primitiva e a experiência confirmavam a genuinidade de nossa escolha para fazer uma coisa em vez da outra, ainda que isto incluísse fazer aquilo que Deus não quer que façamos.

Obviamente, Calvino não falava de sua teologia em termos de determinismo. Afinal, determinismo não é um termo filosófico e não bíblico, não é termo utilizado por Calvino, e não é, na verdade, uma intrusão da cultura na teologia cristã? Bem, para início de conversa, os cristãos valorizam muito palavras e expressões que não são encontradas explicitamente na Bíblia; por exemplo, trindade, encarnação, nascimento virginal, salvação pela fé somente e, – nesta questão – Bíblia. Elas são afirmações desenvolvidas na história da Igreja, apesar de serem consideradas proporcionais com as Escrituras.

Segundo, apesar de as palavras teológicas não serem encontradas explicitamente na Escritura, elas podem caracterizar corretamente as crenças, valores e práticas dos cristãos. Especialmente ao comparar e contrastar homens tais como Wesley e Calvino, termos filosóficos e extrabíblicos podem ser úteis para analisar e avaliar conceitos teológicos. Tais usos correm o risco de projetar conceitos não bíblicos na Bíblia? Ninguém pode negar que tal risco existe. Contudo, o fato de o próprio Novo Testamento ter sido escrito em grego, usando palavras e conceitos gregos, havia o risco de projetar a cultura grega nos escritos do primeiro século dos apóstolos? (Para complicar as questões, o Novo Testamento também inclui palavras hebraicas, aramaicas e latinas, e possivelmente sua influência cultural). Novamente, existem riscos envolvidos. Mas a maioria dos cristãos por toda a história da igreja acreditou que tais influências não destruiriam a revelação de Deus ao serem comunicadas. Semelhantemente, o uso de termos como determinismo para analisar e avaliar a teologia sistemática de Calvino não é categoricamente destrutiva para se entendê-lo.

Monergismo e Sinergismo

Certamente, Calvino formulou sua teologia orientada pelo determinismo que afirmava a liberdade de Deus, mas não a liberdade das pessoas. Ele disse que

> Nós devemos indubitavelmente sustentar que quaisquer mudanças que são discernidas no mundo são produzidas a partir

do estímulo secreto da mão de Deus. E o que Deus determinou deve necessariamente acontecer, ainda que isto não seja incondicionalmente, nem de sua peculiar natureza, necessário.[91]

Ás vezes a ênfase de Calvino na vontade determinativa de Deus é descrita como "monergismo" (grego, "um" + "obra"). Significa que um poder divino está em operação, que criou tudo o que existe e governa tudo o que acontece. Os seguidores de Calvino comumente adotaram o monergismo como uma maneira para explicarem suas afirmações teológicas acerca de como nem a vida e nem a salvação acontecem fora da superintendência de Deus. Acreditar o contrário, eles argumentaram, é colocar a glória nas pessoas em vez de Deus, e afirmar obras de justiça em vez de salvação pela graça por meio da fé. Wesley discordou.

Ele afirmava a salvação pela graça por meio da fé, e que um entendimento mais dinâmico é exigido pela Bíblia como também pela maioria da tradição da Igreja, pensamento crítico, e experiência relevante que confirma a responsabilidade das pessoas na tomada de decisão. Ás vezes a ênfase de Wesley no relacionamento dinâmico que as pessoas têm com Deus é descrito como "sinergismo" (grego, "juntos" + "obra"). Significa que o poder divino opera em cooperação com o poder que Deus graciosamente concede às pessoas. *Sinergismo* não foi uma palavra que Wesley empregou, ainda que a realidade do raciocínio sinergista não lhe fosse nova. Pelo contrário, a maioria dos escritos cristãos na Igreja primitiva como também na de hoje se assemelham mais ao sinergismo do que ao monergismo.

Quando leciono acerca de monergismo e sinergismo, digo aos alunos que cada visão – a partir de uma perspectiva lógica – não responde a toda indagação que possamos imaginar. O mistério persiste em cada visão dado que, falando em última instância, nós não compreendemos plenamente Deus, que é transcendente e cujas obras ultrapassam nosso entendimento. Cada ponto de vista teológico mencionado acima possui certas vantagens e desvantagens, falando logicamente, e às vezes nós podemos pouco mais do que decidir quais mistérios estamos dispostos a viver e quais não estamos. Por exemplo, quanto da vida é determinado, e quanto dela se dá em razão das decisões das pessoas ou em razão das circunstâncias além de nosso controle? Quanto de nossa salvação é determinado, e quanto é em razão das pessoas e circunstâncias?

---

91 Calvino, *Institutes*, I.xvi.9 (1.210).

Apesar da incerteza, podemos fazer determinações coerentes em relação ao que a Bíblia diz sobre aquilo que se relaciona à nossa salvação e muitas outras circunstâncias da vida. Os benefícios da teologia de Calvino é que ele afirma vigorosamente a soberania de Deus, se suas crenças desafiam nosso entendimento da liberdade da humanidade e a origem do pecado, então devemos humildemente aceitá-las. Os benefícios da teologia de Wesley é que ele vigorosamente afirma a liberdade humana, não acreditando que ela exclui a soberania de Deus, se suas crenças não podem facilmente discernir o nível em que Deus é responsável, as pessoas são responsáveis pela salvação e decisões da vida, então, devemos humildemente aceitá-las.

Porque Calvino pensava na salvação em termos de causação, ele queria afirmar que é Deus a causa em vez de as pessoas. Ele disse que

> embora nossa mente não possa compreender Deus sem lhe render certa honra, não será suficiente simplesmente sustentar que há Um a quem todos devem honrar e adorar, a menos que sejamos também persuadidos de que ele é a fonte de todo o bem, e que não devemos buscar nada em outro lugar senão nele. Com isso quero dizer que... nenhuma gota será encontrada, quer de sabedoria ou de luz, quer de retidão, poder ou virtude ou de verdade genuína que não flua dele, e da qual ele não é a causa.

Wesley, contudo, pensava na salvação mais relacionalmente. Deus não quer simplesmente salvar juridicamente as pessoas de sua condição pecaminosa – prover a causa suficiente para sua justificação. Deus quer reconciliação com pessoas de sorte que haja comunhão renovada, caracterizada por amor como também por outros frutos do Espírito: "alegria, paz, paciência, bondade, generosidade, benignidade e autocontrole" (Gl 5.22-23).

A liberdade para aceitar a salvação de Deus, naturalmente, não termina com a conversão. Os cristãos são chamados para agir livremente, pela graça de Deus, para crescer em seu amor e relacionamento com Deus para o restante de suas vidas. Eles agem sinergisticamente em relacionamento com o Espírito Santo, que, por sua vez, os santifica em maior semelhança à Cristo ao renovar a imagem pura de Deus na qual eles originalmente foram criados.

Permita-me encerrar com uma citação que tipifica a ênfase de Wesley no amor – no amor que Deus tem pelas pessoas, e no amor que as pessoas devem ter, por sua vez, em relacionamento com Deus. Ele disse que

> seria bom que você fosse completamente ciente disto, "O céu dos céus é amor". Não há nada mais elevado na religião; não há, na verdade, nada mais; se buscar qualquer coisa mais do que amor, você está buscando bem longe do alvo, está saindo do caminho real, e quando indagar a outros, "Já recebeu esta ou aquela bênção?" Se quer dizer qualquer coisa que não o amor, você está errado, você os está conduzindo para fora do caminho, e colocando-lhes um falso aroma. Estabeleça em seu coração, que a partir do momento que Deus te salvou de todo o pecado, você não deve almejar nada mais, nada mais que o amor descrito no décimo terceiro capítulo de Coríntios. Você não pode ir mais alto do que isto, até que seja levado ao seio de Abraão.[92]

Conclusão

Tanto Wesley quanto Calvino acreditavam na pecaminosidade humana, do estado caído e alienação das pessoas em relação a Deus, e de sua impossível situação concernente à vida eterna. Mas Deus não deixou as pessoas sem esperança de salvação. Wesley e Calvino celebravam juntos como Deus fornecera salvação através da vida, morte e ressurreição de Jesus Cristo. Pela graça, os cristãos são salvos por meio da fé; é um dom que eles não merecem ou pelo qual não trabalham.

Calvino acreditava que Deus unilateralmente agia em prol dos seres humanos, salvando-os de um estado de pecado totalmente depravado. Wesley acreditava que Deus inicia o processo, capacita pela graça, e completa a salvação das pessoas. De acordo com Wesley, Deus não salva as pessoas unilateralmente. Pelo contrário, ele espera que as pessoas cooperem na salvação, uma vez que a salvação envolve uma escolha genuína e não coagida para alguém se tornar

---

92 Wesley, "A Plain Account of Christian Perfection", *Works* (Jackson), 11.430.

reconciliado com Deus. A escolha não é uma habilidade natural, Deus a torna possível ao permitir graciosamente que as pessoas escolham aceitar a salvação, ter um relacionamento pessoal com ele, e amar livremente. Tal liberdade continua pelo período de toda a vida dos cristãos, sempre pela graça de Deus, dando-lhes esperança de crescer em direção a uma semelhança de Cristo cada vez maior e de expressar amor ao Pai e aos outros, individual e socialmente.

Discussão

1. O que significa para você ser criado à imagem de Deus?

2. Quais são os efeitos do pecado em sua vida? Quão totalmente depravado você se considera ser, bem como sejam as demais pessoas?

3. Como você entende a salvação de Deus para a humanidade?

4. Você considera que Deus predestina somente àqueles que serão salvos? Todos os que serão salvos como também os que serão condenados? Somente aqueles que Deus conhece de antemão acreditarão?

5. Quão livre você pensa que as pessoas são, seja para a salvação, seja para a vida cotidiana?

6. Em que nível você pensa na salvação como perdão de pecados, e em que nível você pensa na salvação como reconciliação com Deus? São visões contraditórias? Visões complementares?

Capítulo 4

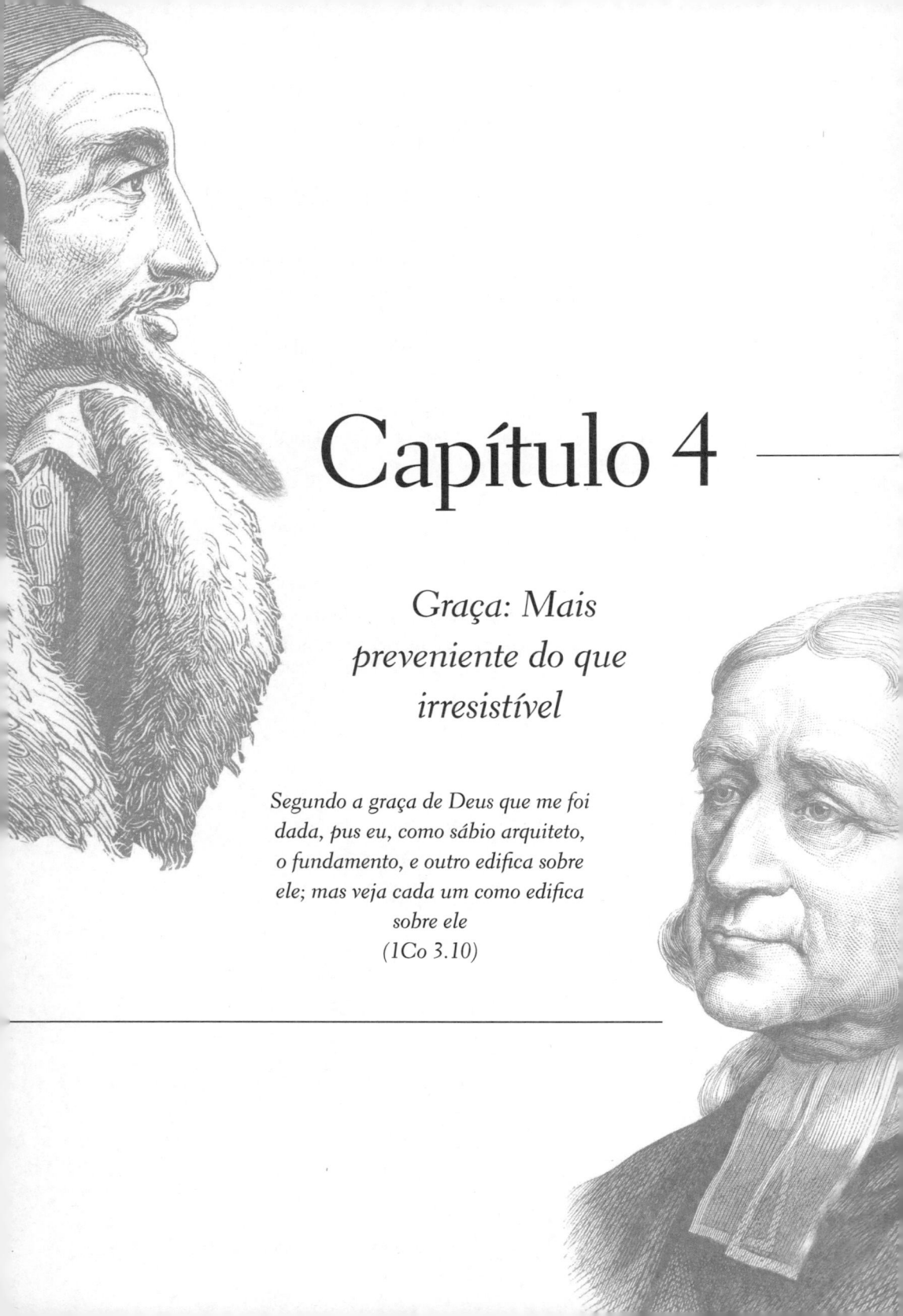

Graça: Mais preveniente do que irresistível

Segundo a graça de Deus que me foi dada, pus eu, como sábio arquiteto, o fundamento, e outro edifica sobre ele; mas veja cada um como edifica sobre ele
(1Co 3.10)

Um dos hinos mais conhecidos se chama *"Amazing Grace"* (Maravilhosa Graça), escrito por John Newton. As palavras são memoráveis, lidando particularmente com a forma com que Deus ajuda as pessoas quando elas não podem ajudar a si mesmas. Em especial, as palavras têm a ver com a salvação e como Deus redime as pessoas que estão perdidas em pecado, medo, e em meios aos perigos da vida. Considere a letra do hino, que Newton publicou em 1779, juntamente com seu colaborador William Cooper, em *Olney Hymns*:

> Maravilhosa graça! (quão doce é o som)
> Que salvou um miserável como eu!
> Estava perdido, mas agora fui encontrado,
> Era cego, mas agora vejo.
>
> Através de muitos perigos, lidas e armadilhas,
> Eu já experimentei;
> Foi a graça que me manteve seguro até aqui,
> E a graça me conduzirá ao lar.
>
> Coisas boas o Senhor me prometeu,
> Em sua palavra minha esperança se apega;
> Ele será meu escudo e porção
> Enquanto minha vida durar.
> Sim, quando esta carne e coração falharem,
> E a vida mortal findar,
> Possuirei, dentro do véu,
> Vida de alegria e paz.

A terra, como neve, em breve se dissolverá.
O sol parará de brilhar;
Mas Deus, que aqui embaixo me chamou,
Será eternamente meu.

O tema que percorre todo o hino é a graça – a graça de Deus. Newton havia vivido uma vida tumultuada, e estava familiarizado com o quanto a vida pode ser desesperadora. Ele havia servido à Marinha britânica e, por fim, tornou-se o capitão de um navio mercador de escravos que capturava homens, mulheres e crianças na África para mercadejá-los como escravos na América. Enquanto em viagem no mar, Newton experimentou a conversão de uma maneira que eventualmente o levou a abandonar o comércio de escravos e a seguir o ministério. Ele na verdade conheceu João Wesley, que o encorajou a se ordenar na Igreja da Inglaterra. Após se tornar pároco em Olney, Newton tornou-se amigo de Cooper, e os dois homens foram bem sucedidos tanto na promoção de uma hinódia quanto de um Cristianismo orientado pelo evangelho.

O hino "Maravilhosa Graça" tornou-se popular nos Estados Unidos durante o Segundo Grande Avivamento, quando este se espalhou por todo o país no século XIX. Suas palavras também se tornaram populares entre os abolicionistas, conforme registrado no romance A *Cabana do Pai Tomás*, escrito pela autora Harriet Beecher Stowe. No romance, o escravo Tom cantava "Maravilhosa Graça" durante os momentos de desespero. Stowe incluiu palavras não escritas por Newton, mas que faziam parte da tradição oral afro-estadunidense:

Quando chegamos há dez mil anos,
Resplandecentes e brilhantes como o sol,
Não teremos menos dias para louvar a Deus,
Do que quando começamos.

É porque estas palavras são tão persuasivas hoje como foram no passado, que o hino "Maravilhosa Graça" continua a ser tão popular.

O tema da graça era proeminente nos escritos tanto de Wesley quanto de Calvino. Eles consideravam a graça de Deus essencial às suas crenças, valores e práticas. Contudo, Wesley e Calvino tinham visões diferentes sobre a maneira que Deus graciosamente trabalha em e através das vidas das pessoas. A fim de entendê-las, é crucial investigar como ambos viam a maravilhosa (incrível) graça de Deus.

O que é Graça?

A graça tem sido definida de várias formas. Como "favor", "bondade" ou "gratidão" para com as bênçãos de Deus, e também é entendida como incluindo "capacitação" divina. A etimologia da palavra vêm do grego, *charis*, e do latim, *gratia*. A graça certamente tornou-se uma crença proeminente na Reforma Protestante em razão da ênfase no *sola gratia* (latim, "somente a graça") em relação à salvação e consequente perdão do pecado. As pessoas não podem espiritualmente redimir a si mesmas por seu próprio trabalho, esforço ou mérito. De acordo com o apóstolo Paulo, a salvação é um dom e não uma questão ou realização humana. Ele disse: "Porque pela graça sois salvos, por meio da fé; e isto não vem de vós, é dom de Deus. Não vem das obras, para que ninguém se glorie" (Ef 2.8-9).

Calvino, assim como Lutero, considerava a graça de Deus o único poder ativo envolvido na salvação das pessoas. Por causa do pecado e da depravação total, somente Deus deve trabalhar para eleger alguns para a salvação. Porque se espera que os pecadores respondam em fé. Outra afirmação Protestante foi *sola fide* (latim, "Somente a fé"), mas inclusive a fé das pessoas não era compreendida como parte da obra ou mérito da salvação. Não se pensava existir uma dinâmica sinergista ou cooperadora entre Deus e as pessoas, uma vez que a fé é, antes, resultado da graça divina em vez de qualquer envolvimento humano. A graça opera eficazmente nas vidas das pessoas, Deus realiza a salvação dos remidos que decretou antes da fundação do mundo.

Wesley também acreditava na salvação pela graça através da fé, aludindo a Efésios 2.8-9. Deus as salva, mas elas não merecem sua salvação e o perdão do pecado. Contudo, Wesley não pensava que a graça opera eficazmente – isto é, que a graça sempre é eficaz e realiza a vontade de Deus sem resposta decisiva da parte dos agentes humanos. Ele pensava que a graça vem de Deus para as pessoas antecipadamente por aquilo conhecido como "graça preveniente" – graça que "vem antes". Tal graça inicia, sustenta, e completa a habilidade dos pecadores para responderem à graça de Deus, de sorte que não se pode pensar nas pessoas como tendo trabalhado ou merecido sua salvação. Mas deve-se pensar nas pessoas como tendo escolhido aceitar ou receber a oferta de salvação que Deus lhes oferece através da expiação de Jesus Cristo. Estas crenças acerca da graça preveniente não eram novas para Wesley, os cristãos na tradição anglo-católica acreditavam nelas há séculos. Analisemos mais profundamente a diferença entre as maneiras que Wesley e Calvino acreditavam e agiam em relação à graça de Deus.

Graça Eficaz

Calvino acreditava que Deus opera eficazmente (de forma efetiva ou eficiente) nas vidas das pessoas em razão de seu controle soberano. A graça de Deus não pode ser resistida porque aquelas não possuem a habilidade de acrescentar ou subtrair nada a seu bem-estar espiritual. Somente Deus salva, e é Deus quem decreta o destino dos pecadores, temporal e eternamente. Para Calvino, em se tratando de salvação, a fé das pessoas é "meramente passiva":

> Portanto, devemos chegar a esta solução: que os crentes devem ser convencidos que sua única base de confiança para a herança de um Reino Celestial jaz no fato de que, sendo enxertados no corpo de Cristo, eles são livremente contados como justos. Pois, no que tange à justificação, a fé é algo meramente passivo, não trazendo nada de nosso à recuperação do favor de Deus, mas recebendo de Cristo aquilo que nós carecemos.[93]

Mesmo as boas obras das pessoas em obediência, realizadas subsequentes à conversão, são resultado da graça divina e não de iniciativa humana. Neste sentido, Calvino considerava a si mesmo como consistente tanto com a Bíblia quanto com Agostinho quando ele disse, "somente a graça realiza toda boa obra".[94]

Calvino discordava da tese dos Católicos Romanos e sua defesa de que as pessoas devem "cooperar com a graça auxiliadora de Deus, pois é nosso direito, quer seja tornar a graça ineficaz ao rejeitar a primeira expressão da graça, ou em confirmá-la ao obedientemente segui-la".[95] Quer seja chamada de "graça auxiliadora" ou "graça aceitadora", Calvino não considerava que se deveria pensar nas pessoas como tendo força genuína em suas vidas espirituais e eternas. Segundo ele, tais questões eram obra de Deus e não das pessoas.

---

93 Calvino, *Institutes*, III.xiii.5 (1.768).
94 *Ibid.*, II.iii.13 (1.308).
95 *Ibid.*, I.ii.6 (1.263).

Os seguidores que lhe sucederam falaram acerca da graça eficaz de Deus como sendo "irresistível". Calvino não empregou a linguagem de irresistibilidade, mas ele de fato falou acerca de uma natureza eficaz da graça divina e como Deus efetivará (realizará ou alcançará) seus planos para as pessoas e o mundo. Quando a Bíblia sugere que Deus prova ou testa as pessoas, Calvino argumentava que tal não é tecnicamente o caso, uma vez que isto insinuaria que as pessoas possuem alguma habilidade natural ou espiritual para auxiliar ou resistir à graça divina. Em vez disto, ele disse que tais casos servem para humilhar as pessoas e para lembra-las de sua "nulidade" (insignificância). Calvino diz, "Ele [isto é, Deus] faz ambas as coisas para nos humilhar [...]. Nós falsamente percebemos que temos certa força de livre-arbítrio para ele observar e provar. Eles realiza isto com nenhum outro propósito senão nos compelir a reconhecer nossa nulidade".[96]

Graça Preveniente

Wesley enfatizou o papel preveniente da graça divina nas vidas das pessoas – a graça que vem antes de Deus anterior à resposta humana. O conceito de graça preveniente era corriqueiro na Igreja da Inglaterra na qual Wesley cresceu. Esta graça que também ficou conhecida como "graça preventiva" ou "graça antecedente" refere-se à obra universal de Deus nas vidas das pessoas para atraí-las a ele. Hoje em dia a palavra "preventiva" sugere obstrução ou impedir, mas na época de Wesley a palavra significava preparar ou tornar possível. A graça de Deus torna possível às pessoas responderem ao processo iniciado por Deus em relação à salvação bem como também com aquilo que se relaciona com outras dimensões da vida cristã. As pessoas precisam responder por sua salvação, assim como precisam responder caso sejam consideradas culpáveis de pecado. A graça preveniente possibilita às pessoas responderem ou não ao dom da salvação e a outras bênçãos (e condições) que Deus lhes concede. Especificamente em relação à salvação, Wesley disse que a graça preveniente evoca "o primeiro desejo para agradar a Deus, o primeiro raio de luz em relação a sua vontade, e a primeira leve convicção transitória de ter pecado contra ele".[97]

---

96 *Ibid.*, II.v.13 (1.333). As palavras em colchetes são minhas.
97 Wesley, "Working Out Our Own Salvation," II.1, sermão 85, *Works* (Jackson), 6.509.

Em contraste, Calvino afirmava a salvação pela graça somente por meio da fé, com isso ele queria dizer que a salvação acontece através da ação imediata da onipotência divina, em vez de através da ação mediada de pessoas. Não existem meios de graça pela qual a cooperação com a graça que convence e justifica acontecem – isto é, não existem meios ou condições de salvação para as pessoas. A onipotência de Deus – poder e vontade de Deus – é absoluta. Desta forma, a graça divina é irresistível, as pessoas não podem resistir e nem cooperar eficazmente com ela. Semelhantemente, a eleição de Deus é incondicional, porquanto não existem condições ou pré-requisitos da parte das pessoas para sua salvação.

Wesley não pensava que o relacionamento sinergisticamente orientado entre Deus e as pessoas fosse uma obra natural da parte das pessoas que, de alguma forma, mereciam a salvação. Como se as pessoas fossem responsáveis por sua vida eterna em vez de Deus. É por isso que Wesley falava acerca da graça livre (em vez de livre-arbítrio) como uma descrição mais acurada do envolvimento das pessoas na salvação e a vida cristã, uma vez que elas ainda necessitam da obra de capacitação da graça de Deus. Calvino teria discordado de Wesley, naturalmente, por pensar que qualquer condicionalidade concedida às pessoas, mesmo pela graça, diminuía a soberania, poder e majestade de Deus. Contudo, de acordo com Wesley, pensa-se que as pessoas têm um papel genuíno – não irresistível – na reconciliação com Deus, que deseja que os cristãos amem a ele livremente como também recebam livremente o dom da vida eterna fornecido pela expiação de Jesus. Através do relacionamento contínuo e dinâmico que as pessoas têm com o Espírito Santo de Deus, a salvação e a vida cristã devem ser pensadas em termos mais dinâmicos e relacionais em vez de maneiras irresistíveis e estáticas que consideram a salvação uma mera transação legal e não como uma comunhão tão importante e tão renovada com Deus.

Neste sentido, Wesley novamente considerava a si mesmo na duradoura tradição do Cristianismo, que poderia ser remontada através da Reforma Protestante na Inglaterra, Catolicismo, ortodoxia primitiva e da Bíblia. Apesar da popularidade de Calvino entre os Protestantes e a atraente natureza sistemática de sua teologia, ele não estava dentro da corrente histórica principal de cristãos no assunto da graça divina, especialmente em relação às maneiras prevenientes pelas quais Deus interage com as pessoas. Certamente, Calvino é essencial para aqueles que reivindicam ser parte da tradição reformada, e ele, como também a tradição reformada, tem sido extensivamente influente entre os Protestantes.

Mas nem todos os Protestantes são Calvinistas ou Reformados; na verdade, a maioria dos protestantes provavelmente reflete mais as visões Católicas, Ortodoxas e Anglicanas da graça como preveniente encontradas em Wesley.

Parte da razão porque as pessoas não sabem disso – além da falta de perspectiva histórica – se dá porque eles sustentam termos inadequados para categorizar as diferenças de opinião teológica entre cristãos. Novamente, uma concepção equivocada surge quando se pensa no debate sobre o papel de Deus e o papel das pessoas como sendo entre Agostinianismo ou Pelagianismo. Uma vez que os cristãos primitivos consideravam o Pelagianismo uma heresia, qual alternativa teríamos além da agostiniana? (Essa ignorância lamentável das categorias teológicas é especialmente disseminada entre os Protestantes). Entretanto, conforme já mencionado, Agostinho mesmo falou sobre os semipelagianos. Mas, as tradições teológicas das quais Wesley extraía suas ideias não eram nem pelagianas e nem semipelagianas. Em vez disto, elas eram mais uma variação do Agostinianismo – que é melhor descrito como semiagostianismo, uma vez que seus adeptos argumentam que Deus graciosamente tanto inicia quanto sustenta e completa a salvação das pessoas.

Deus é visto como limitando voluntariamente seu próprio poder sobre as pessoas – o que não representa uma limitação genuína na soberania de Deus – a fim de que os pecadores possam agir responsavelmente, não irresistivelmente. Por meio da obra preveniente da graça de Deus, que está universalmente disponível através do Espírito Santo nas vidas das pessoas, elas podem genuinamente responder sem que Deus eficazmente determine suas escolhas. Quando as pessoas não respondem, naturalmente, então elas são vistas como genuinamente responsáveis pelo pecado e o mal que acontece. O pecado e o mal não acontecem irresistivelmente, em razão da soberania e da graça irresistível de Deus, mas através da rebelião ativa ou indiferença passiva das pessoas com Deus. Novamente, as visões de Wesley não eram únicas ou inovadoras. Elas representam a visão majoritária dos cristãos por toda a história da Igreja. Apesar da proeminência teológica de Agostinho na história eclesiástica, a maioria dos cristãos primitivos e medievais rejeitou seu conceito de predestinação absoluta. Lutero e Calvino reviveram as crenças e valores agostinianos, mas os Anglicanos não concordaram, e os Arminianos também não. A maioria dos cristãos ao redor do mundo hoje – Católicos, Ortodoxos, Anglicanos e a maioria dos Protestantes – concorda com Wesley na prática, se não também em teoria. São muitos aqueles nas tradições luteranas e reformadas que promovem as visões agostinianas da predestinação. Porém, cada vez mais, cristãos aceitam a visão semiagostiniana como a que melhor representa a Bíblia e a experiência da vida.

Pode Deus graciosamente agir de maneira irresistivelmente nas vidas das pessoas e no mundo? Naturalmente, Wesley diria. Afinal, Deus é soberano e pode fazer tudo o que quiser. Deus pode absolutamente dirigir as vidas das pessoas e o curso da história, se Deus assim o escolher. Este é exatamente o ponto. Deus não escolhe agir assim – pelo menos não o tempo todo. Deus graciosamente criou o mundo e as pessoas com uma medida de liberdade. Essa foi a escolha de Deus, e ela não foi uma limitação de seu poder, mas uma expressão de seu amor. Deus não quis criar pessoas robotizadas cujas ações são irresistivelmente determinadas. Em vez disto, Deus quis cria-las com liberdade suficiente para se comunicar com ele e amá-lo, ainda que tal provisão possa resultar em pessoas lhe rejeitando, assim como as bênçãos envolvidas na salvação. Certamente, existem mistérios envolvidos na lógica teológica tanto de Wesley quanto de Calvino, que se tornaram assuntos de prolongados debates entre cristãos por toda a história da Igreja. Wesley, contudo, acreditava que a evidência da Bíblia como também da experiência confirmavam o relacionamento preveniente – invés de irresistível – que Deus iniciava com as pessoas pela graça.

Duas Histórias

A graça de Deus afeta bem mais a vida das pessoas do que sua salvação. Ela afeta todas as dimensões da vida, visto que a graça preveniente não se relaciona com a conversão apenas, estando relacionada com a totalidade da vida, especialmente a cristã. Ao passo que Deus trabalha em nossas vidas, nós, por nossa parte – pela graça de Deus – devemos trabalhar de acordo com Deus conforme atestado na Bíblia. Wesley disse:

> Deus trabalha em vocês, portanto vocês devem trabalhar: Vocês devem ser 'trabalhadores com ele', (estas são as próprias palavras do apóstolo), caso contrário ele cessará de trabalhar... Prossigam, na virtude da graça de Deus, que te é preventiva, acompanhadora e seguidora, na 'obra da fé, na paciência da esperança, e no trabalho do amor'.[98]

---

98 Ibid., III.7, Works (Jackson), 6.513.

A obra, esforço e realizações dos cristãos não merecem a salvação, mas refletem a presença contínua da graça divina através do Espírito Santo. Calvino, como Wesley, pensava que os crentes devem ter vidas obedientes de acordo com as leis de Deus conforme atestadas na Bíblia. Mas Calvino possuía uma motivação diferente em relação à por que as pessoas devem agir de maneira obediente, questão que discutiremos no capítulo sobre a espiritualidade cristã.

A preveniência, frente à irresistibilidade da graça, pode ser ilustrada nos escritos de Wesley e Calvino. Talvez o contraste possa ser melhor esclarecido através de duas histórias (ou narrativas) contadas por eles, tendo ligação com o nível com o qual Deus age – graciosamente – nas vidas das pessoas. As histórias têm a ver mais que com a salvação e mais do que com a vida cristã. Elas têm a ver com a maneira com a qual Deus trabalha – irresistível ou prevenientemente – em todas as dimensões das vidas das pessoas.

Calvino contou a primeira história a fim de falar acerca de como Deus está, em última instância, no controle dos eventos da vida, independentemente se coisas boas ou ruins parecem acontecer. Novamente, porque Deus está, em última instância, no controle, nenhum acontecimento pode realmente ser pensado como sendo maléfico, ou pelo menos, fora da vontade de Deus. Nenhum acontecimento é fortuito ou se dá inesperadamente, uma vez que Deus irresistivelmente ordena todas as coisas. Calvino disse:

> Imaginemos, por exemplo, um mercador que, entrando em uma floresta em companhia de homens fiéis, de maneira imprudente, se afaste de seus companheiros, e em seu afastamento se veja em um antro de salteadores, caia entre ladrões e seja morto. Sua morte não apenas foi prevista por Deus, mas também é determinada por seu decreto. Pois não se diz que ele previu o tempo de vida que cada homem teria, mas que ele determinou e fixou os limites aos quais os homens não podem passar [Jó 14.5]. Contudo, no que diz respeito à capacidade de nossa mente, todas as coisas nesta história parecem fortuitas. O que um cristão pensará neste ponto? Apenas isto: tudo o que aconteceu em uma morte deste tipo o cristão considerará fortuito pela natureza, como o é, entretanto, ele não duvidará de que a providência de Deus exerceu autoridade sobre o destino na direção de seu fim. O mesmo reconhecimento se aplica à contingência de acontecimentos futuros.[99]

---

99 Calvino, *Institutes*, I.xvi.9 (1.208–9).

Tudo acontece pela graça de Deus, independente de se – a partir da perspectiva humana – os acontecimentos parecem ser bons ou maus, promovam a vida ou a morte. Por um lado, Calvino argumentava que o bom vem de Deus, e, por outro lado, o mau (incluindo o pecado e o mal) vem das pessoas (a despeito de Satanás). Embora ele consistentemente tenha argumentado a favor da natureza eficaz da graça e da vontade soberana de Deus no direcionamento dos acontecimentos da vida, ainda permanece problemática a questão de como o pecado e o mal ocorrem. Calvino parece dar a Deus todo o crédito pelo bem que acontece, enquanto ao mesmo tempo coloca a culpa sobre as pessoas e absolve Deus da responsabilidade pela dor, sofrimento, pecado ou mal. Para repetir, parece difícil aceitar a lógica de que Deus deva ser glorificado por tudo o que acontece, enquanto que ao mesmo tempo se censure aqueles cujas vidas Deus irresistivelmente dirige.

Por contraste, Wesley contou uma história sobre chamar as pessoas para se converterem – a acreditarem e consequentemente se arrependerem de seu pecado. Ele considerava tais chamadas à conversão como sendo genuínas, subsequentemente, pela graça de Deus, em que as pessoas devem decidir por si mesmas se respondem ou não. Suas vidas eternas, assim como suas vidas temporais, dependem disso. Wesley contou a seguinte história a fim de contrastar suas crenças com as de Calvino, e realmente desafiou as ideias Calvinistas acerca da irresistibilidade da graça. Wesley disse:

> Nosso abençoado Senhor, real e indisputavelmente, ordena e convida a "todos os homens, em todos os lugares, a se arrependerem". Ele envia seus embaixadores, em seu nome, para "pregar o evangelho a toda criatura". Ele mesmo "pregou libertação aos cativos" sem qualquer indício de restrição ou limitação. Mas agora, de que maneira vocês [calvinistas] o representam, como ele é empregado nesta obra? Vocês o supõem como em pé de frente às portas de prisões, tendo as chaves dessas prisões em suas mãos, e continuamente convidando os prisioneiros a saírem, ordenando-lhes que aceitem a oferta desse convite, instando cada motivo que pode possivelmente induzi-los a cumprir esta ordem, acrescentando as mais preciosas promessas, se eles obedecerem, e as mais

terríveis ameaças, caso eles não as obedeçam, e todo esse tempo vocês o imaginam inalteravelmente determinado em si mesmo a jamais abrir as portas para eles! Mesmo quando ele está gritando, "venham, saiam desse lugar maligno: pois por isso morrereis, ó casa de Israel!". "Por quê?", um deles pode responder, "porque não podemos evitar isso. Não podemos ajudar a nós mesmos; e você não nos ajudará"... Ai de mim! Meus irmãos, que tipo de sinceridade é esta, que vocês atribuem a Deus, nosso Salvador ?[100]

Claramente, Wesley considerava as crenças do "Sr. Calvino" contrárias não apenas aos ensinamentos da Bíblia, mas também à justiça e ao amor de Deus.[101] Por contraste, Calvino pensava que suas crenças deveriam encorajar as pessoas, pois a salvação delas repousa inteiramente fora das responsabilidades destas mesmas pessoas. De fato, Calvino considerava um grande consolo que as pessoas não fossem tidas como responsáveis por seu bem estar eterno e espiritual. Elas podem descansar seguras sabendo que Deus está em completo controle de tudo o que acontece. Porém, Wesley entendia que a responsabilidade das pessoas de maneira alguma diminuía a soberania divina, a certeza da salvação pela graça através da fé, ou a vida no Espírito. De fato, isto representava uma maior afirmação da soberania, amor, justiça e outros atributos de Deus em razão das maneiras responsáveis e relacionais que o Espírito de Deus graciosamente opera em relacionamento com as pessoas.

Tipos de Graça

Wesley e Calvino falaram acerca de diferentes tipos de graça. Então, a fim de entender suas crenças e práticas mais plenamente, é importante discutir as diferenças. Por exemplo, Calvino acreditava em uma "graça geral" que Deus dá às pessoas.[102] Calvinistas posteriores descrevem-na como "graça comum", embora Calvino não tenha empregado esta terminologia. Graça geral refere-se àquela capacitação divina dada à todas as pessoas, que contribui para a diversidade

---

100 Wesley, "Predestination Calmly Considered", §41, *Works* (Jackson), 10.226–27.
101 Ibid., §42, *Works* (Jackson), 10.227.
102 Calvino, *Institutes*, II.ii.17 (1.276).

entre elas como também para restringir seu pecado e o mal a fim de impedir a destruição uns dos outros.

Neste sentido, a graça geral representa os benefícios imerecidos de Deus nas vidas atuais de todas as pessoas; seus benefícios são temporais. A graça geral não conduz as pessoas à salvação, e Deus não fornece graça especial a todos. Calvino disse:

> Agora, porque alguns nascem tolos ou estúpidos, esse defeito não obscurece a graça geral de Deus... Pois porque uma pessoa é mais excelente que a outra? Não é para exibir em comum a natureza da graça especial de Deus, que, ao ignorar muitos, declara a si mesma presa a ninguém?[103]

Deus não outorga graça salvadora e especial a todos, mas todos se beneficiam da graça geral de Deus. Calvino pensava que a graça geral revela um traço da imagem de Deus nas pessoas, motivo pelo qual existe tanta individualidade como também variedade entre as pessoas, concernente às suas personalidades, intelecto, e realizações. Ele especialmente relacionava a graça geral ao terceiro uso da lei divina, a saber, seu uso moral como um guia para o eleito como também para o réprobo acerca de como eles devem viver vidas morais. O governo, em particular, se beneficia das leis de Deus, uma vez que tais leis ajudam a estabelecer governabilidade mais justa e ordeira entre as pessoas.[104] Realmente, Deus implanta a lei sobre as pessoas – por exemplo, conforme encontrado nos Dez Mandamentos – através da obra da graça geral. Então as pessoas se beneficiam grandemente dela tanto individualmente quanto coletivamente. Ainda, a graça geral é temporária e não possui impacto direto na salvação das pessoas.

A crença de Calvino na graça geral não era a mesma que a crença de Wesley na graça preveniente, uma vez que a última era vista como ajudando na salvação das pessoas. A graça preveniente tinha um papel bem mais positivo e construtivo, de acordo com Wesley, que incluía a salvação e também o desenvolvimento espiritual dos cristãos. A graça geral, contudo, tinha mais a ver com a vida neste mundo, auxiliando as pessoas a restringir os efeitos imediatos

---

103 Ibid., II.ii.17 (1.276).
104 Ibid., II.ii.17 (1.276–77). Cf. Institutes IV.xx.15–16 (2.1503–05).

do pecado e do mal. Assim sendo, a graça preveniente tinha um impacto mais dinâmico e frutífero sobre a vida espiritual das pessoas, uma vez que o Espírito Santo persistentemente interage com elas – liderando, guiando e as capacitando a participar do crescimento espiritual.

Apesar da ênfase de Wesley na graça preveniente, ela representa uma das múltiplas maneiras que a graça opera nas vidas das pessoas, em geral, e dos crentes, em particular. Embora ele tenha focado principalmente em suas implicações salvíficas, Wesley distinguia entre as várias formas pelas quais Deus graciosamente opera nas vidas das pessoas. Desta forma, Wesley falava sobre graça preveniente, graça convencedora, graça justificadora e graça santificadora. Naturalmente, cada referência à graça significa as diferentes funções que a graça exerce na salvação das pessoas. Com a graça preveniente, a ênfase não é colocada no papel cooperador que as pessoas têm, mas na necessidade para a graciosa iniciação divina da salvação. Daí em diante, as pessoas têm responsabilidade – graciosamente capacitada por Deus – para responder em fé e arrependimento. Wesley disse:

> A salvação é continuada pela graça convencedora, geralmente na Escritura chamada de arrependimento, que traz uma maior medida de autoconhecimento, e uma libertação no sentido de maior distanciamento do coração de pedra. Após experimentarmos a salvação cristã adequada, por onde, "através da graça" nós "somos salvos pela fé", que consiste daquelas duas grandes divisões, justificação e santificação.[105]

De acordo com Wesley, fé e arrependimento representam conversão e são acompanhados pela graça justificadora de Deus. Por justificação, as pessoas são salvas dos efeitos penais do pecado e restauradas tanto em favor quanto comunhão com Deus. Após isso, por santificação – a graça santificadora de Deus – os crentes são redimidos do poder do pecado e experimentam uma progressão de restauração à imagem de Deus. Wesley e Calvino não concordavam em relação à justificação. Conforme já afirmado, Wesley não considerava a si mesmo mais distante que "um fio" de diferença de Calvino em se tratando da questão da justificação pela graça através da fé. Contudo, no que tange à graça

---

[105] Wesley, "Working Out Our Own Salvation," II.1, sermão 85, *Works* (Jackson), 6.509.

santificadora, os dois homens discordaram notavelmente. De acordo com Wesley, a graça está disponível prevenientemente para a santificação como também para a justificação. Os cristãos devem agir responsavelmente na partilha dos meios biblicamente prescritos por Deus de crescer na graça.

Meios de Graça

Tanto Wesley quanto Calvino escreveram acerca dos meios cristãos de graça, apesar de terem visões diferentes a respeito. Para Calvino, Deus operava os meios de graça eficazmente nas vidas dos crentes, para Wesley, Deus operava os meios de graça prevenientemente com os crentes. No livro IV das *Institutas*, Calvino fala acerca de "os meios externos ou auxílios pelos quais Deus nos convida à comunidade de Cristo e nela nos mantém". Às vezes estes "meios ou auxílios" são referidos como "meios de graça" – isto é, às maneiras ou canais através dos quais Deus graciosamente opera nas vidas das pessoas, especialmente daqueles que são crentes. Deus opera interiormente a fé e a salvação nas pessoas, contudo, também opera exteriormente em suas vidas. Calvino falou primariamente acerca de como Deus opera através da Igreja, pregação e sacramentos. Ecoando as palavras de Cipriano, pai da igreja, Calvino disse, "para aqueles a quem ele [isto é, Deus] é Pai a igreja também deve ser a Mãe".[106] Ele também enfatizava a importância de ministério pastoralmente orientado como forma para ensinar acerca de Deus. Em particular, os pastores devem ser designados para pregar e ensinar acerca "da doutrina celestial". [107]

Mais do que outros meios de graça, os sacramentos representam "uma palavra visível" pela qual Deus opera graciosamente nas vidas das pessoas. Calvino disse que "Agostinho chama um sacramento de 'palavra visível' porque isto representa as promessas de Deus conforme pintadas em um quadro e as estabelece diante de nossa vista, retratadas graficamente e na forma de imagens".[108] Calvino prosseguiu dizendo que "podemos chamá-los de espelhos nos quais contemplamos as riquezas da graça de Deus, que ele profusamente nos

---

106 Calvino, *Institutes*, IV.iv.1 (2.1012). As palavras em colchetes são minhas. Na nota de rodapé 2, o editor, John McNeill, fornece a citação completa de Cipriano: "Você não pode ter Deus por seu Pai a menos que tenha a igreja por sua Mãe".
107 *Ibid.*, IV.iv.5 (2.1017).
108 *Ibid.*, IV.xiv.6 (2.1281).

concede".[109] Os sacramentos são oferecidos a todos, contudo, são apenas eficazes através da fé, conforme o Espírito Santo concede às pessoas um aumento em graça como uma espécie de alimento espiritual.

Calvino rejeitava a crença Católica Romana em sete sacramentos, e acreditava que apenas dois fossem bíblicos, isto é, o batismo e a ceia do Senhor. O batismo serve para confirmar e fortalecer a fé, mesmo o batismo infantil, segundo ele. Embora o batismo não seja exigido para a salvação, Calvino acreditava que os infantes podem recebê-lo porque estes não podem ser excluídos da salvação. [110] Concernente à ceia do Senhor, acreditava que ela nutria a fé dos crentes, fortalecia sua segurança, e preservava sua salvação. Apesar de a ceia do Senhor não ser um meio de graça especial que Deus concede para a salvação, ela permanece um meio de graça para nos sustentar espiritualmente.

Wesley também acreditava nos meios de graça, e os considerava essenciais a todos os estágios da salvação, que se estende por toda a fase da vida dos crentes. Ele disse:

Por 'meios de graça' eu entendo os sinais externos, palavras, ou ações ordenadas de Deus, e designadas para este fim – serem os canais *comuns* por onde ele possa transmitir aos homens a graça preventiva, justificadora ou santificadora".[111] Diferente de Calvino, Wesley pensava que Deus prevenientemente utilizava os meios de graça para chamar as pessoas à salvação como também para trabalhar nelas e através delas. Os meios de graça não estavam limitados à Igreja, pregação e sacramentos, conforme Calvino sugeriu. Eles incluíam uma variedade de formas que Deus intenciona operar nas pessoas e na Igreja. Assim sendo, os meios de graça eram tão importantes na santificação das pessoas quanto para justificá-las.

Wesley listou os meios de graça em numerosas ocasiões, diferenciando-lhes entre meios de graça "instituídos" e "cautelosos". Em seu livro "Minutas de Várias Conversas", Wesley disse que os meios de graça instituídos por Deus na Bíblia incluíam oração, "exame das Escrituras", a ceia do Senhor, jejum, e "conferência cristã".[112] Por conferência cristã Wesley enfatizava responsabilidade entre cristãos, que melhor ocorria no contexto de pequenos grupos. Ele organi-

---

109 *Ibid.*
110 Calvino oferece vários argumentos em defesa do batismo infantil. Vide Ibid., IV.16.1–32 (2.1303–23).
111 Wesley, "The Means of Grace", II.1, sermão 16, *Works*, 1.381.
112 Wesley, "Minutes of Several Conversations", Q.48, *Works* (Jackson), 8.322–23.

zou uma rede eficaz de pequenos grupos que se reuniam no meio da semana além dos encontros dominicais de adoração, aulas para pequenos grupos de comunhão, e grupos de cristãos ainda menores, geralmente separados por gênero, que queriam prestações de contas entre eles visando o crescimento espiritual.

Além destes meios biblicamente instituídos, Wesley falava de meios prudentes (ou sábios) de graça. Embora estes meios de graça possam não ser explicitamente mencionados na Bíblia como meios *per se*, eles representavam métodos verdadeiros e experimentados de formação espiritual na história da igreja como também nas próprias experiências de vida das pessoas. A maioria tinha a ver com atos de misericórdia e caridade aos pobres, mas não havia um número estipulado de meios prudentes de graça. Existem muitas práticas sábias e benéficas que podem ser utilizadas para o crescimento na fé, esperança e amor cristãos. Wesley disse que tais práticas incluíam "vigiar, negar a nós mesmos, carregar nossa cruz, exercitar a presença de Deus" e assim sucessivamente.[113]

Como Calvino, Wesley queria deixar claro que tais práticas religiosas não eram um fim em si mesmas. Elas não garantiam salvação, e não poderiam na verdade nos distrair de nos lembrarmos de que somos salvos pela graça através da fé. Mas porque tais meios de graça eram mencionados na Bíblia, breve ou extensivamente, Wesley estava confiante de que eles auxiliavam as pessoas em todos os estágios da salvação e da vida cristã.

Neste sentido, a ênfase de Wesley na natureza preveniente da graça afirmava que Deus e as pessoas trabalhavam – ainda que misteriosamente – juntos para sua conversão, perseverança e crescimento espiritual. Deus intenciona que os meios de graça devam incluir ação responsável da parte das pessoas. Tal ação era vista como atribuída tanto à vontade geral de Deus quanto à graça. Mas as pessoas devem agir decisiva e responsavelmente em relação a todas as questões espirituais, incluindo ensinos bíblicos acerca dos meios de graça. A Bíblia fala sobre tais meios a fim de que o cristãos possam aprender acerca deles e implementá-los na vida. Eles devem implementá-los não em razão da confiança na habilidade e mérito humanos para a salvação, mas porque Deus revelou que os meios de graça são formas que Deus quer operar cooperativamente em relacionamento com as pessoas, em vez de apesar delas mesmas.

---

113 *Ibid.*, 8.323–24.

Conclusão

Wesley e Calvino colocavam a graça de Deus no centro de nosso relacionamento com o Senhor. As pessoas são salvas pela graça através da fé, isto e isto não é uma questão de obra ou mérito humano. Ambos concordavam completamente que é Deus o iniciador, sustentador, e consumador da salvação. Jamais há uma insinuação de habilidade natural para negar a soberania de Deus.

Todavia, eles discordavam em relação a como a graça de Deus opera nas vidas das pessoas. Calvino acreditava que a graça divina opera eficazmente – isto é, que ninguém pode, em última instância, resistir à vontade de Deus. As pessoas nada podem fazer para auxiliar ou contribuir para sua salvação, de fato, para nada em suas vidas, uma vez que Deus determina tudo o que acontece. Em contrapartida, Wesley acreditava que a graça de Deus facilita a liberdade das pessoas para escolher ou não escolher cooperar com a graça divina. Deus prevenientemente opera pela graça na vida dos pecadores, lhes tornando possível tanto amá-lo quanto rejeitá-lo. Tal graça não diminui a soberania de Deus nem tampouco concede às pessoas responsabilidade em separado da obra capacitadora do Espírito Santo. Entretanto, Wesley acreditava que a graça preveniente explica melhor os ensinos, pactos, e condições da Bíblia. Embora se possa imaginar o quão simples a vida seria se todas as coisas acontecessem irresistivelmente pela graça de Deus, tanto a Bíblia quanto a experiência confirmam que a vida — temporal e eterna — exige das pessoas a que pensem e ajam de maneiras responsáveis, sempre cientes de que elas assim o fazem pela graça divina.

Discussão

1. Por que você pensa que o hino "Maravilhosa Graça" continua a ser tão popular mesmo tendo sido escrito centenas de anos antes de nossos dias?

2. Embora a graça divina possa, naturalmente, operar de maneira irresistível nas vidas das pessoas, por que Deus quereria operar, em vez disto, prevenientemente em relacionamento com elas?

3. De que maneiras as histórias contadas por Wesley e Calvino são úteis para entender a natureza da graça e como Deus quer interagir com as pessoas?

4. Se você acredita que as pessoas possuem uma medida de liberdade, possibilitada pela graça de Deus, em que extensão as pessoas são livres? O que pode restringir a graça de Deus em nossas vidas?

5. Contraste a crença de Wesley na graça preveniente e a crença de Calvino na graça geral (comum). Como elas são a mesma coisa, e como se diferenciam?

6. Como os variados meios de graça nos ajudam? Eles auxiliam apenas para a salvação ou continuam a ajudar as pessoas a viverem a vida cristã? Como?

Capítulo 5

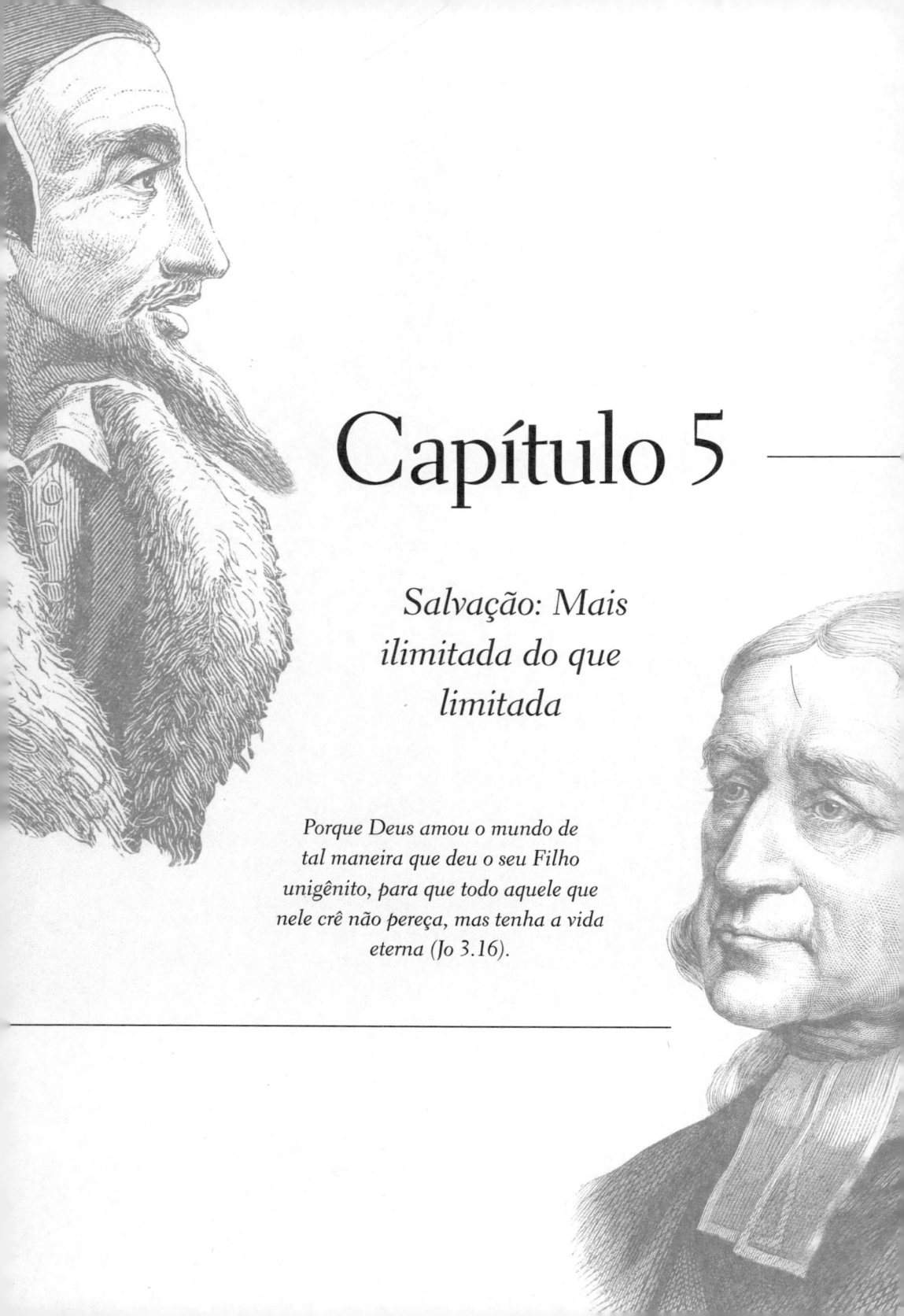

Salvação: Mais ilimitada do que limitada

Porque Deus amou o mundo de tal maneira que deu o seu Filho unigênito, para que todo aquele que nele crê não pereça, mas tenha a vida eterna (Jo 3.16).

Quando adolescente, eu às vezes me sentia intimidado pelas dramáticas histórias de conversão que ouvia, aparentemente contadas com certa regularidade no grupo de mocidade de minha igreja. As histórias geralmente vinham de livros ou filmes populares sobre pessoas que tiveram suas vidas salvas do alcoolismo, das drogas, da sexualidade desenfreada, e assim sucessivamente. As histórias causavam vários efeitos em mim. De um lado, elas eram sensacionais e chamavam minha atenção. Por outro, me faziam sentir como se algo faltasse em mim – quer por ter perdido a oportunidade de experimentar uma vida libertina, quer por ter perdido a oportunidade de ter um testemunho de conversão impactante. Estas respostas podem parecer tolas ao leitor/leitora deste livro, mas para uma criança que foi criada em uma igreja protetora, por pais protetores em uma cidade protetora, eu me sentia espiritualmente trapaceado.

À medida que fui crescendo e comecei a estudar o Cristianismo mais a fundo, eu me senti melhor acerca do fato de que experiências dramáticas de conversão provavelmente têm pouco a ver com Deus abençoando uma pessoa mais que a outra. As particularidades de como as pessoas experimentam a conversão mais provavelmente tem a ver com a quantidade ou qualidade da graça que as pessoas receberam de Deus. Desde o século 17, eruditos tais como William James investigam as experiências de conversão das pessoas e analisam as mesmas, como, por exemplo, em seu livro *The Varieties of Religious Experience* (As Variedades da Experiência Religiosa). James concluiu que as particularidades da conversão, ou de qualquer experiência religiosa, provavelmente têm mais a ver com as especificidades de nossa humanidade do que com relações espirituais "injustas" com Deus.

João Wesley teve uma experiência de conversão dramática no dia 24 de maio de 1738 – conversão esta denominada de a experiência de Aldersgate. Em seu diário, Wesley a descreveu da seguinte maneira:

De noite eu fui relutantemente a um encontro na Rua Aldersgate, onde alguém estava lendo o prefácio de Lutero à Epístola aos Romanos. Cerca de quinze para as nove, enquanto ele estava descrevendo a mudança que Deus opera no coração através da fé em Cristo, eu senti meu coração estranhamente aquecido. Eu senti que realmente confiava em Cristo, somente em Cristo para a salvação, e uma segurança me foi dada de que Ele havia retirado meus pecados, os meus mesmo, e me salvado da lei do pecado e da morte.[114]

O que aconteceu com Wesley naquele dia? Lamentavelmente, o assunto tem sido uma questão de contínuo debate: Wesley se converteu? Ele recebeu segurança da salvação? Wesley foi santificado? Foi meramente uma de muitas experiências religiosas que os cristãos podem experimentar no curso de suas vidas?

Certo debate também acontece sobre a conversão de João Calvino. Em 1533 ele teve uma experiência religiosa descrita por ele mesmo de mais de uma maneira. Em seu *Comentário de Salmos*, Calvino disse:

> Deus, por uma repentina conversão me dominou e trouxe minha mente para uma estrutura ensinável, que estava mais endurecida em tais questões do que poderia se esperar de alguém nas primeiras fases de sua vida. Tendo desta forma recebido certo gosto e conhecimento da verdadeira virtude, eu fui imediatamente instigado por tamanho imenso desejo de fazer progresso nisto, e embora eu não tenha abandonado por completo outras áreas de estudo, entretanto, me dediquei a elas com menos ardor.[115]

Aqui conversão é descrita como uma repentina mudança de "mentalidade", que produziu um exacerbado "desejo" de viver uma vida santa. Em todos os demais lugares Calvino descreveu sua conversão mais como um processo emocional e árduo que resultou na súplica por libertação do julgamento divino. De acordo com Bruce Gordon, Calvino disse:

---

114 Wesley, *Journal* (Curnock ed.), 1: 475–76.
115 Calvino, "Preface", *Commentary on the Book of Psalms*, vl. 1, trad. James Anderson (Grand Rapids: Eerdmans, 1948), xl–xli.

> Estando excessivamente alarmado com a miséria na qual eu havia caído, e muito mais com aquilo que me ameaçava em vista da morte eterna, eu, moralmente obrigado, fiz meu primeiro ato o de me recorrer a seu caminho, condenando meu passado, não sem gemidos e lágrimas. E agora, Ó Senhor, o que resta para um miserável como eu, mas em vez de defesa, sinceramente peço que não julgues aquele abandono terrível de tua Palavra de acordo com seu merecimento do qual em tua incrível bondade tu tens, por fim, me libertado.[116]

As experiências religiosas de Wesley e Calvino revelam como é difícil falar sobre salvação de uma maneira definitiva, singular. Contudo, os cristãos testificam de maneira que comunicam ensino bíblico como também se identificam com suas próprias experiências. Embora a salvação represente um ensino central tanto para Wesley como para Calvino, eles entenderam sua ocorrência de maneiras notavelmente diferentes. A fim de reconhecer estas diferenças, precisamos aprender acerca do entendimento de cada um deles sobre a graciosa provisão divina para a salvação das pessoas, começando com a doutrina cristã da expiação.

Expiação

Tanto Wesley quanto Calvino acreditavam que a salvação acontece inteiramente pela graça de Deus. As pessoas não são salvas por mérito ou merecimento, pois antes, a salvação é um dom de Deus. Como Deus provê a salvação? Ela se deu através da vida, morte e ressurreição de Jesus Cristo, que se encarnou e era o Messias (hebraico, *mashiah*, "ungido", ou grego *Christos*). Ele expiou os pecados da humanidade, e através dele Deus redimiu as pessoas e reestabelece o relacionamento com elas. A doutrina da expiação resume crenças cristãs acerca de como Deus forneceu salvação através de Jesus e de como continua a salvar as pessoas através da presença e obra do Espírito Santo.

Na história da Igreja, várias visões da expiação surgiram. Calvino afirmava a doutrina histórica da expiação substitutiva. A partir desta perspectiva,

---
[116] Calvino, citado por Bruce Gordon, *Calvin* (New Haven: Yale University Press, 2009), p. 34.

Jesus morreu como substituto em lugar da humanidade, que – em razão do pecado – merecia o julgamento e morte. Calvino disse:

> Essa é nossa absolvição: a culpa que nos mantinha sujeitos à punição foi transferida para a cabeça do Filho de Deus [Is 53.12]. Nós devemos, acima de tudo, nos lembrar desta substituição, a fim de que não tremamos e permaneçamos ansiosos por toda a nossa vida — como se a justa vingança de Deus, que o Filho de Deus tomou sobre si, ainda paire sobre nós.[117]

As pessoas recebem os benefícios da expiação pela graça através da fé. Pelo fato de Calvino ter enfatizado o aspecto penal (ou legal, forense) da obra objetiva da salvação em nome das pessoas, ela é às vezes conhecida como a "visão penal substitutiva da expiação".

Wesley concordava largamente com a visão substitutiva da expiação. Ao falar acerca da expiação de Jesus, Wesley disse: "Seus sofrimentos foram os efeitos penais de nossos pecados. 'O castigo de nossa paz'".[118] O ponto que Wesley e Calvino discordavam tinha a ver com a universalidade da expiação de Jesus, ou pelo menos de sua disponibilidade universal. De acordo com Wesley, Jesus expiou "por todos os pecados do mundo inteiro", não apenas pelos eleitos.[119] As pessoas ainda devem receber os benefícios da expiação pela graça através da fé. Nem todos respondem em fé, alguns resistem à graça de Deus.

Neste ponto, Wesley e Calvino discordavam. Embora Calvino argumentasse que Jesus Cristo fez expiação pelo pecado de todos, apenas os eleitos se beneficiarão dela. Isso sugere que Jesus pode não ter morrido como um substituto para todos, mas apenas para os eleitos. Calvino disse:

> Conforme a Escritura, então, claramente demonstra, dizemos que Deus uma vez estabeleceu por seu eterno e imutável plano aqueles a quem ele bem antes determinou de uma vez por todas receber em salvação, e aqueles a quem, por outro lado, ele devotaria à destruição. Asseveramos que, concernente aos eleitos, este plano foi embasado em sua livre misericórdia, sem

---

117 Calvino, *Institutes*, II.xvii.5 (1.509–10).
118 Wesley, "The Doctrine of Original Sin", pt. V, *Works* (Jackson), 9: p. 412.
119 Wesley, *NT Notes*, 1John 2.2.

consideração ao valor humano, mas por seu justo e irrepreensível, mas compreensível julgamento ele fechou a porta da vida para aqueles a quem ele deu para a condenação. Agora, entre os eleitos nós consideramos o chamado como testemunho de eleição. Então, defendemos a justificação como outro sinal de sua manifestação, até que eles venham à glória na qual o cumprimento dessa eleição jaz. Mas como o Senhor sela seus eleitos pelo chamado e justificação, assim, ao excluir dos réprobos o conhecimento de seu nome ou a santificação de seu Espírito, ele, por exemplo, revela por estas marcas o tipo de julgamento que os aguarda.[120]

O prospecto de que Jesus morreu pelos eleitos é conhecido como a "doutrina da expiação limitada". Calvino não empregou o termo, mas muitos de seus seguidores consideram assim a implicação lógica da teologia de Calvino. A doutrina da expiação limitada continua a ser debatida entre seus seguidores. Isso se dá, em parte, em razão de como Calvino deve ser interpretado.

Considere o comentário dele acerca de João 3.16. De um lado, Calvino disse que "Deus mostra a si mesmo reconciliado com todo o mundo, quando ele convida todos os homens sem exceção à fé em Cristo, que nada mais é do que a entrada para a vida".[121] Estas palavras sugerem uma expiação ilimitada, contudo, a supramencionada citação de Calvino vem acompanhada das seguintes palavras: "Pois Cristo é feito conhecido e ofertado à vista de todos, mas eleitos somente são aqueles cujos olhos Deus abre, a fim de que eles possam busca-lo pela fé".[122] Assim sendo, apesar das aparentes alegações de Calvino quanto a universalidade da expiação de Cristo, apenas aqueles que são os eleitos – determinados antes da fundação do mundo – por fim se beneficiam dela.

Wesley discordava ardentemente da implicação de que a expiação de Jesus era, de alguma forma, limitada. Contudo, ao afirmar a disponibilidade universal da redenção para a humanidade, Wesley foi acusado por Calvinistas de sustentar o universalismo – isto é, a crença de que todas as pessoas serão, por fim, salvas. Por exemplo, em seu sermão "Graça Livre", Wesley anexou

---

120 Calvino, *Institutes*, III.xxi.7 (2.931).
121 Calvino, *Commentaries*, João 3.16. Cf. Os comentários de Calvino sobre 1João 2.1-2, que sugere expiação ilimitada.
122 *Ibid*.

um hino chamado "Redenção Universal".[123] Contudo, a acusação de universalismo entende mal a ênfase de Wesley na graça preveniente e como Deus graciosamente capacita as pessoas a decidir por si mesmas a receber ou rejeitar a salvação oferecida. Além do mais, apesar de Deus oferecer universalmente a salvação às pessoas, somente aqueles que creem e se arrependem é que receberão o dom da expiação de Jesus. Aqueles que não creem e não se arrependem em resposta ao evangelho não serão salvos, nem receberão a vida eterna no céu.

Pelo fato de os Calvinistas rejeitarem a possibilidade de alguém frustrar a vontade de Deus, a eficácia de Jesus Cristo morrendo por todos parecia ilógica, uma vez que nem todos seriam salvos. Assim sendo, eles apelaram à doutrina da expiação limitada para explicar sua crença que de apenas os eleitos – aqueles predestinados por Deus para a salvação – receberiam o benefício da vida eterna. Embora Calvino possa não ter explicitamente afirmado a expiação limitada, ela era uma implicação lógica de seu sistema de crenças, que seus seguidores reconheceram e promoveram, ainda que ela parecesse limitar a obra expiatória de Jesus.[124]

Ordem da Salvação (*Ordo Salutis*)

Às vezes os cristãos descrevem a expiação como a obra "objetiva" de Deus para a salvação – isto é, a garantia tangível e histórica da redenção das pessoas. Em resposta à obra de Deus, a obra "subjetiva" da salvação tem a ver com o fato de como as pessoas se apropriam ou experimentam aquela salvação na vida. Na introdução a este capítulo eu discorri acerca do debate que existe acerca das experiências religiosas tanto de Wesley quanto de Calvino. E categorizo aquelas experiências como parte da dimensão "subjetiva" da salvação, então não é nenhuma surpresa que a subjetividade e diversidade caracterizem nosso entendimento sobre como a salvação pode acontecer, ou mesmo sobre como possa ser sentida, na experiência das pessoas.

Além da dimensão subjetiva da salvação, o debate surgiu na história da Igreja concernente à *ordo salutis* (latim, "ordem da salvação"). Até a época da Reforma, não muito esforço teológico havia sido dispensado para identificar uma

---
123 Wesley, "Free Grace", §30, *Works*, 3, pp. 559–63.
124 Para mais informações acerca da doutrina da expiação limitada, vide apêndice.

ordem particular de como as pessoas são salvas. Na maior parte, o entendimento Católico Romano da salvação ordinariamente segue uma visão sacramental. Embora os católicos romanos acreditem em sete sacramentos, cinco deles tem a ver com a salvação. Sacramentalmente falando, a salvação começa com o sacramento do (1) batismo, que é seguido pelo sacramento da (2) confirmação, em que as pessoas afirmam a fé cristã na qual elas foram batizadas. Tendo alcançado a idade da razão (ou idade da responsabilidade), cristãos confirmados podem então participar do sacramento da (3) eucaristia, crescer espiritualmente através do sacramento da (4) reconciliação, e ser graciosamente auxiliados em épocas difíceis pelo sacramento da (5) unção dos enfermos e moribundos. Para todos os propósitos práticos, estes cinco sacramentos ordinariamente servem como mantidos na ordem da salvação.

Após a Reforma, tornou-se cada vez mais importante para os Protestantes se identificarem e distinguirem-se das crenças e práticas católico-romanas assim como também se distinguirem uns dos outros. Entretanto, a determinação para criar uma ordem afirmada da salvação não surgiu formalmente até o século 18, e foi iniciada pelos luteranos alemães, que viveram bem depois da época de Calvino e que estavam tanto teológica quanto geograficamente distantes de Wesley. Nem Wesley e nem Calvino dedicaram-se em determinar uma ordem formal da salvação. Certamente, havia uma ordem implícita da salvação nos escritos de ambos. Com efeito, Wesley publicou um sermão chamado "O Caminho Escriturístico da Salvação", muito embora ele tinha mais a ver com advogar a salvação pela fé do que delinear uma sequência de eventos salvíficos. Consequentemente, não é apropriado projetar uma ordem da salvação sobre eles, ainda que numerosos seguidores de Wesley e Calvino tentassem fazê-lo.

Algumas abordagens para determinar uma ordem da salvação são mais descritivas do que prescritivas. Isto é, elas tentam descrever progressões simples que parecem ocorrer na experiência da salvação das pessoas ao invés de uma ordem dogmática e invariável. Tais tentativas descritivas podem ser úteis às pessoas na tentativa de entender sua salvação, crescimento espiritual, e como outros podem ser salvos. Contudo, algumas abordagens para afirmar uma ordem da salvação são prescritivas. E embora essas abordagens prescritivas possam soar convincentes em razão de seus defensores parecerem certos e apaixonados em sua promoção de uma ordem particular da salvação, eles também podem ser bastante restritos (ou amplos, imprecisos, etc) em seu entendimento e, desta forma, prejudiciais àqueles a quem a vida simples e ordens da salvação não se aplicam prontamente. Nem mesmo a Bíblia parece fornecer uma ordem normativa da salvação, uma vez que as pessoas do primeiro século se converteram em diferentes lugares e épocas, com experiências aparentemente diferentes da graça divina.

Certamente, algumas dimensões da salvação com certa regularidade parecem acontecer na Bíblia como também no entendimento da salvação dos cristãos: graça, fé, arrependimento, justificação, santificação e glorificação. No entanto, outros conceitos teológicos surgem e que nem todos os cristãos usam (ou utilizam da mesma forma): presciência, predestinação, eleição, chamado, iluminação, conversão, regeneração, adoção, certeza, união mística, perseverança, mortificação, plena santificação, e assim sucessivamente.

Se os termos são novos aos leitores, então se encoraje. A gama de termos relacionada à salvação em particular (e à teologia em geral) pode ser assustadora, especialmente para aqueles não educados na teologia cristã. Parte de mim quer oferecer breves definições para os termos supramencionados. Contudo, os leitores precisam estar cientes de que não existe necessariamente consenso acerca de como cada termo é definido ou diferenciado teologicamente. Por exemplo, a predestinação pode ser qualificada como geral ou particular, e a graça pode ser qualificada como eficaz ou preveniente. Embora uma ordem da salvação possa ser útil (e tabelas que ilustram ordens da salvação), tais ordenações podem ser problemáticas na prática (vida cristã) como o são na teoria (teologia). Desta forma, expectativas devem ser moderadas em como ordens prescritivas da salvação são utilizadas teologicamente na discussão das vidas das pessoas.

Em vez de falar acerca de ordens formais da salvação ao descrever a teologia de Wesley e Calvino, eu falarei acerca delas de maneira mais geral, de maneiras mais próximas. Historicamente, eu quero evitar projetar em Wesley e Calvino ordens que não aparecem indisputavelmente em seus escritos, ainda que particularidades de seus respectivos entendimentos permaneçam questão de debate entre seus seguidores. Seja como for, clareza suficiente em suas ordens da salvação está disponível para contrastar as diferentes maneiras que Wesley e Calvino entenderam e promoveram a salvação.

A Visão de Calvino sobre a Salvação

Em razão da forte ênfase de Calvino na soberania de Deus, a salvação é – do início ao fim – obra de Deus. Quando falou sobre graça divina, Calvino enfatizou a natureza eficaz (ou irresistível) da eleição de Deus daqueles que receberão a vida eterna, e a reprovação daqueles que receberão a condenação eterna. Novamente, ele considerava a predestinação das pessoas uma grande dádiva a elas. Por elas mesmas não há esperança alguma para a salvação. Elas são pecaminosas por completo, e é somente pela graça, eleição e predestinação de Deus que podem ser salvas. Os cristãos, pelo menos, devem ser confortados e encorajados sabendo que a fé vem inteiramente de Deus, e que eles não precisam se preocupar acerca de uma salvação da qual eles não são, em última instância, responsáveis.

Tão logo eu utilizo termos como "os decretos de Deus" e "eleição", eu me sinto de certa forma frustrado pelos seguidores de Calvino, que debatem acerca da ordem precisa da salvação. Por exemplo, alguns falam acerca da ordem lógica da eleição de Deus precedendo a permissão divina para a queda da humanidade (supralapsarianismo), enquanto outros falam acerca da ordem lógica da permissão de Deus para a queda da humanidade precedendo a eleição de Deus (infralapsarianismo). Visando o bem desta obra, eu não me envolverei em debates domésticos entre Calvinistas. Semelhantemente, não me envolverei em debates domésticos entre Wesleyanos em relação uma ordem da salvação precisa ou o padrão. Porque debates intramuros acontecem tanto entre Calvinistas quanto Wesleyanos, eu escolho falar de suas ordens da salvação mais amplamente do que estritamente.

Por exemplo, união com Jesus Cristo foi um tema proeminente na visão da salvação de Calvino, mas seu lugar preciso na ordem da salvação varia entre seus seguidores, se é que aparece. Para Calvino, a união com Cristo envolve um "habitar interior de Cristo em nossos corações — em suma, aquela união mística".[125] Embora ele majoritariamente tenha falado acerca da união com Cristo no contexto dos sacramentos, Calvino considerava que ela acontecia antes da justificação e santificação das pessoas. A união com Cristo torna possível a retidão imputada que os remidos recebem por meio da expiação.

---

125 Calvino, *Institutes*, III.xi.10 (1.737).

Ela garante o chamado eficaz para a salvação, que também possibilita sua regeneração, fé e arrependimento.

Justificação pela Graça Através da Fé

Indubitavelmente, a visão de Calvino sobre a justificação representa a ênfase mais proeminente sobre sua visão de salvação. As pessoas são justificadas pela graça através da fé, o que reflete as ênfases da Reforma sobre o *sola gratia* e *sola fide*. As pessoas são justificadas, e a retidão lhes é imputada. Com sua abordagem jurídica à teologia, Calvino considerava os ensinos de Paulo sobre a justificação como a melhor forma de esclarecer como Deus redime as pessoas. Ele disse: "Portanto, nós explicamos a justificação simplesmente como a aceitação com a qual Deus nos recebe em seu favor como homens retos. E dizemos que isto consiste na remissão de pecados e a imputação da retidão de Cristo".[126] Calvino prosseguiu dizendo que

> "justificar" significa nada mais que absolvição da culpa daquele que foi acusado, como se a inocência fosse confirmada. Portanto, uma vez que Deus nos justifica pela intercessão de Cristo, ele nos absolve não pela confirmação de nossa própria inocência, mas pela imputação de retidão, de sorte que nós que não somos retos em nós mesmos possamos ser contados como tais em Cristo.[127]

A imputação da retidão de Jesus tem a ver com o fato de que agora Deus nos vê "como se" fôssemos retos, uma vez que Deus aceita a retidão de Cristo em nosso lugar. As pessoas que são eleitas podem permanecer pecadoras, mas elas são perdoadas em razão da obra expiatória de Jesus. Por fim, deve sempre ser lembrado que a justificação das pessoas acontece como um dom e jamais como uma obra. Calvino disse: "O poder de justificar, que a fé possui, não jaz em qualquer valor de obras. Nossa justificação repousa somente na misericórdia de Deus e no mérito de Cristo".[128]

---

126 *Ibid.*, III.xi.2 (1.727).
127 *Ibid.*, III.xi.3 (1.728).
128 *Ibid.*, III.xviii.8 (1.830).

Aqueles que são justificados usufruem de obras adicionais da graça de Deus em suas vidas. Eles experimentam a santificação e o espírito de adoção como filhos de Deus. Calvino falou:

> Para provar o primeiro ponto – que Deus justifica não apenas perdoando, mas regenerando – ele pergunta se Deus deixa como por natureza estavam aqueles a quem ele justifica, não mudando seus vícios. Isto é excessivamente fácil de responder: assim como Cristo não pode ser dividido em partes, assim estes dois – a saber, retidão e santificação – que percebemos nele juntos e conjuntamente são inseparáveis. Portanto, qualquer que Deus receber em graça, para eles ele ao mesmo tempo concede o Espírito de adoção [Rm 8.15], por cujo poder ele os recria à sua própria imagem. [129]

Calvino enfatizou a santificação mais do que Lutero o fez, isto é, ele enfatizou como Deus quer promover nos crentes em uma maturidade maior, em maior semelhança à Cristo. Tanto Calvino quanto Lutero acreditavam que a santificação assim como a justificação aconteciam pela graça através da fé. Mas Calvino argumentava que a Bíblia fala muito sobre a vida cristã e como os crentes devem viver de acordo com o terceiro uso da lei – o uso moral – para sua mortificação e vivificação, que eram termos que ele empregava para descrever a santificação. Naturalmente, a visão de Calvino sobre a santificação diferia da de Wesley, que é motivo pelo qual o próximo capítulo é devotado a sua discussão sob o tópico de espiritualidade.

Calvino acreditava que aqueles que são escolhidos por Deus, os assim chamados eleitos, perseverarão até o tempo de sua glorificação final. Como a justificação, a perseverança dos cristãos é um dom de Deus. Então ele escreveu que

> não existe outra razão porque alguns perseveram até o fim ao passo que outros sucumbem no início do caminho. Pois a própria perseverança é de fato um dom de Deus que ele não concede a todos indiscriminadamente, mas transfere a quem lhe apraz.[130]

---

129 *Ibid.*, III.xi.6 (1.723).
130 *Ibid.*, II.v.3 (1.320).

Ele continuou em sua afirmação de que "somente seus eleitos ele [isto é, Deus] conta dignos de receber a viva raiz da fé de sorte que eles possam perseverar até o fim".[131] Agostinho falou acerca da perseverança dos santos, assim como o fizeram os seguidores de Calvino. Outras expressões empregadas por ele para capturar a certeza da salvação têm sido popularmente referidas como "segurança eterna" ou "uma vez salvo, sempre salvo". Tais termos não são encontrados em Calvino, e cautela deve ser utilizada ao atribuí-los a ele. Todavia, eles sugerem a noção de que se as pessoas têm fé, então elas semelhantemente a têm porque Deus nelas dotou fé, e assim não podem resistir à eleição de Deus.

A Visão de Wesley sobre a Salvação

Embora Wesley e Calvino tenham compartilhado muitas semelhanças em suas visões sobre salvação, eles diferiam concernente à obra da graça de Deus na ordem salvífica. Da perspectiva de Calvino, a graça opera eficazmente (ou irresistivelmente). Ela é limitada àqueles que são eleitos, a saber, os predestinados à salvação. De fato aqueles que são réprobos – aqueles predeterminados à condenação – não têm e nem receberão a vida eterna em razão da vontade de Deus, que decreta (ou determina) o estado eterno de todos. Em contraste a Calvino, Wesley defendia a obra universal ou ilimitada da graça de Deus. Isto é, Deus inicia a salvação em todos pela graça, e continua a capacitar as pessoas para que tenham a oportunidade de se decidirem por si mesmas a aceitar ou rejeitar o dom da salvação de Deus.

O fato de que as pessoas universalmente recebem a graça preveniente verifica que Deus quer que todos sejam salvos. O fato de que alguns não são salvos se dá porque elas livremente rejeitam a Deus, não é uma questão de um plano predeterminado que Deus estabeleceu antes da fundação do mundo. Deus pode conhecer de antemão o futuro e predeterminar, de modo geral, as condições de vida, mas Deus não predetermina em particular a salvação e condenação das pessoas. A diferença entre a visão de Calvino sobre a graça operando eficazmente e a visão de Wesley sobre a graça operando prevenientemente não podem ser enfatizadas em demasia. Isto exemplifica outras diferenças entre Wesley e Calvino em relação à ordem da salvação.

---

131 *Ibid.*, III.ii.11 (1.556). As palavras em colchetes são minhas.

De acordo com Wesley, a graça preveniente torna possível o chamado de Deus para as pessoas acreditarem e se arrependerem – para se converterem a Jesus Cristo e ao evangelho da salvação. Deus conhece de antemão aqueles que acreditarão e crerão, e predestina sua eleição, embasado naquilo que Deus sabe por toda a eternidade. Deus conhece de antemão, predestina, chama, convence, justifica e glorifica. Essa ordem não resume o todo da salvação, mas ilustra como Deus opera nas pessoas para sua justificação, ou seja, como ele redime as pessoas do pecado e julgamento.

Consideremos um sermão no qual Wesley concordava com a ênfase de Calvino na salvação pela graça através da fé. O primeiro sermão listado em sua coleção de sermões foi chamado "Salvação pela Fé". Nele, Wesley disse o seguinte:

> Se então o homem pecaminoso encontra favor com Deus, isto é "graça sobre graça!"... Se Deus concede derramar doces bênçãos sobre nós – sim, a maior de todas as bênçãos, salvação – o que podemos dizer a estas coisas senão "graças a Deus por seu indizível dom!". E assim é. Nele está contido "Deus comprova seu amor conosco, em que, quando ainda éramos pecadores, Cristo morreu" para nos salvar. "Pela graça", então, "nós somos salvos através da fé". A Graça é a fonte e a fé a condição da salvação.[132]

A questão que Wesley e Calvino discordavam tinha a ver com a representação da fé, ou seja, se como uma condição, ou, como resultado da salvação – da obra graciosa de Deus nas pessoas para sua redenção. Da perspectiva de Calvino, a fé representava evidência da graça eficaz de Deus, ao passo que da perspectiva de Wesley a fé representava evidência da graça preveniente de Deus. Wesley considerava que a Bíblia mantém a fé como condição da salvação, que Deus conhece de antemão. Na verdade, ele argumentava que Calvino e seus seguidores enfatizavam tanto a predestinação absoluta de Deus que prejudicavam a doutrina bíblica da salvação pela fé. Se a eleição é incondicional e se a expiação é limitada, então a fé das pessoas se torna irrelevante, uma vez que Deus decretou quem é salvo e quem é condenado antes que qualquer pessoa

---

132 Wesley, "Salvation by Faith", §3, sermão 1, *Works*, 1. 118.

nascesse. Wesley disse: "Aquele que mantém a predestinação absoluta, que sustenta decretos que não possuem quaisquer condições, não pode ser consistente consigo mesmo a menos que negue a salvação pela fé, assim como também a salvação pelas obras".[133]

A graça de Deus opera prevenientemente para chamar as pessoas à salvação, convencê-las da necessidade de se arrepender, e então justificá-las. Mas para Wesley, a justificação não era a totalidade da salvação. Pelo contrário, era o início de uma oportunidade dinâmica para um relacionamento com Deus e crescimento em semelhança a Cristo. A graça de Deus regenera as pessoas como também as justifica, o que leva tanto à segurança (pelo menos inicial) quanto maior convencimento de pecado contínuo em suas vidas. Geralmente, não é até após a época da conversão que os crentes se tornam conscientes de sua necessidade de bênção adicional de Deus, facilitada por sua graça santificadora conforme desempenhada pela pessoa e obra do Espírito Santo. De fato, Wesley era bastante esperançoso acerca do nível ao qual o Espírito de Deus pode abençoar as pessoas em relação à perseverança e segurança de sua salvação, e para sua santificação.

Tanto Calvino quanto Wesley enfatizaram a santificação, mas Wesley é geralmente distinto por sua visão dela. Em seu sermão "O Caminho Escriturístico da Salvação", Wesley falou acerca da natureza desta salvação, que "consiste de duas partes gerais, justificação e santificação".[134] Em sua maioria, Wesley concordava com os reformadores Protestantes em relação à justificação pela fé. O ponto de discordância, concernente à salvação holisticamente entendida, era a dinâmica de como Deus quer continuar operando graciosa e prevenientemente nas vidas de crentes de sorte que eles possam cooperar com o Espírito Santo em seu crescimento espiritual. É por isso que Wesley falava sobre a plena santificação, uma vez que ele acreditava que o Deus do universo, que tem o poder de curar e realizar milagres, quer desempenhar incrível transformação nos cristãos. Se pensamos que Deus é perfeito, então a que outro objetivo Deus levaria os cristãos exceto a uma maior perfeição em semelhança a Cristo, em amor, e em ministério?

---

133 Wesley, "Thoughts on Salvation by Faith", §10, *Works* (Jackson), 11. 495.
134 Wesley, "The Scripture Way of Salvation", I. 3, sermão 43, *Works*, 2.157.

Segurança da Salvação

Um ponto final de diferença entre Wesley e Calvino em relação às visões de ambos sobre a salvação tem a ver com a segurança da salvação. Calvino acreditava que, se as pessoas são salvas, então elas têm certeza disto. Ele disse:

> Sucintamente, somente é verdadeiramente crente aquele que, convencido por uma firme convicção que Deus é um Pai gentil e bem disposto para com ele, promete a si mesmo todas as coisas sob a base de sua generosidade, que, confiando nas promessas da benevolência divina para com ele, se apropria de uma indubitável expectativa de salvação.[135]

A confiança de Calvino estava baseada em sua doutrina da predestinação e na obra objetiva de Jesus Cristo para nossa expiação. Ele não pensava que alguém era justificado sem estar certo desta justificação. Nossa experiência de fé, boas obras, e o Espírito Santo de fato podem auxiliar nosso sentido de segurança, mas eles são secundários, no melhor dos cenários, e, no pior dos casos, enganosos. Concernente às boas obras, Calvino advertiu: "Disto acontece que sua consciência sente mais temor e consternação do que segurança".[136] Calvino não era insensível àqueles que duvidavam de sua salvação, e pensava que as boas obras das pessoas e outras experiências religiosas poderiam encorajá-las. Mas a segurança da salvação das pessoas e sua perseverança descansam mais em sua fé na obra objetiva (e promessa) da expiação, conforme encontrada na Bíblia, do que sobre qualquer experiência subjetiva dela.

A dinâmica de viver um relacionamento sempre transformador com Jesus Cristo estava no cerne da ruptura de Calvino com Lutero sobre a lei e o evangelho. Para Calvino, o terceiro uso da lei é o propósito contínuo da lei para os crentes. Ele não sancionaria empregar a predestinação (e eleição) como pretexto para justificar uma inação na vida da fé. Em contrapartida, o conhecimento da eleição é sempre uma questão pessoal, escatológica, ou seja, para encorajar crentes que sua progressão na vida em Cristo é um sinal de ser um filho de Deus. Mas a segurança da eleição jamais é um *fait accompli* (fato

---

135 Calvino, *Institutes*, III. ii.16 (1.562).
136 *Ibid.*, III. xiv.20 (1.787).

realizado) uma vez que a eleição de alguém em Cristo sempre é provisional até que a vida mortal se finde.

Seguidores subsequentes de Calvino admitiram que ele havia sido muito severo em seus ensinos acerca da segurança da salvação, pensando inclusive que ele possa ter defendido forte demais que ninguém poderia estar certo de sua salvação, uma vez que nenhuma evidência subjetiva ou pessoal era confiável. Embora a pessoa possa ter grande esperança nas promessas bíblicas de salvação daqueles que creem, a Bíblia também fala acerca dos benefícios da vida no Espírito, que traz esperança progressiva no crente concernente ao prospecto de vida eterna após sua morte temporal. Calvinistas posteriores foram mais otimistas acerca da segurança da salvação que as pessoas podem experimentar, por exemplo, conforme encontrado na Confissão de Westminster.[137] Mas Calvino não pensava que a segurança da salvação representava uma espécie de experiência religiosa subsequente à conversão. Em vez disto as pessoas deveriam se voltar para as promessas da salvação de Deus conforme encontradas na Bíblia, enfatizando a prioridade da fé em tais promessas, que representam a única evidência certa de vida eterna.

Wesley acreditava fortemente na segurança da salvação. Ele falou tanto acerca do testemunho direto quanto indireto dela. Além das promessas da Bíblia, Wesley apelava ao testemunho do Espírito Santo em Romanos 8.15-17. Ele disse: "'Pelo testemunho do Espírito' eu quero dizer uma impressão interior da alma, por onde o Espírito de Deus imediata e diretamente testemunha a meu espírito de que sou filho de Deus, que Jesus Cristo me amou, e se doou por mim, que todos os meus pecados foram apagados, e eu, estou reconciliado com Deus".[138] Este sentido de segurança é um privilégio ou bênção que os cristãos podem experimentar, embora alguns permaneçam ignorantes disto. Wesley não tinha receio de falar acerca das dimensões empíricas do Cristianismo. A salvação de Deus permeia tudo da vida. Certamente as pessoas precisam ter discernimento, uma vez que as experiências podem ser enganosas, mas a experiência de salvação toca o coração e alma das pessoas e também fortalece

---

137 Veja A Confissão de Westminster, 1647, cap. 18, "Sobre a Segurança da Graça e Salvação" em *Creeds and Confessions of Faith in the Christian Tradition*, vl. II, parte 4, *Creeds and Confessions of the Reformation Era*, ed. Jaroslav Pelikan e Valerie Hotchkiss (New Haven: Yale University Press, 2003), pp. 627–28.

138 Wesley, "The Witness of the Spirit, II", II.2, sermão 11, *Works*, 1. 287.

a mente. Ao passo que os cristãos crescem em relacionamento com Deus, eles se tornam mais afinados à presença e bênção do seu Espírito.

Wesley viveu durante a era do Iluminismo, e suas ênfases na experiência religiosa geralmente sofriam acusações de entusiasmo – um termo pejorativo que se aplicava às práticas de adoração entusiastas como também realçavam a suspeita teológica. Contudo, Wesley pensava que a segurança tinha mais a ver com a afirmação cognitiva das promessas da Bíblia, tão encorajadoras quanto elas podem ser. Afinal, as pessoas são salvas ao se tornarem pessoalmente reconciliadas com Deus, mediadas pelo Espírito Santo, e ao experimentarem a adoção como filhos de Deus. Como tal, o progresso procede da "fé de um servo" de Deus para aquele de um filho de Deus que recebe benefícios de segurança superior àqueles de menor fé.[139] Wesley considerava sua doutrina da segurança um dos grandes ensinos do Metodismo. Ele a considerava "uma grande parte do testemunho que Deus deu [aos Metodistas] para mostrar a toda humanidade".[140]

Além do testemunho direto do Espírito Santo, Wesley falava acerca dos testemunhos indiretos. Eles incluem uma boa consciência e o fruto do Espírito. Tal testemunho contribui para níveis de segurança, pois nem todos experimentam segurança da salvação no momento da conversão. Realmente, os remidos comumente experimentam perguntas e dúvidas, mas o Espírito Santo trabalha para assegurá-los tanto direta quanto indiretamente de que eles são de fato salvos, e que são filhos de Deus.

Conclusão

Wesley e Calvino representam fortes defensores da ênfase Protestante da salvação pela graça através da fé. Ela é um dom que Jesus Cristo mereceu em prol da humanidade através de sua vida, morte e ressurreição. Através da expiação de Jesus a salvação é disponibilizada como substituição em prol de nós que somos pecadores.

Embora Calvino não tenha reivindicado que a expiação de Jesus Cristo fosse limitada *per se*, é certamente verdade que Calvino acreditava que Deus

---

139 Veja Wesley, "On Faith", I.10–13, Works (Jackson), 7.198–200.
140 Wesley, "The Witness of the Spirit, II", I.4, sermão 11, Works, 1. 285.

eficazmente salva somente algumas pessoas. Elas são salvas porque Deus incondicionalmente elege (determina ou predetermina) aqueles que recebem vida eterna, Deus também reprova aqueles que receberão condenação eterna. Calvino considerava o controle soberano de Deus sobre os estados das pessoas como um grande consolo, uma vez que ninguém por si pode ganhar ou merecer a salvação. Em vez disto, Wesley defendia que Jesus claramente morreu em prol de todos, a expiação não foi limitada. Nem todas as pessoas serão salvas, aqueles que livremente escolhem rejeitar a oferta de Deus da salvação serão julgados por seus pecados. Contudo, aqueles que creem – pela graça de Deus – serão salvos, uma vez que a fé representa a condição para vida eterna. De acordo com Wesley, a salvação envolve um relacionamento restaurado com Deus, e Deus intenciona que as pessoas escolham ser reconciliadas.

Discussão

1. Qual é o seu entendimento sobre a expiação de Jesus Cristo? De que maneira sua vida, morte e ressurreição sustentam nossa salvação?

2. O que você pensa acerca do conceito de uma ordem da salvação? De que maneiras uma ordem da salvação pode ser útil, e de que maneiras ela pode ser inútil?

3. Por que Calvino foi tão encorajado a acreditar que a salvação acontecia pela soberania da iniciação graciosa divina somente? Qual é o perigo de acreditar que as pessoas podem, de alguma forma, receber a vida eterna por merecimento ou mérito?

4. Quais são os benefícios da crença de Wesley de que a expiação de Cristo foi ilimitada? O que significa a expressão dita pelos cristãos de que todos podem ser salvos?

5. Em que sentido você acredita que as pessoas são salvas pela fé? Em que nível a fé é creditada a Deus, em que nível a fé é creditada às escolhas das pessoas?

6. O que a segurança da salvação significa para você? Em que nível as pessoas podem – nesta vida – experimentá-la? O que Wesley ou Calvino dizem que te encoraja?

Capítulo 6

Espiritualidade: Mais santidade do que mortificação

E o mesmo Deus de paz vos santifique em tudo; e todo o vosso espírito, e alma, e corpo, sejam plenamente conservados irrepreensíveis para a vinda de nosso Senhor Jesus Cristo.
(1Ts 5.23).

Quando estava cursando a pós-graduação no Princeton Theological Seminary, eu conheci um grupo de alunos com quem me socializei e nos tornamos bons amigos. Nós nos reuníamos semanalmente em refeições na cafeteria, saíamos tarde após horas de estudo, e às vezes íamos juntos a eventos de entretenimento. Compartilhávamos uns com os outros acerca de nossos estudos, futuros e outras questões particularmente pessoais.

Uma mulher em nosso grupo ia sempre para casa vários fins de semana. Eu a chamarei de Jane, ainda que este não seja seu nome. Em uma determinada semana Jane nos informou que ela realmente não ia para casa nos fins de semana. Em vez disto, ela visitava a instituição acadêmica na qual havia se graduado no ano anterior. Lá, Jane encontraria um professor com quem manteve um romance e que continuava a ter um relacionamento amoroso. O professor aparentemente era casado e tinha filhos, e o relacionamento sexual de Jane com ele era secreto. Quinzenalmente, ela viajava a fim de se encontrar seu ex-professor e dar prosseguimento ao caso extraconjugal.

Todavia, o caso amoroso estava se tornado emocionalmente opressivo para Jane por uma variedade de motivos, e ela queria nosso conselho. Em razão do caso extraconjugal – como também o propósito para suas viagens de fins de semana – ser novidade para nosso grupo de amigos, nós precisávamos de mais informações contextuais. Jane disse que estava exausta da viagem, do tempo, do segredo, da culpa e da vergonha. Ela disse que tudo estava pesando fortemente sobre ela.

Membros de nosso grupo, eu incluso, tentaram ser empáticos e solidários com a Jane o máximo que puderam. Mas eu não podia deixar de imaginar a utilidade de sua situação. Embora eu a tenha ouvido falar acerca das praticidades de se sustentar o romance proibido, em razão da logística emocional, financeira e acadêmica envolvida, eu não a ouvi considerar a possibilidade de dar um fim ao adultério. Em dado momento – talvez ingenuamente – eu perguntei se ela pensava que o caso era a coisa certa a se fazer. Em outras palavras, Jane pensava que estava fazendo alguma coisa errada ao ter um relacionamento sexual com um homem casado que havia sido seu professor?

Jane respondeu imediatamente dizendo que ela considerava a si mesma, e seu ex-professor, envolvidos em algo que era pecado. Ela foi muito sincera ao dizer que seu relacionamento secreto era biblicamente errado e danoso a muitos, independente de sua atual consciência do relacionamento. Então eu perguntei a Jane, que se ela acreditava estar agindo de maneira pecaminosa e não via motivos a longo prazo para continuar o caso, então, por que ela não terminava o relacionamento? A resposta de Jane foi prática: ela não poderia terminar o relacionamento porque acreditava que era seu destino estar em um relacionamento com seu ex-professor. Deus entendia. Da perspectiva dela, o caso era inevitável uma vez que as pessoas são totalmente depravadas e não podem deixar de pecar. O caso da Jane só veio a ser sua fraqueza pessoal – sua tentação persistente e deleite – sobre os quais ela não possuía controle algum. Parecia inconcebível a Jane terminar o relacionamento extraconjugal, ela só poderia lidar com o caso de maneira que fosse menos tumultuada espiritual, emocional e financeiramente, e de maneira que a ajudassem cumprir outras responsabilidades. Da perspectiva da Jane, todas as pessoas enfrentam tentações e pecados dos quais eles não têm controle de decisão. Então, a resposta cristã é para limitar os danos, suprimindo os piores efeitos do pecado e criando o máximo de ordem na vida quanto possível.

É possível que ao falar acerca de minha colega eu tenha caricaturado sua vida e decisões. Mas sua abordagem resignada é uma atitude que tenho encontrado nas vidas de outras pessoas que encontro desde então, que parecem ter pouca esperança acerca de um futuro melhor. No entendimento da Jane, uma vez que se pensa que todos pecam em pensamento, palavra e atos, incluindo cristãos, então devemos esperar que a vida tenha mais a ver com evitar o pior dos resultados possíveis do que buscar o melhor dos resultados possíveis. Não ajudava, em minha opinião, que Jane estivesse buscando ordenação na Igreja Presbiteriana. Seu entendimento da teologia presbiteriana – influenciada por crenças e valores Calvinistas – parecia reforçar a resignação de Jane a uma vida de pecado e a de viver com uma situação difícil da melhor forma que pudesse. Naturalmente, pode ser argumentado que a Jane entendeu totalmente errado tanto Calvino quanto o Presbiterianismo, mas também pode ser argumentado que tais influências contribuíram para seu sentido de resignação à inevitabilidade do pecado. (Prefiro pensar que a Jane entendeu Calvino errado. Mas Wesley repetidamente argumentava que o Calvinismo com o qual ele estava familiarizado estava suscetível ao antinomianismo, isto é, a crença de que os cristãos estão livres da lei moral em razão da dispensação do evangelho da graça).

Eu, por outro lado, cresci em contato com uma cosmovisão cristã totalmente diferente. Sem dúvida havia fatores que influenciavam minha falta de esperança em relação à possibilidade de confrontar e superar pensamentos pecaminosos, palavras e ações que eu não queria. Isso poderia incluir meu temperamento pessoal, a formação dada por meus pais, e outras influências socioculturais. Mas uma influência construtiva certamente tinha a ver com minha formação wesleyana e Metodista. Wesley, afinal de contas, era esperançoso em relação ao nível que a graça de Deus pode operar para transformar as pessoas espiritualmente e de outras maneiras. Essa esperança não estava limitada meramente a crescimento individualista, mas também as formas nas quais os cristãos se relacionam uns com os outros, individual e coletivamente.

Espiritualidade Cristã

A espiritualidade geralmente tem a ver com o crescimento e bem-estar espiritual dos cristãos. A Bíblia oferece uma gama de maneiras nas quais verdadeiros cristãos se tornam mais íntimos em seu relacionamento com Deus e florescem nas diferentes dimensões de suas vidas espirituais. A vinda de Jesus Cristo, naturalmente, era crucial para redenção dos crentes, e o Espírito Santo continua a trabalhar em suas vidas até que recebam a plenitude da glória celestial na eternidade.

Na história da Igreja, a espiritualidade era concebida e praticada de diferentes maneiras. Seria difícil argumentar que uma única proposta englobe a totalidade da vida cristã conforme descrita na Bíblia. Alguns elementos são regularmente encontrados, por exemplo, oração, adoração, e assim sucessivamente. Mas particularidades quanto ao entendimento e prática da espiritualidade cristã são inegavelmente diversos. Por exemplo, algumas tradições são mais evangélicas, ao passo que outras são mais sacramentais ou contemplativas. Ainda, outras tradições abordam a espiritualidade cristã através de estudo concentrado da Bíblia, viver santo, ativismo social, ou os dons do Espírito Santo.

Teologicamente, a espiritualidade cristã foi entendida no contexto da santificação — isto é, a crença acerca daquilo que acontece nas vidas dos cristãos após a conversão. Reformadores Protestantes tais como Calvino falaram frequentemente de justificação, referindo-se à redenção jurídica das pessoas. Eles também falaram de regeneração, que se refere à redenção transformadora das pessoas, geralmente pensada como fundamental para sua santificação. Mas com o quê a santificação se parece? Em que nível as pessoas são santificadas? Como ela se dá? Em que nível a santificação é responsabilidade de Deus e em que nível os cristãos são responsáveis por ela? Quão completamente se espera que pessoas inteiramente santificadas, santas ou perfeitas se tornem?

Calvino certamente acreditava na santificação. Conforme já mencionado, alguns eruditos dizem que uma das diferenças mais distintas entre Lutero e Calvino era que o último teve um entendimento bem mais focado e vívido da santificação. Calvino não pensava que as leis de Deus, por exemplo, eram apenas para os dois usos que Lutero descreveu: (1) uso evangélico e (2) civil. As leis de Deus tinham uma terceira utilização, que instruía os crentes em como eles devem viver após a conversão. Calvino disse: "Agora não será difícil decidir o propósito de toda a lei: o cumprimento da retidão para moldar a vida humana ao arquétipo da pureza divina".[141]

Wesley também é bem conhecido por sua visão da santificação. Mas como pode ser esperado, Calvino e ele diferiam no tocante à natureza e extensão daquela. Dessa forma, será necessário investir tempo a fim de explorar as várias maneiras que eles entenderam a vida cristã e como Deus intenciona que as pessoas se desenvolvam em semelhança à Cristo.

Mortificação e Vivificação

Após a conversão, Calvino acreditava que Deus tanto "mortificava" quanto "vivificava" os crentes, o que descreve aspectos essenciais da vida cristã. Após o arrependimento, Deus mortifica os convertidos de sorte que eles se lembrem de que são salvos pela graça somente, e Deus os consola (ou vivifica) de maneira que possam ter esperança de compartilhar da ressurreição de Jesus Cristo. Calvino disse:

> Mas certos homens bem versados em penitência, mesmo antes destas épocas, significando falar simplesmente e sinceramente de acordo com a regra da Escritura, disseram que ela consiste

---

141 Calvino, *Institutes*, II.viii.51 (1.415).

de duas partes: mortificação e vivificação. Mortificação eles explicam como tristeza de alma e temor concebido a partir do reconhecimento do pecado e consciência do julgamento divino... Ademais, quando ele é tocado por qualquer sentido do julgamento de Deus (pois um leva diretamente ao outro) ele então jaz afligido e derrubado; humilhado e rebaixado ele treme; ele se torna desencorajado e se desespera. Essa é a primeira parte do arrependimento, comumente chamada de "contrição". "Vivificação" eles entendem como o conforto que surge da fé. Isto é, quando um homem é prostrado pela consciência do pecado e acometido pelo temor de Deus, e após espera pela bondade de Deus – sua misericórdia, graça, salvação, que é através de Cristo – ele o ressuscita, ele sente-se encorajado, recupera a coragem, isto é, retorna da morte para a vida.[142]

Estas obras duais de mortificação e vivificação são propriamente ditas, obras de Deus e não de pessoas. De acordo com Calvino, "Satanás tenta a fim de que ele possa destruir, condenar, confundir, humilhar, mas Deus, ao provar seus próprios filhos, os prova para testar sua sinceridade e estabelecer sua força ao fazer uso dela, de sorte que possam mortificar, purificar e cauterizar sua carne, que se acaso não fosse restringida, exerceria licenciosidade e se exultaria desmedidamente".[143]

Ao tentar descrever a visão de Calvino sobre a santificação, mais uma vez é útil apelar ao conceito teológico de *complexium oppositorium* (latim, "complexidade de opostos"). Por outro lado, Calvino disse que a santificação, incluindo a mortificação e a vivificação, é um dom – *beneficium*, semelhante ao que Lutero disse. Como tal, a santificação não exige obediência humana – *sacrificium*, semelhante ao que os Católicos Romanos disseram. Por outro lado, Calvino não queria dizer que cristãos não têm papel ativo a exercer na realização da obra santificadora em suas vidas. Os cristãos não são totalmente passivos, uma vez que eles devem viver suas vidas de arrependimento e regeneração como função de estar em Jesus Cristo. É um mistério efetivado pela fé ao ouvir a Escritura, ao ser atraído pelo testemunho interno do Espírito

---

142 *Ibid.*, III.iii.3 (1.595).
143 *Ibid.*, III.xx.46 (2.913).

Santo para compartilhar da vida ressurreta de Cristo, e por compartilhar dos benefícios duplos da união: mortificação e vivificação.

A oração representa uma das principais obrigações dos cristãos. Por um lado, a oração é um dom através do qual a providência e poder de Deus são revelados.[144] De outro, é uma obrigação na qual os cristãos devem perseverar. A oração é uma "obrigação de piedade", e através dela os cristãos experimentam muitos dos benefícios espiritualmente.[145] Por exemplo, Calvino falou acerca de diversos benefícios da oração:

> Primeiramente, para que nossos corações possam estar incendiados por um desejo zeloso e ardente de sempre buscá-lo, amá-lo e servi-lo [...] Em segundo lugar, que não possa entrar em nossos corações aspiração ou desejo algum do qual devamos ter-lhe como testemunha [...] Terceiro, que estejamos preparados a receber seus benefícios com verdadeira gratidão de coração e ação de graças [...] Quarto, ademais, que, tendo obtido o que estávamos buscando, e estando convencidos que ele responde nossas orações, devemos ser levados a meditar em sua bondade mais ardentemente. E quinto, que abracemos com maior deleite aquelas coisas que reconhecemos terem sido obtidas pelas orações. E, por fim, que o uso e a experiência possam, de acordo com a medida de nossa debilidade, confirmar sua providência.[146]

A maioria das orações de Calvino foi feita publicamente, mas ele também encorajava oração privada. Tais orações contribuíam para a vivificação dos cristãos além de contribuir para sua mortificação.

Embora Deus mortifique os cristãos, eles também devem mortificar a si mesmos. A santificação de crentes, na verdade, adota a importância de negação contínua através da mortificação. Em razão da união dos crentes com Jesus Cristo, eles devem morrer para o pecado ao mortificarem a si mesmos interiormente assim como também externamente. Calvino disse:

---

144 Ibid., III.xx.2, 10 (2.851, 862).
145 Ibid., III.xx.27 (2.886).
146 Ibid., III.xx.3 (2.852).

Se nossa santificação consiste em mortificar nossa própria vontade, então uma correspondência bem próxima aparece entre sinal externo e a realidade interior. Devemos estar plenamente descansados de que Deus pode trabalhar em nós; que devemos ceder nossa vontade; renunciar nosso coração; abandonar nossos desejos carnais. Em suma, devemos descansar de todas as atividades de nossa própria projeção de sorte que, tendo Deus trabalhando em nós [Hb 13.21], possamos descansar nele [Hb 4.9], conforme o apóstolo também ensina.[147]

A mortificação enfatiza como crentes podem minimizar os efeitos do pecado em suas vidas ao passo que suprimem o pecado contínuo, tentação e outras influências más que continuam em suas vidas. Como Lutero, Calvino acreditava que os crentes são "sempre salvos, sempre pecadores". Sobre isto, ele disse:

> Consequentemente, dizemos que o velho homem está deveras crucificado [Rm 6.6], e a lei do pecado [cf. Rm 8.2] tão abolida nos filhos de Deus, que alguns vestígios permanecem, não para reinar sobre eles, mas para humilhá-los por suas consciências de suas próprias fraquezas. E nós, de fato, admitimos que estes traços não são imputados, como se não existissem; mas ao mesmo tempo contendemos que isso se dá através da misericórdia de Deus, de sorte que os santos – caso contrário merecidamente pecadores e culpados diante de Deus – são libertos dessa culpa.[148]

As pessoas são justificadas pela fé, e elas não são mais culpadas do pecado, em razão da expiação de Jesus. Mas elas continuam a batalhar por vários motivos por causa do poder do pecado como também outros poderes – naturais e sobrenaturais. *Batalha*, na verdade, é o próprio termo que Calvino empregou para descrever a vida cristã que as pessoas devem realisticamente esperar. Calvino então escreveu:

---

147 Ibid., II.vii.29 (1.396).
148 Ibid., III.iii.11 (1.603).

> Nós concluímos que nesta vida devemos buscar e ansiar por nada senão batalha; quando pensamos em nossa coroa, devemos erguer nossos olhos para o céu. Por isto devemos acreditar que a mente jamais é seriamente instigada a desejar e ponderar a vida porvir a menos que ela seja previamente imbuída de desprezo pela vida presente.[149]

Então, Deus nos deu a promessa do céu, por meio da justiça imputada de Jesus. Mas não devemos esperar uma vida livre de problemas, uma vez que batalhamos com o pecado e Deus continua a nos mortificar através de vários meios. À medida que os cristãos mortificam a si mesmos, eles ajudam a trazer maior integridade e ordem a suas vidas presentes até que Deus endireite todas as coisas na eternidade.

Naturalmente, ao viver vidas de autonegação, os cristãos são capazes de realizar "obras de amor" que tangivelmente demonstram amor por outros.[150] Embora Calvino tenha enfatizado a salvação pela graça através da fé, ele esperava obras de amor que a acompanhassem. Como consequência, os cristãos amarão seu próximo. Tais obras, naturalmente, não são merecedoras ou meritórias da salvação, mas também não são opostas à graça. Calvino faz a seguinte observação:

> Disto surge que a palavra "trabalhar" não é oposta à graça, mas se refere ao esforço... Uma vez que os crentes são, pelo conhecimento do evangelho e iluminação do Espírito Santo, chamados à comunhão de Cristo, a vida eterna se inicia neles. Agora que Deus começou uma boa obra neles, ela também deve ser aperfeiçoada até o Dia do Senhor Jesus [Fp 1.6]. A obra é, contudo, aperfeiçoada quando, assemelhando-se a seu Pai celestial em retidão e santidade, eles provam serem filhos verdadeiros para sua natureza.[151]

Deus utiliza provas e aflições aqui e agora, que ele ordena para o propósito da santificação dos cristãos. Calvino disse: "Pois o Senhor prova seu povo não

---

149 *Ibid.*, II.viii.1 (1.713).
150 *Ibid.*, II.vii.52 (1.416).
151 *Ibid.*, III.xviii.1 (1.822).

com leves testes, e não os treina de maneira suave, mas geralmente os conduz à situações extremas, e lhes permite, assim conduzidos, a ficarem longo tempo em situação desagradável antes que lhes conceda qualquer gosto de sua doçura"[152] Tais providências de Deus são vistas como fornecendo graça aos crentes a fim de que os eleitos possam, novamente, se lembrar de que eles estão em união com Jesus Cristo; que eles estão sendo transformados de acordo com o plano de Deus; e que devem regozijar-se, sabendo que todas as circunstâncias são, por fim, em razão da vontade de Deus, incluindo muitas provas e testes. Conforme Calvino disse: "Não é sem causa que o Senhor diariamente testa seus eleitos [Gn 22.1; Dt 8.2; 13.3. Vulgata.], repreendendo-os pela desgraça, pobreza, tribulação e outras sortes de aflição".[153]

Da perspectiva de Calvino, Romanos 7.14-25 representa a esperada vida cristã. Ela contém a discussão de Paulo acerca das coisas que ele quer fazer, mas que não faz, e as coisas que ele não quer fazer, mas que faz. Por muitos séculos os cristãos debateram se esta passagem pertence à vida do não regenerado ou à vida do regenerado, do salvo. Calvino até mencionou que Agostinho originalmente pensava que estes versículos tratavam de descrentes, contudo, o próprio Agostinho mudou de ideia. Tal qual Agostinho, Calvino acreditava que Romanos 7.14-25 descrevia a vida cristã e como devemos esperar "perpétuo conflito". Ele disse:

> Agora, porque a depravação da natureza não aparece tão prontamente no homem secular (que satisfaz seus próprios desejos sem o temor de Deus), Paulo toma seu exemplo de um homem regenerado, isto é, a si mesmo. Ele, portanto, diz que tem um conflito perpétuo com os vestígios de sua carne, e que é mantido preso em miserável escravidão, de sorte que não pode consagrar a si mesmo plenamente em obediência à lei divina [Rm 7.18-23]. Desta forma, ele é compelido a exclamar com gemido: "Miserável homem que sou! Quem me livrará do corpo desta morte?" [Rm 7.24ss].[154]

Estas experiências são tidas como úteis para crentes, a menos que eles esqueçam que são salvos pela graça e pensem que tenham feito algumas coisas dignas da beneficência de Deus. Dos crentes, Calvino disse:

---
152 *Ibid.*, III.xx.52 (2.919).
153 *Ibid.*, III.xx.46 (2.913).
154 *Ibid.*, IV.xv.12 (2.1313).

Contudo, eles não obtêm plena posse da liberdade de modo a não mais sentir irritação com sua carne, mas ainda permanece neles uma contínua ocasião para batalha por onde eles possam ser exercitados, e não apenas exercitados, mas possam também melhor aprender sua própria fraqueza.[155]

Era opinião de Calvino que os cristãos devem viver de maneira humilde, e que a mortificação ajuda a mantê-los humildemente conscientes de suas fraquezas, em razão da interminável batalha.

Calvino sistematicamente localizou a trajetória da santificação dentro da intenção de Deus, através da providência e redenção, para efetivar a renovação (ou revitalização) da imagem de Deus na humanidade ao ocasionar uma nova humanidade. O enfado do sentido do religioso no qual estávamos afeiçoados a viver em relação a Deus é transformado em uma vida de contínuo desenvolvimento e vivificação amadurecedora de nossa natureza caída. Os crentes são renovados através da atividade redentora da Palavra de Deus efetuando união entre Jesus Cristo e eles, através da fé e amor, e com a esperança de plena renovação no tempo de Deus. Assim sendo, todas as batalhas com o pecado são temporais na peregrinação do cristão.

Em contraste, Wesley pensava que Romanos 7.14-25 descreve uma pessoa não regenerada, e que Romanos oito apresenta uma resolução vitoriosa para a batalha espiritual de Romanos sete, culminando nas palavras de Romanos 8.37: "Em todas estas coisas, porém, somos mais que vencedores, por meio daquele que nos amou". Calvino estava bastante ciente desta interpretação alternativa, mas considerava espiritualmente perigoso – "realmente monstruoso" pensar que certo nível de santidade ou perfeição de uma natureza espiritual (ou moral) seja atingido nesta vida.[156] Pelo contrário, Calvino pensava que toda a fala de perfeição, santidade e vida cristã vitoriosa era contrária à evidência tanto da Bíblia quanto da experiência. Desta forma, tal fala deveria ser evitada, a fim de que os cristãos não fossem tentados a acreditar que tinham, de alguma forma, contribuído para sua justificação ou santificação.

A mortificação não é uma atividade de um único acontecimento, ela deve ser contínua, um estilo de vida. Calvino disse que "podemos mais

---

155 *Ibid.*, III.iii.10 (1.602).
156 *Ibid.*, III.iii.14 (1.606).

verdadeiramente dizer que a vida de um cristão é um contínuo esforço e exercício na mortificação da carne, até que ela seja plenamente morta, e o Espírito de Deus reine em nós".[157] Pode o Espírito de Deus reinar em nós? Sim, é verdade que cristãos são salvos e Deus os vê como santos, em razão da retidão imputada de Jesus Cristo. Mas, de acordo com Calvino, não é verdade que os crentes são salvos – nesta vida – da batalha.

O que Calvino tinha a dizer acerca da santificação, naturalmente, somente se aplica àqueles que são eleitos. Os réprobos não têm esperança de justificação, muito menos de santificação. Então os benefícios da santificação somente ocorrem dentro das vidas dos eleitos. Segundo ele:

> como a persuasão do amor paternal de Deus não está profundamente enraizada nos réprobos, assim eles não respondem perfeitamente seu amor como filhos, mas agem como servos contratados. Pois aquele Espírito de amor foi dado somente a Cristo sob a condição de que ele o instile em seus membros. E certamente esta fala de Paulo está restrita aos eleitos.[158]

Nesta vida, o batismo representa um "símbolo de mortificação", simbolizando como Deus opera tanto para mortificar quanto vivificar os crentes: "E, assim como o galho extrai substância e nutrição da raiz à qual ele está enxertado, assim aqueles que recebem o batismo com fé correta verdadeiramente sentem o operar eficaz da morte de Cristo na mortificação de sua carne, junto com o operar de sua ressureição na vivificação do Espírito [Rm 6.8]."[159] Mesmo em relação aos infantes, o batismo infantil simboliza "a mortificação de sua natureza corrupta e contaminada, uma mortificação de que eles, posteriormente, praticariam nos anos de maturidade".[160]

As pessoas são salvas pela graça através da fé, e esta é um dom, não o resultado de uma obra. Semelhantemente, se é a vontade de Deus que os crentes cresçam espiritualmente e se tornem mais maduros, pessoas santificadas, então Deus trará o aumento. Contudo, as pessoas devem reconhecer humildemente que questões espirituais têm sua causa em Deus e não causa nelas. Elas devem

---

157 *Ibid.*, III.iii.20 (1.615).
158 *Ibid.*, III.ii.12 (1.557).
159 *Ibid.*, IV.xv.5 (2.1307).
160 *Ibid.*, IV.xvi.20 (2.1343).

louvar a Deus, e dar glórias e agradecimentos a ele, tanto por sua justificação quanto pela santificação. Se Deus traz o aumento, então ele se dá por causa de Deus e não em razão de qualquer coisa que as pessoas pensam, digam ou fazem. Sua mortificação é tanto um dom de Deus quanto uma obrigação que os cristãos devem realizar, mas não com uma expectativa de que eles tenham contribuído com qualquer coisa para o crescimento espiritual – para sua vivificação. Uma vez que a vivificação como também a santificação em geral é a obra de Deus, a única obra que os crentes devem se preocupar é com sua mortificação. E embora esta possa ser difícil de ser realizada em vida, ela tem mais a ver com obediência fiel a Deus do que com qualquer expectativa de contribuir com a santificação dos crentes. Mas a autonegação da mortificação realmente ajuda a ordenar a vida aqui e agora em meio a tanta pecaminosidade e depravação moral, e ela ajuda a suprimir circunstâncias desconfortáveis na vida e redunda em maior organização.

Santidade e a Vida Cristã

Wesley tinha um entendimento diferente da vida cristã e da santificação às quais Deus chama os crentes. Ele era bem mais esperançoso concernente aos caminhos nos quais os cristãos podem buscar "meios de graça", que Deus estabeleceu na Bíblia, e pelos quais eles agora podem crescer espiritualmente. Sempre pela graça de Deus, os crentes podem buscar a santidade à qual Deus os chama, sabendo que eles podem "plantar" e "regar" com disciplinas espirituais e que Deus dá o "crescimento" (1Co 3.5-9). Afinal, por toda a Bíblia, Deus chama as pessoas para serem santas. Pela graça, Deus imputa a santidade através da morte e ressurreição de Jesus Cristo, mas também ordena que os crentes sejam santos assim como Deus é santo. 1Pedro 1.13-16 diz:

> Por isso, cingindo o vosso entendimento, sede sóbrios e esperai inteiramente na graça que vos está sendo trazida na revelação de Jesus Cristo. Como filhos da obediência, não vos amoldeis às paixões que tínheis anteriormente na vossa ignorância; pelo contrário, segundo é santo aquele que vos chamou, tornai-vos santos também vós mesmos em todo vosso procedimento, porque escrito está: Sede santos, porque eu sou santo [citando Lv 11.44-45; cf. 19.2, 20.7].

O que é santidade senão amor? Em particular, santidade tem a ver com amor, com Deus e o próximo. Quando indagado acerca do grande mandamento, Jesus respondeu com uma dupla cobrança:

> Chegando um dos escribas, tendo ouvido a discussão entre eles, vendo como Jesus lhes houvera respondido bem, perguntou-lhe: Qual é o principal de todos os mandamentos? Respondeu Jesus: O principal é: Ouve, ó Israel, o Senhor, nosso Deus, é o único Senhor. Amarás, pois, o Senhor, teu Deus de todo o teu coração, de toda a tua alma, de todo o teu entendimento e de toda a tua força. O segundo é: Amarás o teu próximo como a ti mesmo. Não há outro mandamento maior do que estes. (Mc 12.28-31).

Essa cobrança não foi dada como uma meta inalcançável, de acordo com Wesley, mas um objetivo alcançável, pela graça de Deus, através da presença e obra do Espírito Santo. Se Deus é, afinal, um Deus de milagres, então os cristãos não precisam esperar uma vida de batalha espiritual infrutífera, mas esperar, esperançosamente, sucessos espirituais. Embora Wesley não acreditasse que as pessoas alcançassem absoluta perfeição nesta vida, elas podem consistentemente entrar em sinergia com a graça de Deus para se tornarem mais amáveis, mais santas, mais como Jesus era. É obra do Espírito Santo capacitar os cristãos e transmitir retidão àqueles que consagram suas vidas ao senhorio de Jesus.

Na justificação, Deus imputa a justiça em razão da obra expiatória de Cristo; na santificação, Deus transmite justiça em razão da obra santificadora do Espírito Santo (Santificação inicial ocorre com a regeneração da pessoa). Assim como Deus condiciona a imputação de justiça pela resolução da fé das pessoas, Deus condiciona a transmissão da justiça pela resolução da fé das pessoas, ambas capacitadas pela graça preveniente de Deus. Wesley se referia a essa progressão na salvação como incluindo graça convencedora, justificadora e santificadora.

Wesley entendia os problemas envolvidos com a afirmação de qualquer tipo de perfeição cristã nesta vida. Contudo, de sua perspectiva, as ordenanças de Jesus eram claras. No Sermão da Montanha, Jesus disse: "Portanto, sede perfeitos como vosso pai celestial é perfeito" (Mat 5.48). Naturalmente, ao discutir acerca do tornar-se perfeito, Wesley falou tanto sobre a obediência aos ensinos de Jesus quanto sobre perfeição em amor. Perfeição em amor, afinal, representa o pináculo da santidade, de semelhança com Cristo. É bem mais fácil, certamente, desconsiderar Mateus 5.48, um objetivo (ou ideal) que inspira, mas que é inalcançável, ou projetar sua aplicabilidade a um futuro bem distante – mas certamente não para uma vida aqui e agora. Contudo, Wesley acreditava que, em certo sentido bíblico, Deus queria discipular as pessoas para uma maior semelhança com Cristo, o que significa crescimento voltado à perfeição de amor santo, invés de voltado à mediocridade ou futilidade – espiritualmente, moralmente, e em relacionamento com outros.

Apesar do que algumas pessoas possam pensar, Wesley era realista acerca da vida cristã. Por exemplo, ele falou sobre maneiras em que as pessoas não se tornariam perfeitas. Elas não se tornariam como Deus, ou mesmo como Adão, conforme Wesley entendia a bondade na qual as pessoas foram criadas. Ele disse: "Não existe tal perfeição nesta vida, conforme implica (...) uma liberdade da ignorância, erro, tentação, relacionada à carne e sangue".[161] Apesar dos desafios que ocorrem ao se conceber a vida cristã com muito otimismo, Wesley pensava que havia maiores desafios decorrentes de conceber uma vida cristã que fosse excessivamente pessimista, resignada e passiva. Em sua opinião, Calvino colocava demasiada ênfase no resultado gracioso que pode acontecer através da obediência fiel às leis de Deus e aos meios de graça divinamente designados.

Mas a despeito de Calvino ter enfatizado a necessidade de obediência, ela não se dava com a esperança de que Deus utilizasse tal obediência para acrescentar algo na formação espiritual dos crentes. Sem essa esperança, Wesley pensava que os crentes podiam se tornar complacentes ou se desesperarem acerca da santificação, o prospecto de formação espiritual e obediência às leis de Deus. Complacência acerca da lei pode resultar em desconsideração antinomiana pela legislação divina. E Wesley temia que o Calvinismo tentasse as pessoas com o Antinomianismo, uma vez que pouca importância era depositada sobre a responsabilidade das pessoas de buscar serem semelhantes a Cristo. Ademais, sem esperança de crescimento em graça, os cristãos podem perder a esperança acerca da capacitação para uma vida santa, disponível a eles através do Espírito Santo, subsequente à justificação.

Da perspectiva de Wesley, não deveria haver "meio cristão" – isto é, alguém que recebe a justificação pela fé mas que fracassa em prosseguir na

---

161 Wesley "Preface", §1, *Hymns and Sacred Poems, Works* (Jackson), 14. 328.

santificação pela fé.[162] Em outros lugares, ele contrastou a fé de um "servo de Deus" com a de um "filho de Deus".[163] A fé de um servo resulta na justificação, a fé de um filho ou filha resulta na reunião entre justificação, segurança da salvação e santificação crescente, ao passo que tanto Deus quanto os crentes fazem parceria através dos meios de graça.

De fato, Wesley era esperançoso – mesmo otimista – acerca dos caminhos aos quais Deus graciosamente opera nas vidas dos crentes, exortando-os a associarem-se ao Espírito Santo no processo de se tornarem mais santos, mais semelhantes a Cristo, mais amáveis. Certamente, a vida ainda seria repleta de questões, problemas e mesmo catástrofes de uma natureza ou outra — dentro da pessoa como também fora dela. Wesley não tinha nenhuma abordagem ou referência ao princípio de Pollyana[164] para a vida cristã. Mas ele era resolutamente esperançoso, pois considerava a graça de Deus superior ao poder do pecado, do mal e de Satanás. Tanto era assim que Wesley falava acerca da perfeição cristã, ou que ele também chamou de "plena santificação".

Plena Santificação

Wesley escreveu um livro chamado *Um Claro Relato da Perfeição Cristã* a fim de asseverar (e reiterar) a importância de sua crença na plena santificação, também conhecida como "perfeição cristã", por toda a sua carreira ministerial. No livro, ele descreveu a plena santificação da seguinte maneira:

> [Plena santificação] é aquela disposição habitual da alma que, nas sagradas escrituras, é chamada de santidade; e que diretamente implica o ser limpo do pecado, "de toda a sujeira tanto da carne quanto do espírito" e, por consequência, o ser dotado daquelas virtudes que estavam em Cristo Jesus, o ser tão "renovado à imagem de nossa mente", a fim de ser "perfeito como nosso Pai no céu é perfeito".[165]

---

162 Wesley, *A Plain Account of Christian Perfection: As Believed and Taught by the Reverend Mr. John Wesley from the Year 1725 to the Year 1777* (Kansas City: Beacon Hill Press of Kansas City, 1966), p. 11.
163 Wesley, "On Faith", I.10–13, *Works* (Jackson), 7.198–200.
164 O Princípio de Pollyana baseia-se na história da menina que enxergava tudo "cor-de-rosa", acreditando no melhor da vida e das pessoas (**N.E.**).
165 Wesley, *A Plain Account of Christian Perfection: As Believed and Taught by the Reverend Mr. John Wesley from the Year 1725 to the Year 1777* (Kansas City: Beacon Hill Press of Kansas City, 1966), p.

Na época da conversão, as pessoas experimentam a regeneração como também a justificação, enquanto a regeneração começa a santificação inicial dos crentes. Assim como Deus opera a graça santificadora, os crentes têm o privilégio de se beneficiar de maior segurança, maior sensibilidade ao pecado, arrependimento após justificação, e desejo de ser santo – para amar a Deus e a seu próximo – assim como Jesus Cristo modelou o viver cristão. O apóstolo Paulo fala desta trajetória de formação espiritual em 1Tessalonicenses 5.23-24: "E o mesmo Deus de paz vos santifique em tudo; e todo o vosso espírito, e alma, e corpo, sejam plenamente conservados irrepreensíveis para a vinda de nosso Senhor Jesus Cristo. Fiel é o que vos chama, o qual também o fará".

Uma forma de pensar acerca da plena santificação pode ser ilustrada pela maneira que os cristãos se referem a Jesus como seu Salvador e Senhor. Tornou-se fraseologia comum as pessoas dizerem: "Jesus é meu Salvador e Senhor!" Do ponto de vista de Wesley, as pessoas se tornam cristãs quando aceitam Jesus como Salvador. Isso pode ocorrer instantaneamente ou gradualmente, na infância ou fase adulta, o testemunho da maioria das pessoas varia, dependendo das particularidades de sua criação, contexto social e religioso, temperamento, e assim sucessivamente. Mas na vida da maioria dos cristãos, Wesley argumentava que não é até algum tempo pós-conversão o claro entendimento que Jesus não quer apenas se tornar seu Salvador, mas também Senhor de suas vidas.

Naturalmente, Jesus Cristo sempre é Senhor, mas os crentes nem sempre têm consagrado suas vidas a seu senhorio. O senhorio de Jesus exige um relacionamento qualitativamente diferente com Deus, que é inteiramente submisso a Ele em obediência e aberto à capacitação do Espírito Santo. Embora muitos possam se tornar inteiramente santificados no momento de suas conversões, Wesley defendia que a maioria não atinge esse estágio de maturidade espiritual, humildade e submissão até um período posterior em suas vidas cristãs. Quando atingem aquela "segunda crise", conforme Wesley às vezes a denominava, e plenamente consagram suas vidas à Deus, então a graça santificadora de Deus opera mais eficazmente. Através da presença e poder do Espírito Santo, os cristãos experimentam um salto significativo – por assim dizer – em sua santificação, quando Jesus se torna o Senhor de todos os aspectos de suas vidas e não apenas seu Salvador.

---

12. As palavras em colchetes são minhas.

Certamente, Wesley era bastante esperançoso ao descrever o que os cristãos podem esperar concernente ao viver santo uma vez que eles estivessem plenamente santificados. Um exemplo do otimismo espiritual de Wesley pode ser encontrado na introdução de um segundo volume de hinos, que ele citou em *Um Claro Relato da Perfeição Cristã*. Eu incluirei apenas uma amostra – mas ainda assim uma amostra extensa – da veia pastoral nas exortações de Wesley para os cristãos viverem de maneira santa. Contudo, observe que Wesley qualifica muitas de suas reivindicações nas notas de rodapé, comentando que suas exortações pastorais precisam estar acompanhadas de certas ressalvas, a fim de que as pessoas não o interpretem como promovendo um completo perfeccionismo, coisa que ele rejeitava (Na citação abaixo, eu apresento os comentários de suas notas de rodapé entre colchetes). Na descrição de cristãos plenamente santificados, Wesley disse:

> Eles são libertos da vontade própria, nada desejando senão a santa e perfeita vontade de Deus; não provisões para necessidade, não alívio para dor, [Isso é forte demais. Nosso próprio Jesus Cristo desejou alívio para dor. Ele pediu por isso, apenas com resignação: "Não conforme minha vontade", meu desejo, "mas de acordo com sua vontade"] nem vida ou morte, ou qualquer criatura, mas continuamente clamando no mais íntimo de sua alma, "Pai, seja feita tua vontade". Eles são libertos de pensamentos maus, de sorte que estes não lhes acometem, nem por um instante. Anteriormente, quando um pensamento maléfico lhes acometia, eles olhavam para o alto, e aquele desaparecia. Mas agora isso não lhes acomete, não há espaço para isso, em uma alma que está cheia de Deus. Eles estão livres de divagações na oração. Toda vez que derramam seus corações de uma maneira imediata diante de Deus, eles não têm pensamento algum de algo passado [Isso é forte demais. Vide o sermão "Sobre Pensamentos Divagantes"] ou ausente, ou futuro, mas somente de Deus. No passado, eles tinham pensamentos divagantes que lhes acometiam, que, contudo, fugiam como fumaça, mas agora aquela fumaça não mais surge de forma alguma. Eles não têm medo algum ou dúvida alguma, quer em relação a seu estado em geral, quer em relação

a qualquer ação em particular [Frequentemente esse é o caso; mas somente por um tempo]. A "unção do Santo" os ensina a todo momento o que deverão fazer e o que falarão [Por um tempo pode ser assim, mas nem sempre], nem, portanto, eles possuem qualquer necessidade ou motivo relacionado a isto [Ás vezes eles não têm necessidade alguma, outras vezes têm]. Eles são, em um sentido, libertos das tentações, pois embora inúmeras tentações pairem sobre eles, contudo, elas não os atormentam [Às vezes não atormentam, outras vezes sim, e de maneira grave]. Em todo o tempo suas almas são tranquilas e calmas, seus corações são firmes e irredutíveis. Sua paz, fluindo com um rio, "excede todo o entendimento" e eles "se regozijam com alegria inefável e repleta de glória". Pois eles "estão selados pelo Espírito para o dia da redenção", tendo o testemunho em si mesmos, que "foi posta para" eles uma "coroa de justiça que o Senhor lhes dará naquele dia" [Nem todos os que são salvos do pecado, muitos deles ainda não atingiram tal estágio ainda"].[166]

Os comentários de Wesley acima revelam porque ele é comumente mal interpretado como advogando um perfeccionismo que parece impossível, tanto bíblica quanto experimentalmente. Ao tentar descrever as dinâmicas da formação espiritual, Wesley tentou manter em tensão tanto sua esperança quanto realismo em relação à vida cristã. Por outro lado, ele não pensava que os cristãos deveriam se sentir derrotados acerca de seus prospectos espirituais. Por graça divina, Deus fornece aos crentes a capacitação para crescer espiritualmente através dos meios de graça de sorte que eles possam amar a Deus assim como também o próximo, consistentemente superando as provas e tentações experimentadas na vida.

Todavia, Wesley não pensava que os cristãos estavam isentos de enfrentar continuamente desafios físicos, espirituais e sociais. Enquanto na terra, os cristãos ainda experimentam tentação, pecado, dor e sofrimento. Mas eles não precisam sofrer batalha e derrota sucessivas, porque toda ajuda divina está disponível. Deus está presente, auxiliando as pessoas através da presença

---

166 Wesley, "A Plain Account of Christian Perfection", §13, *Works* (Jackson), 11.379–80.

e poder do Espírito Santo, assim como também estão presentes a Bíblia e os meios de graça, para vencer os desafios que os crentes enfrentam. A reflexão sobre a plena santificação inquestionavelmente inclui elementos teológicos de mistério, assim como outras afirmações teológicas. Mas Wesley acreditava que Deus é suficiente para ajudar as pessoas em viver com grande esperança na superação do pecado e outros problemas da vida, não apenas esperança para a vida porvir, mas igualmente aqui e agora.

Era Wesley um idealista espiritualmente, esperançoso em excesso? Naturalmente, pode-se acusar Wesley de qualquer coisa. Além disso, os problemas que as pessoas experimentam na vida não podem sempre ser facilmente entendidos, muito menos dominados. Na verdade, pode haver provas e tribulações na vida que não podem ser dominadas, quase sendo um milagre. Seja como for, Wesley foi obrigado a ser coerente, no mínimo, com as ordenanças bíblicas para sermos perfeitos, santos, e para amarmos e sermos mais como Jesus Cristo. A Bíblia está repleta de exortações para amadurecermos, apesar da realidade das limitações físicas, emocionais, sociais e espirituais. Os cristãos precisam levar essas exortações a sério, de acordo com Wesley, e não considerar a si mesmos passivos ou impotentes não participantes da vida cristã. Ademais, a história da igreja está repleta de cristãos, desde a época da patrística – tanto no Ocidente quanto no Oriente, mas especialmente no Oriente – que consideraram o viver santo um objetivo possível, em vez de uma meta de princípio e inacessível. Tal tradição de vida santa foi continuada no Cristianismo ocidental através de vários santos, místicos e advogados de disciplinas espirituais, tal como o católico Tomás de Kempis e o anglicano William Law, ambos tendo influenciado Wesley.

Embora Calvino possa ter advogado a obediência através da mortificação, não foi com a esperança de contribuir para um viver cristão mais vitorioso. Se crescimento e maturidade ocorressem, então, graças a Deus. Mas nós não tínhamos nada para contribuir diretamente com isto. Por contraste, Wesley disse que nós podemos contribuir para nossa formação espiritual, e que igualmente podemos vencer o pecado, o mal, a dor e o sofrimento – todos capacitados pela graça de Deus. Nós jamais cessaremos de enfrentar desafios em nossas vidas, mas, por outro lado, não estamos sem meios de graça, descritos na Bíblia, pelos quais podemos nos associar a Deus na superação de provas, crescendo espiritualmente como cristãos, e transformando outros coletiva e individualmente.

Ao descrever a plena santificação, Wesley disse que os cristãos continuarão a crescer. Eles jamais cessarão de aprender, amadurecer, amar, e se tornarem mais como Jesus. Tal crescimento realmente aumenta após a plena santificação, uma vez que os crentes se tornam mais sensíveis ao pecado contínuo em suas vidas e são mais rápidos para tentar vencê-los pela graça de Deus. Os efeitos da santificação afetarão outros socialmente como também individualmente, fisicamente como também espiritualmente, e com justiça como também com amor. O crescimento espiritual pode ocorrer através do progresso gradual, pontuado por várias crises de experiências. No entanto, nenhuma crise é tão consequente para a santificação de alguém quanto à decisão – que começou, continua e será completada pela graça de Deus – de consagrar a vida de alguém inteiramente a Jesus tanto como Senhor como também Salvador.

Conclusão

Tanto Wesley quanto Calvino enfatizaram a santificação nas vidas dos cristãos. Calvino falou tanto acerca da mortificação quanto da vivificação que ocorre nos crentes. Deus vivifica as pessoas através tanto da justificação quanto da santificação. Deus continua a trabalhar nas vidas dos crentes ao mortificá-los, a fim de que eles não se esqueçam de que são salvos pela graça através da fé e que são inteiramente dependentes de Deus em todos os aspectos de sua salvação. Eles devem mortificar suas vidas também, uma vez que Deus graciosamente forneceu leis na Bíblia que os ajudam a viver de maneira mais moral e ordeira.

Wesley também enfatizou a santificação, mas pensava que os cristãos tinham bem mais motivos para ter esperanças acerca das vidas às quais Deus os chama aqui e agora. Posterior à conversão, o Santo Espírito de Deus continua a operar nas vidas e através das vidas dos crentes. De fato, Deus provê meios de graça na Bíblia aliados à capacitação do Espírito Santo para ajudar as pessoas a associarem-se a Deus no tornar-se mais espiritual, mais santo, mais amável, mais como Jesus Cristo. Deus quer que as pessoas se engajem ativamente em disciplinas espirituais que contribuam para seu crescimento, sua vitória sobre provas e tentações – sempre pela graça de Deus. De fato, Wesley era bem esperançoso acerca de como os cristãos podem se tornar inteiramente santificados. Maior semelhança a Cristo em suas vidas ocorre, não pelo bem das pessoas somente, mas pelo bem de se amar a Deus, e para amar o próximo de maneira que os beneficiem física, étnica, social e espiritualmente.

Discussão

1. Como você concebe a vida cristã? Você concordaria que, em realidade, as pessoas não devem esperar muito em relação a vencerem as batalhas que elas possivelmente irão enfrentar? Ou você defenderia que a graça de Deus ajuda a vencer as batalhas em vez de ser derrotada por elas?

2. Em que nível ou extensão os cristãos precisam mortificar suas vidas? Quais são os benefícios da autonegação da mortificação? Em que nível ou extensão os cristãos devem esperar que Deus vivifique suas vidas, animando-os espiritualmente?

3. Quanta responsabilidade você acredita que Deus te concede ao associar-se ao Espírito Santo na partilha de vários meios de graça (ou disciplinas espirituais)?

4. Quais meios de graça você considera mais úteis para se crescer espiritualmente? Oração? Estudo bíblico? A ceia do Senhor? Jejum? Conferência cristã?

5. Em que nível você considera que Deus quer que você se torne mais perfeito? E mais santo? E mais amável? A plena santificação (também conhecida como perfeição cristã) é um ensino útil? Quais são suas desvantagens?

6. Quais são as maneiras que você gostaria de crescer mais espiritualmente? Quais são as maneiras ou formas que você acredita que podem te ajudar a crescer?

Capítulo 7

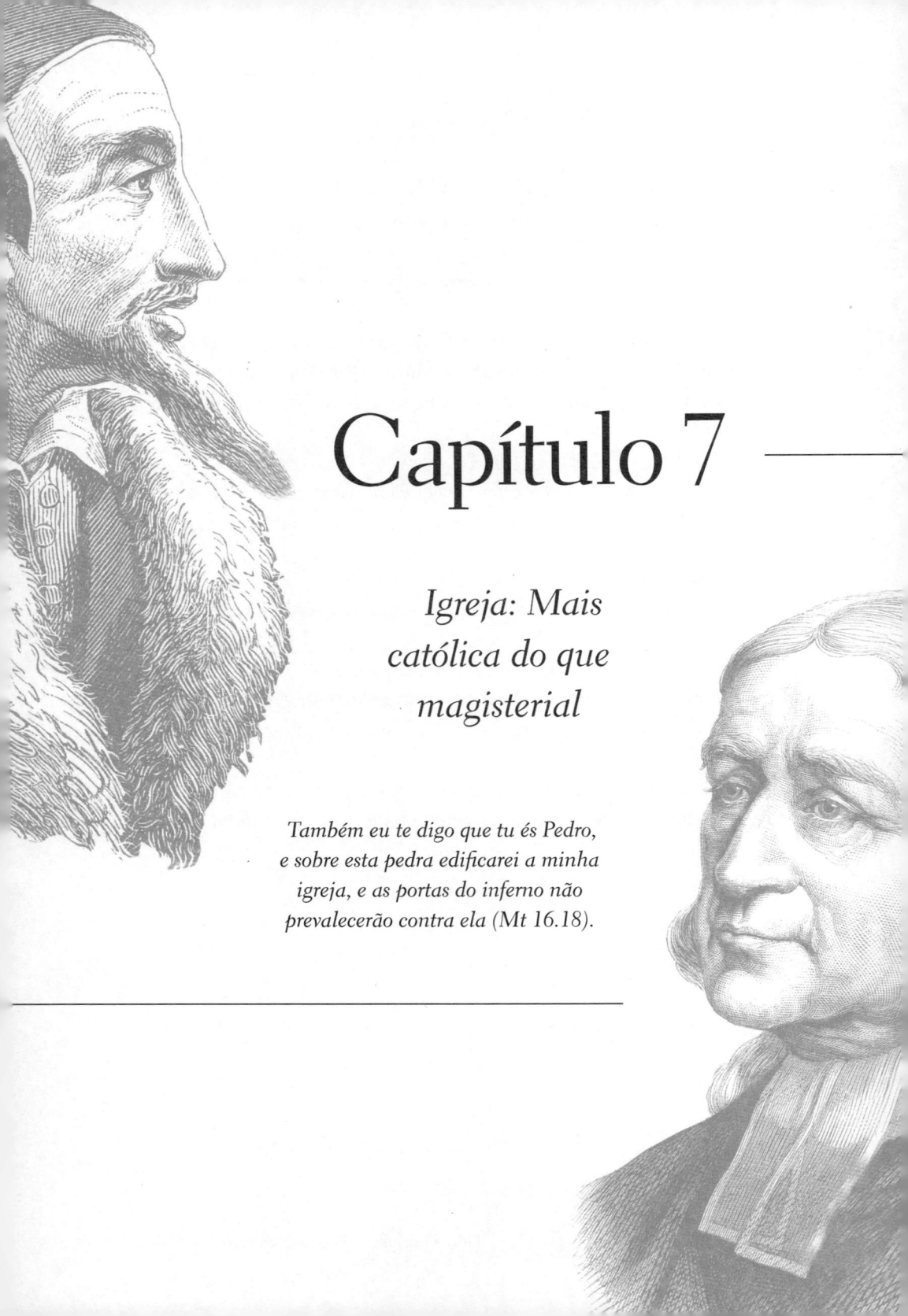

Igreja: Mais católica do que magisterial

Também eu te digo que tu és Pedro, e sobre esta pedra edificarei a minha igreja, e as portas do inferno não prevalecerão contra ela (Mt 16.18).

Quando criança, eu fui religiosamente precoce. Isto é, eu sempre parecia ter um interesse em questões espirituais relacionadas à igreja. Eu gostava de frequentar a igreja e participar de programas de jovens, questionários bíblicos, acampamentos bíblicos de verão, e outras atividades relacionadas à igreja. A pregação nos cultos da igreja nem sempre foram tão inspiradoras, mas para mim os sermões representavam apenas uma pequena porção da vida eclesiástica.

Em razão de meus interesses religiosos e envolvimentos com a igreja, eu me recordo das pessoas me indagando se eu era um "FP". A questão da sigla tinha a ver com se eu era um "filho de pastor". A insinuação me insultava, pois eu não era filho de um pastor, visto que meu pai era proprietário de uma pequena loja na área de encanamento. Por fim, em frustração, eu respondia tais perguntas com a resposta sarcástica: *"Claro que sim! Sou filho de pastor. Como soube que sou filho de um encanador?"* Geralmente eles não entendiam o sarcasmo, então eu precisava deixar claro que as pessoas mais consagradas não precisam ter certo condicionamento social ou serem desafiadas pela realidade.

Como aluno de graduação na Universidade de Stanford, eu decidi que minha área de especialização seria a de estudos religiosos. Isto não se deu porque Stanford era, de alguma forma, cristã. Eu definitivamente recebi uma educação secular em estudos de religiões comparadas, portanto estudar todas as tradições religiosas, e não apenas o Cristianismo, me fascinava. Ao passo que continuei meus estudos acadêmicos em teologia cristã, eu me tornei consciente da teologia bíblica, histórica e sistemática. Embora eu me considerasse bastante bíblico e ortodoxo em minha teologia, eu ainda tentava entender e apreciar as perspectivas cristãs diversas.

Durante as últimas duas décadas, eu me tornei cada vez mais entristecido com a aparente indisposição dos cristãos de dedicar tempo e esforço para tentar entender e apreciar as crenças, valores, e práticas dos outros. Parte desta indisposição, em minha opinião, tem a ver com a ignorância. Naturalmente, como gosto de dizer, a raiz da ignorância é "ignorar" e muitíssimos cristãos intencionalmente ignoram as crenças, valores, e práticas dos outros, incluindo aquelas de outros cristãos e igrejas. Isto os deixa vulneráveis a um tratamento moralizador e injusto de outros diferentes deles. Penso, certamente, que alguns cristãos estão bem afastados do Cristianismo bíblico e ortodoxo. Na maioria dos casos penso que os cristãos são apressados demais para julgar outros de maneira negativa, até mesmo demonizando-os. Não é de se surpreender que os não cristãos comumente enxerguem os cristãos e as igrejas como sendo muito sectários, desprovidos de amor, e hipócritas em seus julgamentos morais. Qual é o clichê? Os cristãos adoram organizar esquadrões circulares de fuzilamento?

Em razão de minha aguçada preocupação com o entendimento, cooperação e unidade cristãs, eu me envolvi em vários esforços ecumênicos – isto é, trabalho voltado para a unidade entre cristãos e igrejas. Alguns descartam o ecumenismo como uma "correção política", mas sua origem vem da oração de Jesus para que seus discípulos ficassem unidos: "Minha oração não é apenas por eles. Rogo também por aqueles que crerão em mim, por meio da mensagem deles, para que todos sejam um, Pai, como tu estás em mim e eu em ti. Que eles também estejam em nós, para que o mundo creia que tu me enviaste" (Jo 17.20-21).

Wesley e Calvino se preocuparam muito acerca da natureza e missão da igreja. Podemos até dizer que eles se entregaram sacrificialmente à ela. Calvino precisou ser cauteloso, uma vez que os europeus do continente ainda estavam lutando pela Reforma. Mesmo em Genebra, quando ele experimentou proteção governamental, a segurança pessoal e a liberdade religiosa eram perigosas. O cisma com a Igreja Católica Romana havia exacerbado a agitação em todas as dimensões sociais, políticas e econômicas da vida. Juntamente com outros reformadores, Calvino teve a formidável tarefa de solidificar o Protestantismo após séculos da hegemonia católica. Passos falsos não só poderiam levar ao fracasso eclesiástico, poderiam levar à morte. Calvino talentosamente respondeu às necessidades sociais, políticas e econômicas das pessoas como também suas necessidades espirituais. Assim sendo, Calvino deu liderança a uma mescla de autoridade eclesiástica e civil que ajudou manter Genebra unida, apesar das várias formas de resistência à Reforma.

Wesley viveu na Inglaterra durante o século XVIII, após a época da Reforma. Mas os efeitos da guerra civil e o separatismo religioso durante o século XVII persistiam por todo o Império Britânico, expondo ao perigo aqueles cujas crenças, valores, e práticas não coincidiam com as autoridades civis e eclesiásticas estabelecidas. A tensão era exacerbada pelo conflito governamental e eclesiástico nas colônias imperiais, por exemplo, nas colônias americanas, que levaram à revolução no século XVIII – tanto militarmente quanto eclesiasticamente.

Natureza da Igreja

Calvino juntamente com Lutero contribuiu muito para a doutrina da igreja conforme entendida pelos Protestantes. Uma vez que ambos protestaram contra séculos de tradição e autoridades eclesiásticas, exigia-se desenvoltura para se diferenciar o Protestantismo do Catolicismo romano. Claro, enquanto Lutero e Calvino foram habilidosos, eles também consideraram seu entendimento da natureza da igreja fiel aos ensinos bíblicos. Ademais, eles consideraram a si mesmos fieis às históricas afirmações credais acerca da Igreja. No Credo Niceno, por exemplo, a Igreja foi descrita como una, santa, católica, e apostólica. Eles concordavam que Jesus Cristo a estabeleceu, contudo a verdadeira igreja era mais invisível do que visivelmente existente em uma única e monolítica instituição, tal como a Igreja Católica. Calvino e Lutero concordavam que a igreja é santa, em razão da obra expiatória de Jesus, pela qual a justiça (retidão) é imputada ao eleito – os verdadeiros crentes. Eles concordavam que a igreja é católica, universalmente abarcando os eleitos, independente de suas nacionalidades, etnias, línguas e outras diferenças culturais. Por fim, Calvino e Lutero concordavam acerca da natureza apostólica da Igreja. Para eles, apostolicidade tinha mais a ver com a fidelidade da pregação ao ensino dos apóstolos conforme registrados na Bíblia do que uma sucessão contínua de ordenação eclesiástica, conforme os Católicos entendiam a apostolicidade.

As *Institutas* de Calvino fizeram muito para estabelecer a doutrina Protestante da Igreja. Ele havia recebido uma tradição da Reforma já estabelecida, fundada por líderes tais como Lutero na Alemanha, como também Zwínglio, Bucer, e Farel na Suíça. Apesar de Calvino ter herdado uma rica formação de teologia reformada, ele fez muito para consolidá-la e avançar a influência das igrejas reformadas.

Além do mais, Calvino escreveu muito acerca de como Deus instituiu a Igreja, com Jesus Cristo como cabeça. De acordo com o livro IV das *Institutas*, a Igreja representa a maior dentre os vários "meios e auxílios externos pelos quais

Deus nos convida para a sociedade de Cristo e nos mantém nela".[167] Incluso entre estes "meios ou auxílios" estavam a pregação, ensino, administração adequada dos sacramentos, e disciplina eclesiástica. Sobre a Igreja Calvino afirmou uma definição Protestante clássica: "Sempre que vemos a Palavra de Deus puramente pregada e ouvida, e os sacramentos administrados de acordo com a instituição cristã, ali, não se deve duvidar, uma igreja de Deus existe [cf. Ef 2.20]."[168] Assim sendo, as duas marcas distintivas da Igreja incluíam (1) o puro ensino da "Palavra de Deus" (a Bíblia), e (2) a administração adequada dos sacramentos, conforme acreditava-se que Jesus os houvesse instituído.

Calvino considerava a Igreja essencial às vidas dos cristãos. Naturalmente, ela é uma comunidade do pacto, mas não unicamente composta dos eleitos. Os congregantes podem ser batizados, mas isto não garante que todos sejam eleitos. Consequentemente, o batismo infantil não era considerado como salvífico. Seja como for, Calvino realmente considerava a participação na Igreja como meio típico de união em Jesus Cristo – uma união essencial à salvação.

Fora da verdadeira Igreja – isto é, fora da comunidade dos eleitos – não existe salvação. Portanto, o abandono da filiação eclesiástica é espiritualmente "desastroso". Calvino disse: "O favor paterno de Deus e o testemunho especial da vida espiritual limitam-se a seu rebanho, de sorte que é sempre desastroso abandonar a Igreja".[169] Claro, uma vez que se pensa que a igreja é mais invisível do que visível, nós não podemos ter plena certeza de quem é eleito. Aqueles que frequentam igrejas visíveis podem ou não podem ser verdadeiros crentes, contudo, com o julgamento da caridade, Calvino pensava que todos deveriam frequentar a Igreja.

A dedicação de Calvino em prol da Igreja é manifestadamente evidente. Nesta introdução às Institutas, Calvino disse: "Uma vez que empreendi o ofício de professor na Igreja, eu não tenho outro propósito senão beneficiá-la".[170] Por sua vez, a Igreja beneficia os crentes. Ela contribui para seu crescimento através da instrução espiritual progressiva. Calvino disse:

> Quando vemos Deus, que poderia em um momento aperfeiçoar os seus, contudo, ele deseja que eles cresçam em maturidade

---

167 Calvino, *Institutes*, IV (2.1011).
168 *Ibid.*, IV. i.9 (2.1023).
169 *Ibid.*, IV.i.4 (2.1016).
170 *Ibid.*, "John Calvin to the Reader" (1.4).

unicamente sob a educação da igreja. Vemos a maneira que ele estabeleceu para isto: a pregação da doutrina celestial tem sido imposta aos pastores. Vemos que tudo é trazido debaixo da mesma regulação, que com um espírito gentil e ensinável eles possam permitir a si mesmos serem governados por professores designados para esta função.[171]

Através da mansidão, habilidade de ser ensinado, e obediência, os cristãos vivem como deveriam viver. Suas ações externas não visam contribuir para sua própria santificação, enquanto o progresso na santificação permanece no escopo espiritual de Deus. Conforme Calvino disse que "apesar de o poder de Deus não estar limitado a meios externos, ele tem, contudo, nos vinculado a esta maneira simples do ensino. Homens fanáticos, recusando se apegar a ele, embaraçam-se a si mesmos em muitas ciladas mortais".[172] O fanatismo, de acordo com Calvino, se referia àqueles com uma visão teologicamente falsa da igreja, que incluía tanto os anabatistas quanto os Católicos Romanos.

Ao definir a Igreja verdadeira, Calvino também classificou quais seriam falsas. Em se tratando da conformidade às marcas supramencionadas da Igreja (a saber, proclamação da palavra e administração adequada dos sacramentos), a Igreja Católica Romana falhava. Ela representava a "tirania do Anticristo", que Calvino discutiu com seriedade escatológica.[173] Em particular, ele acusou os papas de serem "Anticristos".[174] A pregação católica não era entendida como representando puro ensino bíblico, e Calvino argumentou que seu sacramentalismo distorcia a natureza das práticas instituídas por Jesus Cristo. A estes fracassos doutrinários, outros foram acrescentados que justificavam os "protestos" dos reformadores, o que resultou nos cismas entre Protestantes e Católicos. Claro, o exemplo perfeito do abuso da Igreja era visto como acontecendo através do uso incorreto do poder eclesiástico e jurisdicional, em especial pelo papado. Calvino acusou os papas – tanto do passado quanto do presente – de abusar da autoridade civil e também eclesiástica, de oprimir a liberdade dos crentes corrompendo a pureza da doutrina da igreja e tratando todas as pessoas com

---

171 *Ibid.*, IV.i.5 (2.1017).
172 *Ibid.*, IV.i.5 (2.1018).
173 *Ibid.*, IV.iii.11 (1052).
174 *Ibid.*, IV.vii.20 (2.1139).

tirania selvagem e carnificina.[175] Apesar de Calvino ter argumentado pela necessidade de unidade entre os cristãos, a separação da Igreja Católica como um todo era vista como justificada em termos bíblicos e morais, apesar da presença de algumas poucas igrejas católicas fiéis que passavam no teste das verdadeiras marcas de uma igreja.

Calvino investiu pesadamente em polemismo – isto é, a defesa da ortodoxia do Protestantismo, especialmente aquele entendimento de Cristianismo bíblico de tradição reformada. Ele pensava que certo consenso doutrinário poderia ser atingido entre os principais reformadores Protestantes. Por exemplo, Calvino assinou uma versão modificada da versão da Confissão Luterana de Augbusrgo, revisada por Melanchton, intitulada *Variata*. Por conseguinte, "se a verdadeira igreja é a coluna e fundamento da verdade [ITm 3.15]," então a igreja deve defender suas crenças, valores, e práticas de outras, especialmente as denominadas igrejas que, em razão de ignorância ou tirania, promovem a heresia e observam a censura, excomunhão, e disciplina. De acordo com Calvino, os Católicos certamente mereciam a disciplina eclesiástica, assim como mereciam os anabatistas e outros – individual e coletivamente – que se colocavam como contrários aos reformadores, em geral, e à teologia reformada, em particular. Contra tais antagonistas, Calvino foi duramente polêmico e condenatório.

Igreja Magisterial

Às vezes a visão de Calvino sobre a igreja é referida como "magisterial". Esta referência é, em parte, em razão de sua proeminência juntamente com aquela de Lutero e outros reformadores fundadores que forneceram liderança autoritativa à Reforma Protestante. Como tal, sua liderança é às vezes referida como "Reforma magisterial", fazendo referência, ao menos, à autoridade de ensino do magistério Católico Romano.

Outro significado de *magisterial* tem a ver com a colaboração que Calvino articulou e promoveu entre a igreja e estado – entre governo eclesiástico e civil. Alguns seguidores de Calvino consideram esta colaboração como sendo arcaica, um erro "de sua Era", na qual Calvino e a Reforma não devem ser

---

175 *Ibid.*, IV.ii–xi (2.1041–229).

responsabilizados.[176] Afinal de contas, Calvino não se levantou contra o governo autoritário da Igreja Católica Romana, protestando contra a tirania da imperiosidade papal? Não era ele um líder mais amável e gentil do que os Católicos?

É uma questão e debate, mesmo entre os seguidores de Calvino, em relação a seu preciso entendimento da responsabilidade entre igreja e estado. Alguns defendem que Calvino promoveu um relacionamento mais íntimo entre o governo civil e eclesiástico durante os primeiros anos de seu papel de liderança em Genebra, mas que ele posteriormente demarcou uma separação mais clara entre igreja e estado. Em sua última edição das *Institutas*, por exemplo, Calvino mais claramente separou o poder da igreja para excomungar do poder do estado para coagir e usar violência, mas ele ainda defendeu que o estado deveria implementar a disciplina no lugar da igreja.[177] Como tal, Calvino continuou a aprovar o direito e responsabilidade dos magistrados civis – ou deputados, vigários, e outros regentes – de banir, punir, e até mesmo executar pessoas em nome de censuras da igreja e excomunhão.[178]

O quão ardorosamente Calvino defendeu esta colaboração entre igreja e estado irá, indubitavelmente, permanecer uma questão e debate. Mas que ele acreditava e fazia uso de tal colaboração é historicamente inegável. Além do mais, aqueles que seguiram os ensinos de Calvino fizeram usos de meios coercivos semelhantes nas esferas civil, política, e econômica e outras a fim de implementar crenças, valores, e práticas eclesiásticas. Evidência para tal autoridade e poder magisteriais podem ser facilmente encontradas nas confissões reformadas escritas no século seguinte à sua vida.

---

176 Por exemplo, vide os comentários editoriais de Beveridge e Bonnet acerca da carta que Calvino escreveu para William Farel concernente a execução conjunta, eclesiástica e civil, de Miguel Serveto. Vide carta "To Farel", CCCXXXI, *Works*, 5.436, n. 2: "O erro de Calvino na morte de Serveto foi, podemos dizer, no todo, de sua idade, visto que homens de disposições mais conciliadoras e moderadas, a saber, Bucer, Oecolampadius, Melanchthon, e Bullinger, estavam de acordo na aprovação da condenação do desafortunado inovador espanhol. Pode-se profundamente lamentar este erro sem insultar a Reforma, e combinar em uma justa medida aquela lástima que uma grande vítima exige, com respeito por aqueles homens a quem um período infeliz os fizeram acusadores e juízes de Serveto".
177 Vide Calvino, "The Discipline of the Church: Its Chief Use in Censures and Excommunication", *Institutes*, IV.xii (2.1229–54).
178 Vide as cartas de Calvino para Simon Sulzer e Heinrich Bullinger defendendo a punição de Miguel Serveto, que contribuiu para a sua execução. Vide Calvino, carta "To Sulzer", CCCXXVII, *Works*, 5:427–30; e carta "To Bullinger", CCCXXXVI, *Works*, 5.447.

Durante a época de liderança eclesiástica de Calvino em Genebra, ele participou de um *consistoire* (ou concílio). O concílio servia como uma corte eclesiástica consistindo de pastores, professores, e presbíteros regentes. Ele tinha a responsabilidade de julgar as atividades teológicas e éticas dos cidadãos genebrinos, administrando julgamentos eclesiásticos e disciplina. Inicialmente, a corte tinha o poder sobre a vida e morte de cidadãos de Genebra. Contudo, com o tempo, o governo civil sozinho reteve a autoridade de banir e executar pessoas. Ainda assim, os magistrados de Genebra implementaram julgamentos e disciplinas determinadas pelo concílio.

A abordagem magisterial de Calvino à liderança teve tanto benefícios quanto inconveniências. De um lado, Calvino representava um dos principais reformadores juntamente com Lutero, Zwínglio, Farel e Melanchthon. Ele, desta forma, mereceu o direito de fazer pronunciamentos autoritativos acerca do que significava ser Protestante, e para promover tais pronunciamentos com paixão e violência, caso necessário fosse. Por outro lado, a liderança magisterial de Calvino incluía governo autoritário, que mesclava autoridade eclesiástica e civil. Da perspectiva de Calvino, Deus instituiu dois governos, o que é semelhante ao que Lutero acreditava. Primeiro, existe um governo espiritual e eterno, e essa autoridade diz respeito principalmente à Igreja. Segundo, existe também um governo civil e terreno, e os magistrados têm autoridade moral como também jurídica sobre a vida e a sociedade cristã. No livro IV das *Institutas*, veja os seguintes capítulos: "4. A magistratura é ordenada por Deus", "7. O caráter coercivo da magistratura não impede seu reconhecimento", e "10. O exercício de força dos magistrados é compatível com a piedade".[179]

Os seguidores de Calvino, que enfatizam maior separação entre a igreja e o estado, consideram a visão de Calvino sobre a colaboração entre governo eclesiástico e civil como sendo um reflexo de seu contexto histórico em vez de um ensino bíblico permanente. O argumento é que, se Calvino vivesse hoje, então ele não teria mesclado os dois governos — isto é, pelo menos não como ele o fez no século XVI. Contudo, todos estão situados em um tempo e espaço específicos. Não podemos louvar Calvino por estar à frente de seu tempo, por assim dizer, em algumas de suas reformas teológicas, e desculpá-lo por ser produto de seu tempo concernente a outras questões civis e eclesiásticas. Afinal, a rejeição de Calvino quanto a separação da igreja e estado teve implicações

---

179 Calvino, *Institutes*, IV.iv, vii, x (2.1489–90, 1492–93, 1497–99).

muito abrangentes para sua própria época como também para aqueles que o seguiram na tradição reformada.

Calvino estabeleceu um precedente teológico que alguns descreveram como teocrático – isto é, governo liderado por líderes políticos que são vistos como representantes (ou magistrados) designados por Deus no governo eclesiástico como também no civil, guiados por Deus, e com autoridade para usar o governo para regulamentar a igreja como também a sociedade. Agora, as pessoas podem considerar desagradável o termo "teocrático", mas Calvino certamente considerava o envolvimento cristão na política como legítimo e importante. Certamente, a igreja e estado tinham tarefas e escopos diferentes, mas seu relacionamento era mais complementar do que separado. Consequentemente, esperava-se dos líderes da igreja, tal como Calvino, contribuição em questões civis juntamente com os magistrados para o governo da sociedade.

O preciso relacionamento de Calvino com o governo civil em Genebra era complicado. Ele era um imigrante francês que inicialmente se qualificava apenas para o *status* mais baixo de cidadania. Com o passar do tempo, Calvino alcançou um nível mais alto de cidadania, que lhe permitiu maior *status* e serviço civil, embora ele permanecesse sujeito tanto à supervisão eclesiástica quanto civil. Ele não tinha autoridade direta para dar julgamentos eclesiásticos, civis e disciplinares. Mas Calvino ainda acreditava que o estado – em vez de o papa ou o rei – possuía o direito divino de governar sobre a sociedade. E ativamente apoiou os direitos dos magistrados genebrinos de exercerem tal direito. Agora, alguém pode argumentar, a teocracia é boa quando os líderes são pessoas boas e devotas, e Calvino teria elevado Genebra como um exemplo. Naturalmente, pessoas más e ímpias também podem liderar teocracias. Tal era o argumento de Calvino, em parte, contra a tirania da Igreja Católica Romana em seu relacionamento com o Sacro Império Romano.

Em Genebra, Calvino sustentou que os magistrados tinham o direito de fazer cumprir leis eclesiásticas, decididas pelo concílio. Tal disciplina, de acordo com Calvino, era essencial à vida da igreja. Ele disse: "Se nenhuma sociedade, de fato, nenhuma casa que tem mesmo uma pequena família, pode ser mantida em condição adequada sem disciplina, quanto mais necessário na igreja, cuja condição deveria ser a mais ordeira possível".[180] Entre os principais usos de disciplina eclesiástica estavam censuras teológicas e excomunhão, ou

---

180 *Ibid.*, IV.xii.1 (2.1229–30).

pelo menos sua ameaça de utilização. Calvino pensava que a disciplina precisava ser forte dentro da sociedade como um todo, assim como também nas igrejas. Naturalmente, estas crenças não eram novas a Calvino. Por toda a história da igreja, os cristãos repetidamente mesclaram governo eclesiástico com civil. Tais crenças eram consideradas como sendo provadas, verdadeiras e até mesmo bíblicas. Consequentemente, a fim de tornar as leis eclesiásticas compulsórias, a lei civil e o governo precisavam fazer cumprir a disciplina eclesiástica. E os magistrados eram responsáveis por punir ofensores de leis eclesiásticas como também de outras tarefas governamentais, tal como taxação de impostos e na proteção militar da sociedade.

Geralmente o cumprimento das leis eclesiásticas era mundano, tendo a ver com a supervisão de ações diárias das pessoas. Em Genebra, frequentar a igreja era obrigatório, e o fracasso em ir à igreja resultava no pagamento de multas. O governo designava autoridades para cuidar da moral das pessoas, por exemplo, em se tratando de vestimenta e discurso utilizado como também atos mais insolentes de adultério e blasfêmia. As indiscrições últimas eram puníveis com a censura, multa, excomunhão, banimento, e até mesmo morte. Bruxaria juntamente com adultério e heresia incorrigíveis eram as principais razões de pena capital por decapitação ou incineração na fogueira.

Indubitavelmente, Calvino recebeu muitíssimas críticas por seu endosso à mais dura punição civil e eclesiástica: a morte. Agora, dado seu contexto, a execução de pessoas por suas crenças e práticas religiosas aconteciam antes de Calvino. Por exemplo, Zwínglio, que foi o principal reformador suíço antes de Calvino, perseguiu anabatistas entre outros. Tenha em mente que diferenças eclesiásticas às vezes possuíam implicações políticas, econômicas e militares. Por exemplo, convocações militares geralmente dependiam da cidadania da pessoa sendo certificada pelos batismos infantis. Quando os anabatistas rejeitaram o batismo infantil, tal ação desencadeava complicações políticas, econômicas e militares, como também discordâncias religiosas.

Punições capitais aplicadas por erros contra a igreja e o estado incluíam afogamento, decapitação ou morte por queimadura na estaca. Calvino apoiava estas punições, e consentiu em centenas de banimentos e execuções, embasados na alegação de abandono moral ou heresia.[181] Há, entretanto, discordância entre

---

181 Por exemplo, veja capítulo XII, "Geneva under Calvin's Sway", em John T. McNeill, *The History and Character of Calvinism* (New York: Oxford University Press, 1954), pp. 178–200.

os historiadores em relação ao nível e severidade com a qual a heresia teológica era punida, pelo menos em se tratando de sua forma mais severa.[182] Na verdade, alguns defendem que apenas uma pessoa foi executada por heresia – Miguel Serveto. Mas a maioria dos historiadores pensa que outras punições, incluindo a punição capital, aconteciam em razão dos desafios teológicos das pessoas aos poderes genebrinos existentes.

A execução (ou martírio, dependendo da perspectiva da pessoa) mais infame foi a de Serveto, um espanhol. Serveto era tido como sustentando visões heréticas, disputando contra a Trindade e o batismo infantil. Ainda que ele não fosse cidadão de Genebra, Serveto visitou a cidade e foi preso, condenado de heresia pelo concílio, e queimado na estaca. Calvino escreveu um panfleto teológico condenando Serveto, ainda que ele tenha pedido um método menos severo de execução do que ser queimado na estaca, mas ele foi conivente com a execução.[183]

Em uma carta de 1517 ao Monsenhor du Poet, oficial do rei em Navarra, Calvino reiterou a necessidade de suprimir a discórdia teológica, elevando a execução de Serveto a um modelo. Ele disse:

> Acima de tudo, não falhe em livrar o país de todos aqueles zelosos patifes que agitam o povo com seus discursos a fim de progredirem contra nós, difamarem nossa conduta, e desejarem fazer com que nossa crença seja tida por devaneio. Tais monstros devem ser silenciados, conforme eu aqui o fiz, pela execução de Miguel Serveto, o espanhol. Não imagine que no futuro alguém irá pensar em fazer o mesmo.[184]

Os "patifes" a quem Calvino aludiu incluíam Católicos Romanos, Anabatistas, e outros cristãos que sustentavam crenças que se pensavam estar em conflito com o Cristianismo bíblico. O zelo polêmico de Calvino tornou-se tão bem conhecido que alguns de seus compatriotas reformados ficaram horrorizados por sua opressiva utilização da autoridade civil para executar aqueles julgados

---

182 Por exemplo, veja Alister E. McGrath, *A Life of John Calvin: A Study in the Shaping of Western Culture* (Malden, MA: Blackwell, 1990), p. 116.
183 Calvino, cartas "To Farel", CCCXXII, *Works*, 5.417, e "To Farel", CCCXXXI, *Works*, 5.436.
184 Calvino, carta "To Monseigneur, Monseigneur du Poet, Grand Chamberlain of Navarre and Governor of the Town of Montelimart, at Crest", XVII, *Works*, 7.440.

como sendo apóstatas. Lutero, por exemplo, disse das ações de Calvino em Genebra: "Com uma sentença de morte eles resolvem toda a argumentação".[185]

Embora se possa argumentar que Calvino foi abertamente influenciado pela Era coerciva e violenta na qual viveu, práticas similares não amainaram logo após ele. Seguidores de Calvino continuaram a apelar à colaboração entre igreja e autoridade civil. A Confissão Belga (1618), por exemplo, elevou a disciplina à terceira marca da igreja, e a Confissão de Westminster (1646) afirmou o seguinte concernente à autoridade "do magistrado civil":

> O magistrado civil não pode assumir para si a administração da palavra e sacramentos, ou o poder das chaves do reino do céu, contudo, ele tem autoridade, e é seu dever, assumir a responsabilidade da unidade e paz a ser preservada na igreja, a fim de que a verdade de Deus seja mantida pura e plena, que todas as blasfêmias e heresias sejam suprimidas, todas as corrupções e abusos na adoração prevenidos ou reformados, e todas as ordenanças de Deus plenamente estabelecidas, administradas, e observadas.[186]

Calvino forneceu o precedente de uma igreja magisterialmente dirigida, que confiava tanto na colaboração civil quanto eclesiástica para o cumprimento da disciplina. Realmente, ela incluía dura supressão de diferenças teológicas além de punir transgressões éticas.

Claro, pode ser argumentado que "há uma ocasião, e um tempo para cada propósito" (Ec 3.1), e a força de missão de Calvino foi o que o tornou bem-sucedido, juntamente com outros reformadores, em finalmente derrubar a dominação da Igreja Católica Romana e, em certa extensão, o Sacro Império Romano. Sem protesto de libertação, apologética, e polemismo obstinados, teriam os reformados tais como Lutero e Calvino sido bem sucedidos no estabelecimento do Protestantismo no século XVI? Pensar o contrário soa como

---

185 Martinho Lutero, citado por Juergan L. Neve, *A History of Christian Thought*, vol. 1 (Philadelphia: The Muhlenberg Press, 1946), p. 285.
186 A Confissão de Fé de Westminster, 1647, cap. 23, "Of the Civil Magistrate", em *Creeds and Confessions of Faith in the Christian Tradition*, vl. II, parte 4, *Creeds and Confessions of the Reformation Era*, ed. Jaroslav Pelikan e Valerie Hotchkiss (New Haven: Yale University Press, 2003), p. 636.

crítica ingênua de poltrona sobre a liderança heroica de reformadores que investiram suas vidas nas crenças e valores mais estimados por eles?

Atualmente, cristãos podem não mais levar a cabo execuções religiosas, mas a abordagem magisterial de Calvino para com aqueles que discordam da teologia reformada pode resultar em mais do que mera desaprovação. Basicamente, Calvino advogava a utilização de qualquer poder político, econômico, ou cultural disponível para tanto proteger o Cristianismo quanto propagar crenças, valores e práticas cristãs na sociedade e na igreja. É responsabilidade dos cristãos, de acordo com Calvino, manter a pureza bíblica da igreja e utilizar meios disciplinares para se fazer cumprir pureza semelhança na sociedade – eclesiasticamente e civilmente; polemicamente e politicamente; coercivamente e juridicamente.

Calvino pode ter concedido uma medida de aceitação para com aqueles com quem ele mais concordava e compartilhava a liderança na Reforma, tal como Lutero e Melanchton. Mas ele exibia pouquíssima tolerância e paciência com os que discordavam dele e que não eram pessoas de estatura social, política ou eclesiástica. A abordagem magisterial de Calvino para autoridade e poder eclesiástico colaborativo com poder e autoridade civil – com todo seu poder político, econômico e cultural – foi um modelo que seus seguidores utilizaram repetidamente. Ele podem não ter se valido da punição capital, mas seus seguidores acreditavam que era teologicamente correto e bom utilizar meios persuasivos e coercivos para suprir tanto a igreja quanto o estado no avanço do entendimento reformado do Cristianismo bíblico.

Crenças Fiéis, Viver Fiel

Wesley concordava com muito do que Calvino tinha a dizer acerca da natureza da igreja. Em seu sermão "Da Igreja", Wesley afirmou a fraseologia dos Trinta e Nove Artigos Anglicanos (1563), que era uma variação da Confissão de Augsburgo, dizendo:

> Esse registro é exatamente concordável com o décimo nono artigo de nossa Igreja, a Igreja da Inglaterra – o artigo apenas inclui um pouco mais do que o Apóstolo expressou.

Da Igreja

A igreja visível de Cristo é uma congregação de homens fiéis, nos quais a palavra pura de Deus é pregada, e os sacramentos são devidamente administrados.

Pode ser observado que ao mesmo tempo nossos Trinta e Nove Artigos foram compilados e publicados, uma tradução latina dos artigos foi publicada pela mesma autoridade. Nestas palavras estavam *coetus credentium*, "uma congregação de crentes", plenamente mostrando que por "homens fiéis" os compiladores significavam homens dotados de "fé viva". Isto traz o Artigo a uma concordância ainda mais próxima ao relato dado pelo Apóstolo.[187]

Assim como Calvino leu o original da Confissão de Augsburgo e exigiu uma qualificação, que Melanchton forneceu na *Variata*, Wesley também qualificou sua descrição da igreja. Por toda sua vida e ministério, Wesley enfatizou que a igreja deve ser mais do que uma congregação de crentes — mais do que "homens fiéis"; ela deve também exibir "fé viva". Não é o bastante para as pessoas exibir crença correta (ou *ortodoxia*); elas também devem exibir um coração correto (*orthokardia*) e prática correta (*orthopraxis*). Da perspectiva de Wesley, o diabo (assim como outras pessoas religiosas) pode(m) sustentar "uma ortodoxia e opiniões certas", mas "pode(m), ao mesmo tempo, assim como ele, desconhecerem perigosamente a religião do coração".[188] Tanto pessoas fiéis quanto viver fiel constituíam a igreja – dos verdadeiros fiéis. A salvação incluía a eleição de Deus, entendimento correto da perspectiva da graça preveniente, mas isto também incluía amor por Deus e ao próximo, que é um entendimento do Cristianismo mais relacional do que doutrinário.

Wesley tinha uma abordagem menos dogmática e polemista no entendimento das doutrinas da igreja do que tinha Calvino. Da perspectiva de Wesley, não podia se esperar racionalmente que todos estivessem de acordo

---

187 Wesley, "Of the Church", §16, sermão 74, *Works*, 3.51.
188 Wesley, "The Way to the Kingdom", I.6, *Works*, 1.220–21.

em toda matéria doutrinária e questão teológica. Esperar uniformidade era assumir o risco de expulsar quase todo cristão fora do entendimento particular de alguém sobre a eclesiologia. Certamente não se pode ser indiferente aos ensinos religiosos contrários à Bíblia e ao Cristianismo histórico, e Wesley teve sua parcela de contribuição com o polemismo. Contudo, nem todos interpretam a Bíblia da mesma maneira, e nem todo desenvolvimento em doutrina, adoração, e vida congregacional foi entendido da mesma forma na história eclesiástica. Maior flexibilidade do que rigidez era necessária nas relações entre cristãos, igrejas e denominações emergentes. Assim sendo, em se tratando de definir a igreja, Wesley afirmou:

> Eu não me comprometerei a defender a exatidão desta definição. Eu não ouso excluir da igreja universal todas aquelas congregações nas quais doutrinas não escriturísticas que não pode se afirmar que sejam "a pura Palavra de Deus" são às vezes, sim, frequentemente pregadas. Nem todas essas congregações onde os sacramentos não são "corretamente administrados". Certamente se tais coisas forem assim, a Igreja de Roma não faz parte da igreja católica, vendo que nela não há "a pura Palavra de Deus" pregada e nem os sacramentos "corretamente administrados". Quem quer que sejam os que têm "um espírito, uma esperança, um senhor, uma fé, um Deus e Pai de todos", eu posso facilmente suportar as opiniões erradas por eles mantidas, sim, e modelos supersticiosos de adoração. Nem teria eu, embasado em tais relatos, qualquer objeção a recebê-los, se eles assim o desejassem, como membros da Igreja da Inglaterra.[189]

Wesley foi fiel à Igreja da Inglaterra por toda a sua vida. Ele queria manter a unidade, de algum tipo, em vez de servir em desacordo com outros cristãos. Certamente, existiram tensões em seu relacionamento com líderes anglicanos, mas as tensões deveriam ser trabalhadas em vez de desistidas sob o prospecto de membresia continuada na Igreja da Inglaterra. No novo Estados Unidos, a formação da Igreja Metodista Episcopal tinha sido bem mais o resultado de

---
189 Wesley, "Of the Church", §16, *Works*, 3.52.

necessidade do que um grande esquema. A saída de clérigos anglicanos da América do Norte durante a Guerra Revolucionária deixou poucas opções para lidar com as contínuas necessidades espirituais e eclesiásticas das pessoas.

Wesley era irênico – isto é, ele buscava formas nas quais colaborar com outros cristãos, especialmente pelo amor à unidade no ministério. Seu irenismo se estendia aos Católicos Romanos como também aos Protestantes não conformistas, tais como os Anabatistas, Sociedade dos Amigos (Quakers), e os nascentes Pentecostais. Os Anglicanos tinham, afinal de contas, saído do Catolicismo, assim como Calvino e outros reformadores continentais. E ali permaneceram tensões entre os Protestantes e Católicos mesmo na Bretanha. Mas Wesley não considerava a comunhão e a possibilidade de cooperação com os Católicos como imprópria. Pelo contrário, em sua pública "Carta ao Católico Romano", Wesley disse:

> Ó irmãos, que não nos percamos pelo caminho! Anseio ver-te no céu. E se eu pratico a religião acima descrita, não ouse você dizer que irei para o inferno. Você não pode pensar assim. Nem posso eu te persuadir a isto. Sua própria consciência te diz o contrário. Então, se não podemos pensar iguais em todas as coisas, pelo menos podemos amar de maneira igual. Neste ponto nós não podemos possivelmente errar. Pois de um ponto ninguém pode, por um momento, duvidar, — "Deus é amor; e aquele que vive (permanece) em amor, habita (permanece) em Deus e Deus nele".[190]

As palavras de Wesley são bastante conciliadoras, muito ecumênicas, considerando o fato de que ele ainda viveu durante uma época de conflitos políticos e militares entre Protestantes e Católicos. A abertura de Wesley à comunhão juntamente com cooperação de outras tradições cristãs representava um espírito ecumênico bem mais avançado em sua época na história da igreja.

---

190 Wesley, "A Letter to a Roman Catholic", §16, *Works* (Jackson), 10.85.

Espírito Católico

O espírito irênico e ecumênico de Wesley é geralmente referido como seu "espírito católico", título de um de seus primeiros sermões. Lembre-se de que o Credo Niceno se referiu à igreja como "católica", expressando como Deus universalmente abraça todas as pessoas em comunhão independente de suas diferenças nacionais, étnicas, linguísticas ou culturais. Entre estas diferenças, Wesley incluía diferenças de opinião doutrinária e teológica. Mas isso não significa que ele era indiferente à Bíblia e à doutrina bíblica cristã ortodoxa. Pelo contrário, Wesley estava bastante consciente delas. Ele não pensava, contudo, que a igreja deveria ser definida primariamente tanto por suas doutrinas e desaprovação expressa para com outros quanto por seu irenismo e amor expressos para com eles, tanto dentro quanto fora dela.

Em seu sermão "Espírito Católico", Wesley cuidadosamente explicou o que ele não queria dizer por um espírito católico. Por exemplo, ele não incluía indiferença a todas as opiniões ou pontos de vista teológicos. Wesley disse, "Um espírito católico não é latitudinarismo especulativo", que permitia práticas de adoração eclesiásticas irrestritas e desordeiras; e "um espírito católico não é indiferença a todas as congregações", que não fazem distinções alguma entre denominações emergentes e denominações já existentes.[191] Tais diferenças precisam ser estudadas, discutidas, e avaliadas embasadas no melhor do que pode ser conhecido através da Bíblia, tradição da igreja, pensamento crítico, e experiência relevante.

Para Wesley, era importante que os cristãos fossem de um coração correto. Ele comumente falava da "religião do coração", e pensava que isto melhor descrevia o entendimento centrado no amor do Cristianismo e a igreja. Afinal de contas, um "espírito católico" na verdade significa um "amor católico". Na conclusão de seu sermão, Wesley disse que se

> nós pegarmos esta palavra no sentido mais rígido, um homem de espírito católico é aquele que, na maneira supramencionada, estende sua mão a todos aqueles corações que estão certos com o seu coração: alguém que sabe como valorizar, e louvar a Deus por todas as vantagens que ele usufrui, em

---

191 Wesley, "Catholic Spirit," III.1–3, *Works*, 2.92–93.

relação ao conhecimento das coisas de Deus, a verdadeira maneira escriturística de o adorar, e, acima de tudo, sua união com uma congregação temente a Deus e operando justiça: uma pessoa que, retendo estas bênçãos no mais rígido cuidado, mantendo-as como aquilo que mais ama, ao mesmo tempo ama – como amigos, como irmãos no Senhor, como membros de Cristo e filhos de Deus, como participantes conjuntos agora do reino presente de Deus, e coparticipantes de seu reino eterno – todos, de qualquer opinião ou adoração, ou congregação, que acreditam no Senhor Jesus Cristo; que amam a Deus e o homem; que, regozijando-se em agradar, e temendo ofender a Deus, têm cuidados de se abster do mal, e são zelosos de boas obras.[192]

Isso significa que não há necessidade de disciplina dentro da igreja? Pelo contrário, Wesley acreditava firmemente em sua importância. Ele não advogava latitudinarismo, que era a forma do século XVIII de falar acerca do pluralismo religioso. Em seu sermão "Causas da Ineficácia do Cristianismo", Wesley disse que "toda vez que a doutrina é pregada, onde não há disciplina, ela não pode exercer seu efeito total em seus ouvintes".[193] Então ele certamente não era indiferente tanto à doutrina quanto à disciplina eclesiástica, mas a disciplina vinha através da igreja e da responsabilidade entre cristãos. Esta disciplina incluía censura e expulsão de pessoas e grupos de pessoas, mas ela não fazia uso de funções jurídicas e punitivas do governo civil. Nem Wesley se valeu de outros meios políticos, econômicos e institucionais para coagir a obediência em questões religiosas.

Wesley falou em seus escritos acerca das diferenças entre ele e Calvino, e entre Calvinistas e Metodistas. Mas talvez uma das diferenças mais extraordinárias entre eles aconteceu em relação ao relacionamento entre igreja e governo civil. Wesley apreciava o governo civil, e, falando relativamente, era bem conservador em seu respeito à monarquia da Grã-Bretanha. Contudo, Wesley discordava fortemente dos elementos civis, políticos, e coercivos da tradição

---

192 *Ibid.*, III. 4–5, *Works*, 2.94.
193 Wesley, "Causes of the Inefficacy of Christianity," §7, *Works*, 4. 90.

reformada de Calvino. Em seu "Diálogo entre um Predestinistariano e seu Amigo", Wesley disse: "Penso que isto não pode ser encontrado nas Sagradas Escrituras, e que isto é uma planta que dá fruto deplorável. Uma ocasião da qual nós temos no próprio Calvino, que confessa que garantiu a queima de Miguel Serveto até a morte, pura e simplesmente por diferir dele em opinião sobre questões de religião".[194] Wesley estava ciente das implicações fatais das disciplinas teológicas de Calvino, e ele não estava apenas falando figurativamente em relação à violência para com outras pessoas feitas em prol da tradição reformada. Wesley combateu tal autoritarismo ao enfatizar a necessidade de uma abordagem mais católica — em vez de magisterial — para entender a igreja e sua missão no mundo.

Conclusão

Tanto Wesley quanto Calvino dedicaram suas vidas à Igreja – a seu estabelecimento e a seu florescimento teológico, espiritual, e ministerial. Seus esforços foram bem-sucedidos, e sua influência disseminada bem além de Genebra e Grã-Bretanha. É inegável que a influência da Igreja de Calvino se disseminou por todo o mundo, ajudando muitos cristãos, e não apenas aqueles dentro da tradição reformada. Semelhantemente, o Metodismo tornou-se um contribuinte mundial para ministrar em nome do evangelho de Jesus Cristo.

Mas Wesley e Calvino divergiam em pelo menos duas maneiras. Primeiro, Wesley pensava que deveria haver bem mais flexibilidade entre cristãos e igrejas concernente ao nível ao qual eles concordavam ou discordavam acerca de questões doutrinárias e eclesiásticas. Calvino era bem mais polemista, enfatizando a necessidade de se engajar constantemente em apologética e para purificar a igreja através da censura, excomunhão, e todos os meios supressivos que poderiam ser infligidos. Certamente, Calvino e Wesley viveram em épocas socioculturais diferentes. Contudo, as épocas não eram tão diferentes que um nível maior de irenismo e ecumenismo não teria sido anteriormente benéfico. Sem sacrificar crenças, valores e práticas essencialmente bíblicas, Wesley acreditava que o amor e não o dogmatismo deveria caracterizar a natureza da Igreja.

---

194 Wesley, "Dialogue between a Predestinarian and His Friend", *Works* (Jackson), 10. 266.

Segundo, Wesley não pensava que o governo civil deveria se envolver nas responsabilidades jurídicas e punitivas da igreja. As complicações da relação entre estado e igreja não lhes eram desconhecidas. Afinal, ele viveu na Grã-Bretanha onde a Igreja da Inglaterra era a igreja estatal. Contudo, ele discordava da união entre igreja e autoridade de Calvino. A autoridade civil do estado deveria prover liberdade religiosa em vez de a restringi-la ou proibi-la. Wesley e a Grã-Bretanha estavam bem cientes dos motivos religiosos que tinham alimentado a violência e a guerra contra cristãos e igrejas no século anterior. Certamente, Wesley não tinha atingido o nível de autoridade eclesiástica e civil que Calvino alcançou em Genebra. Mas ele não via virtude em unir igreja e estado, conforme Calvino via, a igreja e o estado existiam de maneiras complementárias, mas uma colaboração das duas não refletia corretamente o ensino bíblico. O reino de Deus no mundo tinha bem mais a ver com a igreja do que com o governo. Nem os emaranhamentos colaborativos entre a igreja e estado eram sábios, dado a experiência de cristãos na história. Afinal, Wesley sabia que a aliança entre estado e igreja poderia se tornar profana, resultando em métodos deploráveis de perseguição injusta por diferenças de opinião religiosa que nem a Bíblia nem a civilidade sancionavam.

Discussão

1. O ajuntamento de cristãos constitui a igreja? Em que sentido a igreja consiste de cristãos, coletivamente falando, e em que sentido ela consiste de um lugar, em vez de indivíduos?

2. O que você descreveria como as marcas distintivas da igreja? São elas: santa, católica, apostólica e una? São elas: a pregação da pura palavra de Deus (a Bíblia), e a administração adequada dos sacramentos? Ou Ambas?

3. Qual é o relacionamento entre a igreja e o governo civil? Quão ativos os governos civis devem estar envolvidos na igreja? Por outro lado, quão ativos devem os cristãos estar envolvidos no governo civil?

4. Qual é o papel da disciplina eclesiástica? Qual a importância da disciplina para a vida da igreja e seus membros? Qual a frequência com que a disciplina eclesiástica deve acontecer?

5. Quão polêmicas e apologéticas as igrejas devem ser, e quão irênicas e ecumênicas elas devem ser?

6. Dado o fato de que nem todos os cristãos e igrejas concordam em todas as questões de fé e prática, como elas devem se relacionar umas com as outras? Como devem elas cooperar umas com as outras, por exemplo, no ministério?

Capítulo 8

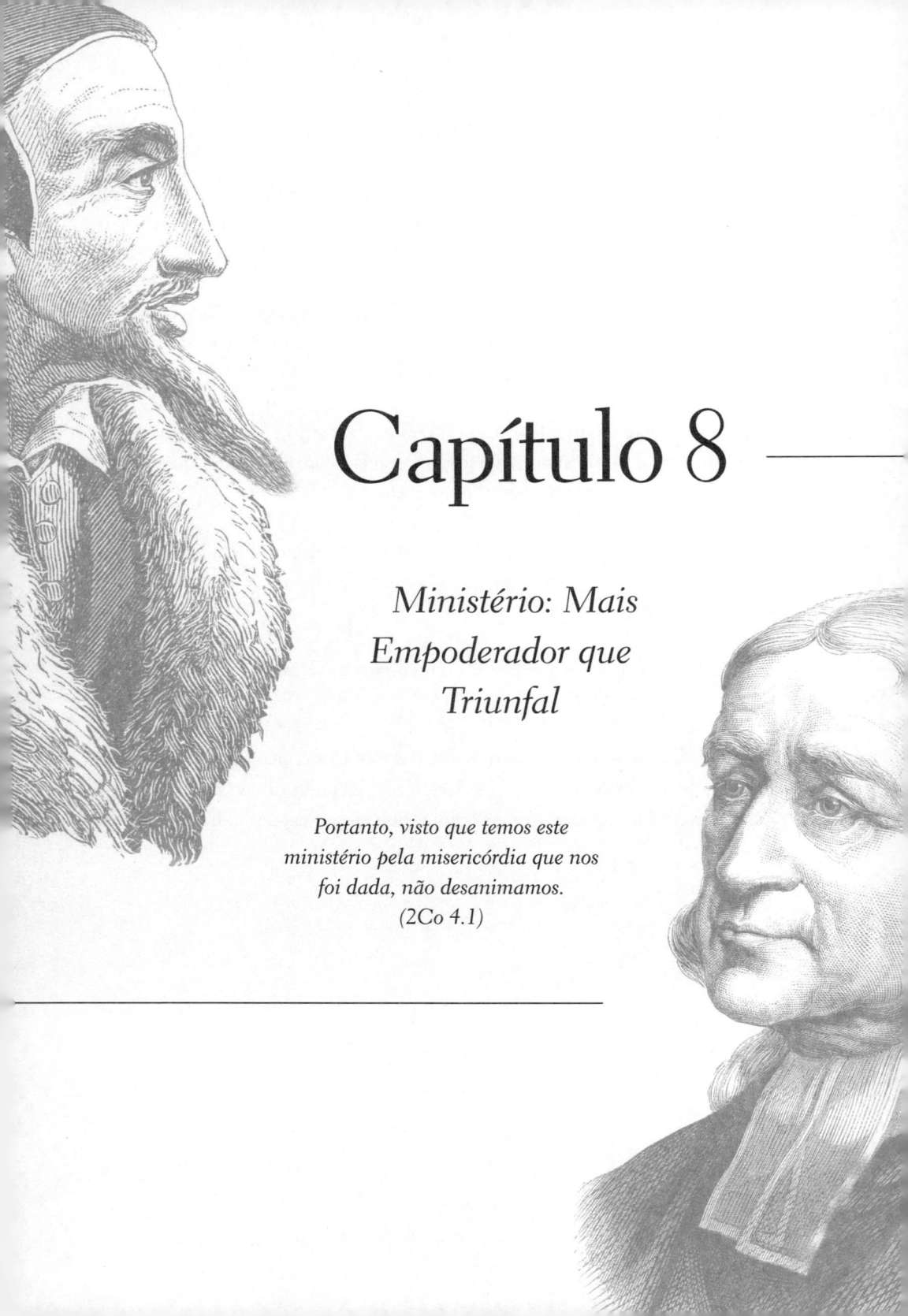

Ministério: Mais Empoderador que Triunfal

Portanto, visto que temos este ministério pela misericórdia que nos foi dada, não desanimamos.
(2Co 4.1)

Quando iniciei formalmente no ministério pastoral, servi como pastor assistente de uma igreja localizada em uma pequena comunidade agrícola no Vale de São Joaquim, Califórnia. Minhas primeiras responsabilidades pastorais tinham a ver com trabalho com jovens e ministérios de pequenos grupos. Eu particularmente gostava de trabalhar com pequenos grupos, uma vez que eles exerceram um importante papel em minha formação como cristão. Durante a época que estava no colegial, fui encorajado pela família e amigos a participar regularmente de pequenos grupos de cristãos. Juntos nós estudávamos a Bíblia, orávamos, participávamos de vários ministérios. Prestávamos contas uns aos outros espiritualmente e de outras maneiras.

No curso dos anos, eu participei de pequenos grupos na faculdade, seminário, e na pós-graduação. Enquanto estava no seminário cumprindo minha formação teológica, me tornei mais consciente do vasto desenvolvimento de Wesley acerca de ministérios de pequenos grupos. Ele desenvolveu sociedades metodistas de homens e mulheres que se reuniam semanalmente a fim de complementar a adoração dominical nas igrejas anglicanas, fomentou encontros de aulas que consistiam de aproximadamente uma dúzia de cristãos que pudessem fornecer mais prestação de contas e serem responsáveis, e desenvolveu grupos (ou sociedades selecionadas) de participantes do mesmo sexo que desejavam responsabilidade mais rigorosa para a promoção de um viver santo. Wesley escreveu perguntas que poderiam ser regularmente feitas para provocar e capacitar os participantes a crescerem espiritualmente e a ministrar a outros, individual e coletivamente.

Em minha experiência, parece que quanto mais cobrado e responsabilizado eu me tornei com outros em um pequeno grupo, mais eficaz o processo se tornava em me ajudar a em minha nutrição como cristão. Eu cresci espiritualmente, intelectualmente, emocionalmente, e relacionalmente. Eu também cresci em termos de como ministrava e como concebia o ministério. Quanto mais interagia com cristãos em pequenos grupos, mais aprendia acerca da variedade de maneiras que existem para amar os outros de maneiras tangíveis, físicas e justas assim como também espirituais, com a qual eu estava mais familiarizado.

Contextos de pequenos grupos têm sido para mim o local no qual experimento o maior crescimento e empoderamento como cristão. Experiências de adoração dominicais também têm sido importantes em meu desenvolvimento espiritual, assim como outros programas eclesiásticos. Mas a vitalidade e visão para a vida cristã e ministério vieram muito mais de pequenos grupos e da interação um a um que eu tive com outros irmãos.

Tanto Wesley quanto Calvino estiveram bastante envolvidos em ministérios na igreja. Eles se sacrificaram e trabalharam individualmente ou coletivamente pelo bem da edificação dos cristãos como também para a glória de Deus. Naturalmente, suas abordagens com o ministérios eram diferentes, apesar das inúmeras semelhanças. Tais diferenças, contudo, foram significativas, e é importante entender suas respectivas prioridades e práticas.

A abordagem de Calvino com o ministério era mais formal, "de cima para baixo", e autoritária em orientação. Ele promoveu uma abordagem ministerial um tanto convencional, embasando-a na Bíblia, com ênfase no trabalho eclesiástico sendo feito "com decência e com ordem" (1Co 14.40). Os cristãos ministravam primariamente através da proclamação da palavra – a Bíblia – e administração adequada dos sacramentos, que comemoravam o triunfo da soberania e graça de Deus. Para Wesley, o ministério não estava limitado àqueles explicitamente descritos na Bíblia. O ministério precisava ser criativo e responsivo às necessidades das pessoas e sociedade, liderados pela presença da obra do Espírito Santo, que continua a conduzir e empoderar as igrejas como também as pessoas. Como resultado, Wesley foi mais inovador do que foi Calvino ao ministrar às necessidades humanas, especialmente empoderando o laicato na liderança ministerial.

Variedades de Ministério

Antes de eu investigar os ministérios de Wesley e Calvino, permita-me começar falando acerca das variedades de ministério na história da igreja. Todas as abordagens ao ministério reivindicam refletir a missão de Deus – a obra de Deus no mundo. Certamente, é Deus e não nós quem graciosamente concede o crescimento espiritual às nossas vidas e ministérios. Contudo, os cristãos buscam seguir obedientemente o chamado divino sobre nossas vidas, individualmente e coletivamente, para participar com Deus no ministério para com o mundo. A Bíblia, em particular, representa o manancial para conceber e implementar o ministério cristão conforme o Espírito Santo orienta e guia na implementação da missão de Deus.

Embora os cristãos olhem para a Bíblia na formulação de seu ministério, uma variedade de outros se desenvolveu na história da igreja. Aos custos de se fazer amplas generalizações acerca do ministério, várias abordagens são identificáveis. Por exemplo, alguns ministérios podem ser descritos como evangélicos, sacramentais, contemplativos, diligentes, de santidade, carismáticos, ecumênicos, e assim sucessivamente. Naturalmente, a maioria das abordagens ao ministério não podem ser caracterizadas simplesmente por uma das categorias supramencionadas. Duas ou mais destas categorias podem se aplicar a uma igreja ou denominação em particular, ou uma categoria pode predominar ao passo que outras representem ênfases secundárias ou terciárias. Idealmente, pode-se argumentar que todas as categorias acima citadas devem se aplicar ao menos a ministérios da igreja. Mesmo o apóstolo Paulo fala acerca da igreja como um corpo com "muitos membros, e todos os membros do corpo, embora muitos, são um corpo" (1Co 12.12; cf. 12.12-31). Esta analogia geralmente é aplicada às igrejas locais, mas ela também se aplica à igreja mundial. Com tal entendimento, diferentes igrejas (e denominações) podem empreender o ministério de forma que complementem – em vez de contradizerem – os ministérios de outras igrejas.

Juntas, as variedades de ministérios contribuem a uma unidade geral que é mais forte do que igrejas individuais (e denominações) podem realizar. Proporcionalmente, os diversos ministérios contribuem com a totalidade do ministério mundial. Assim sendo, ao comparar os ministérios de Wesley e Calvino, eu não digo que um está certo e o outro errado. Nem Wesley e Calvino representam a totalidade das tradições supracitadas de ministério. Ainda, a maneira como eles ministraram o que disseram acerca do ministério influenciaram poderosamente aqueles que seguiram sua liderança. Conforme o apóstolo Paulo disse: "Pelo contrário, os membros do corpo que parecem mais fracos são indispensáveis, e os membros que pensamos serem menos honrosos, tratamos com especial honra. E os membros que em nós são indecorosos são tratados com decoro especial" (1Co 12. 22-23).

Assim como existem variedades de ministério, existem também variedades de estilos de liderança. Esta variedade pode ser encontrada na Bíblia como também na história da igreja. Então eu não digo que uma abordagem em particular ao ministério ou liderança de ministério seja necessária, e que as demais sejam desnecessárias. Tal visão não é bíblica e nem razoável.

Por todo este livro, eu tentei dizer que Calvino é um gigante teológico na história da igreja, e sua liderança e contribuições teológicas para com o ministério não devem ser minimizadas. Contudo, apesar de suas excelências, Calvino não é o único modelo para os cristãos, incluindo os cristãos Protestantes. Ademais, nem todos que consideram Calvino como modelo ministerial ou de liderança na verdade o seguem. Em tais situações, eu defendo que Wesley representa um modelo mais persuasivo que muitos cristãos seguem sem, na verdade, perceber. Esta é a tese que argumentei por todo este livro.

A Visão Ministerial de Calvino

Calvino tinha estabelecido um entendimento formal de ministério, claramente apresentado nas *Institutas*. A partir de sua perspectiva, o ministério da igreja primariamente envolvia a proclamação do evangelho e a adequada administração dos sacramentos. Calvino falou sobre "Palavra e sacramento", expressão frequentemente usada para descrever sua visão de ministério – proclamar a "Palavra" de Deus e administrar adequadamente o batismo e a "Santa Ceia" ou "Ceia do Senhor".[195]

Sem dúvida, uma das maiores forças do entendimento ministerial de Calvino era a pregação. Em sua própria vida e ministério, ele pregou milhares de vezes, especialmente enquanto ministrou em Genebra. Não está claro se Calvino foi ordenado de maneira usual. O biógrafo John McNeill acredita que Calvino foi ordenado, ainda que ele admita que os detalhes da ordenação de Calvino são de certa forma quanto incertos.[196] Seja como for, o ministério primário de Calvino ocorreu através de sua pregação, ensino, escrita, e disse-

---

195 Calvino, *Institutes*, IV.xiv.11 (2.1286). Geralmente Calvino fala de "Palavra e sacramentos", se referindo ao ultimo termo no plural. Em relação ao segundo dos dois sacramentos, Calvino frequentemente fala da "Sagrada Ceia", mas ele também se refere a ela como "Ceia do Senhor".

196 John T. McNeill, *The History and Character of Calvinism* (New York: Oxford University Press, 1967), p. 136.

minação da Teologia Reformada. Naturalmente, Calvino não intencionava ser sectário, mas restaurar as igrejas à ortodoxia histórica. Como tal, ele deixou uma incrível tradição cristã de excelência na pregação bíblica, e os Protestantes têm se beneficiado de seu legado de proclamação do evangelho.

Além do mais, a ênfase sacramental de Calvino incluía os dois sacramentos, batismo e a ceia do Senhor, que se assemelhava a Lutero e a maioria dos reformadores. Estes sacramentos eram entendidos de maneira diferente da Igreja Católica Romana tanto em quantidade quanto em qualidade. Calvino enfatizava o quanto a "Palavra" – a Bíblia – esclarece como Deus oferece, garante, e sela a promessa do perdão divino através do sinal feito pelos elementos visíveis dos sacramentos: água, pão, e vinho. Calvino confirmou o batismo infantil, que "melhor está de acordo com a instituição de Cristo e natureza do sinal".[197] Além disso, Calvino afirmava a Ceia do Senhor como a "união com Cristo" e seu "fruto especial".[198]

Além destes ministérios, Calvino esteve envolvido em uma variedade de outras práticas eclesiásticas. Afinal de contas, ele tinha que ajudar os inexperientes Protestantes da Tradição Reformada a desenvolverem práticas eclesiásticas que já não eram mais extraídas do Catolicismo Romano. Por exemplo, Calvino trabalhou para desenvolver práticas litúrgicas e sacramentais que incluíam saltério, catecismo, e liturgias para batismo e a Ceia do Senhor. Ele escreveu orações para uso público como também orações para todos os seus sermões. Por fim, Calvino escreveu orientações para viver piedosamente a vida cristã, ética, e cuidado pastoral, tal como o aconselhamento daqueles em crise e visitação dos doentes e moribundos.

Apesar de Calvino não considerar a disciplina uma marca da igreja, conforme discutido no capítulo anterior, ela representava uma importante parte do ministério. A disciplina não se tornou uma marca da igreja até desenvolvimentos eclesiásticos posteriores entre Calvinistas, mas sua proeminência na tradição reformada é inegável. Então, se a disciplina é importante para o ministério, logo a atenção pastoral extensiva deve ser devotada para com pastores que exigem prestação de contas de seus membros por suas crenças, valores, e práticas. Semelhantemente, uma exaustiva atenção homilética deve ser dada ao polemismo contra aqueles que estão aquém do entendimento reformado

---

197 Calvino, *Institutes*, IV.xvi.1–32 (2.1324–59).
198 *Ibid.*, IV.xvii.2 (2.1361).

da Bíblia, e à punição, assim como o castigo para aqueles que pensam, falam e agem contrariamente a tal entendimento.

Durante o ministério de Calvino em Genebra, grande quantidade de atenção, tempo, e governo foi aplicada no sentido de assegurar o triunfo, por assim dizer, da Teologia Reformada na cidade suíça e além, especialmente em seu amado país de origem, a França. Calvino designou pastores para irem à França a fim de disseminar os ensinos das *Institutas* por todas as terras de fala francesa, e a Teologia Reformada de fato se disseminou por toda a Europa. Ele muito contribuiu com a sustentabilidade da Reforma, em face da Igreja Católica Romana, fornecendo tanto força na apologética Protestante quanto no polemismo. É um tributo à liderança de Calvino e a excelência de sua erudição cristã, especialmente conforme encontradas nas *Institutas*, que sua interpretação reformada da teologia cristã ortodoxa prevaleceu sobre outros ensinos Protestantes como também aqueles do Catolicismo.

Liderança e Ministério

Ao estabelecer liderança no ministério, Calvino apelou aos ensinos de Efésios 4.11: "Os dons que ele concedeu foram que alguns fossem apóstolos, alguns profetas, alguns evangelistas, alguns pastores e professores". Apesar de o contexto da passagem lidar com os "dons" divinos, Calvino também fala deles como "ofícios". Cinco ofícios são mencionados: apóstolos, evangelistas, pastores, e professores. Contudo, Calvino considerava os primeiros três ofícios limitados principalmente ao primeiro século. Somente os ofícios de pastor e mestre – dois ofícios inextricavelmente atrelados um ao outro foram considerados operando permanentemente na igreja. Calvino disse:

> A fim de que a pregação do evangelho possa florescer, ele depositou este tesouro na igreja. Ele instituiu 'pastores e mestres' (Ef 4.11) por cujos lábios ele possa ensinar os seus; ele os dotou de autoridade, por fim, ele nada omitiu a fim de que possa contribuir para a santa concordância de fé e ordem adequada.[199]

---

[199] *Ibid.*, IV.i.1 (2.1011–12).

A pregação e o ensino cristão eram muito importantes para Calvino tanto pela fé correta quanto pela ordem correta. Organização eclesiástica como também crenças adequadas ajudavam os pastores e professores a sustentar a precisão da igreja e ministério. Instrução acurada na Bíblia era especialmente importante para a sustentabilidade da igreja e para seu ministério. Calvino viu

> como Deus, que poderia em um momento aperfeiçoar os seus, contudo, deseja que eles cresçam em maturidade unicamente sob a educação da igreja. Vemos a forma estabelecida para tal: a pregação da doutrina celestial foi imposta sobre os pastores. Vemos que todos são trazidos sob a mesma regra, que com um espírito manso e ensinável eles possam permitir que eles mesmos sejam governados pelos professores designados para esta função. [200]

Calvino acreditava que o ministério representava uma função da providência de Deus. Assim como Deus é soberano sobre toda a criação, Deus é soberano sobre a igreja e o ministério. E Deus designou pastores e professores para servir em liderança. Então os crentes são dependentes, em sua direção e nutrição espiritual, deste elevado ofício pastoral e ensino. Em um sentido, pastores e professores eram entendidos como personificando os guardiães dos ministérios da Igreja. Naturalmente, a eficácia dela e seus ministérios depende da graça de Deus em vez de contribuições humanas em seu favor. Uma vez que somente Deus é, por fim, responsável pelo fruto dos ministérios da Igreja, podemos descansar seguros apesar dos aumentos e diminuições em tamanho e eficácia da igreja. Em cada circunstância, Deus deve ser louvado, uma vez que Deus tem o controle soberano sobre todos.

Calvino considerava os ofícios de apóstolo, profeta, e evangelista, mencionados em Efésios 4.11, como ofícios temporários porque eles primeiramente existiram para estabelecer a igreja no primeiro século. Como tal, suas funções ministeriais poderiam ser descritas como "de posição inferior".[201] Seus ministérios foram excepcionais e geralmente irrepetíveis, especialmente em razão da compilação final da Bíblia. Em se tratando dos ofícios de apóstolo, profeta, e evangelista, Calvino disse:

---

200 *Ibid.*, IV.i.5 (2.1017).
201 *Ibid.*, IV.iii.4 (2.1057).

De acordo com esta interpretação (que me parece estar em consonância tanto com as palavras quanto com as opiniões de Paulo), estas três funções não foram estabelecidas na igreja como permanentes, mas apenas para aquela época durante a qual as igrejas deveriam ser edificadas onde nenhuma antes existia, ou onde elas deviam ser levadas de Moisés à Cristo. Ainda assim, eu não nego que o Senhor, às vezes, tenha levantado em um período posterior apóstolos, ou ao menos evangelistas em seu lugar, como aconteceu em nosso próprio tempo. Pois havia necessidade de tais pessoas para liderar a igreja de volta de sua rebelião do Anticristo. Entretanto, eu chamo este ofício de "extraordinário", pois em igrejas adequadamente constituídas este ofício não tem lugar.[202]

De acordo com Calvino, os ofícios de apóstolo, profeta, e evangelista eram "extraordinários" ou funções ministeriais temporárias. Elas cessaram de existir após o primeiro século, ou são raras, no melhor dos cenários. John McNeill, que editou as *Institutas*, observa que Calvino pensava que Lutero funcionou como um apóstolo do "fim dos tempos" que confrontou a tirania do papado Católico Romano como o Anticristo.[203] Mas após os primeiros estímulos da Reforma, tais previsões escatológicas se extinguiram. Desta forma, as funções ministeriais de apóstolo, profeta, e evangelista – se elas realmente ocorrerem – serão cumpridas nos últimos dias da igreja pelo pastor que tem "exatamente o mesmo propósito".[204]

Cessacionismo

Às vezes, a visão de que Deus não mais confere alguns dos ofícios (ou dons divinos) aos crentes é referida como "Cessacionismo". Este Cessacionismo pode ser entendido de diversas maneiras. Em resumo, especificamente em

---

202 *Ibid.*
203 John T. McNeill, *Institutes* 2.1057, n. 4. McNeil diz: "Referindo principalmente a Lutero, a quem ele em outro lugar enaltece. Cf. *Calvin's Defensio adversus Pighium*, onde Lutero é chamado 'um distinto apóstolo de Cristo por cujo ministério a luz do evangelho brilhou' (CR VI. 250)."
204 Calvino, *Institutes*, IV.iii.5 (2.1058).

termos de ministério, tem a ver em como se acredita que certos fenômenos bíblicos tenham cessado no primeiro século, que pode incluir a cessação de milagres, curas, e dons do Espírito Santo como também os ofícios de apóstolo, profeta, e evangelista. Calvino realmente acreditava que os ofícios de apóstolo, profeta, e evangelista, que a Bíblia também escreve como "dons do Espírito Santo", tinham majoritariamente cessado após o primeiro século, exceto em casos bastante excepcionais. Entretanto, ele também acreditava na forma mais geral de cessacionismo, a saber, que os milagres e outras intervenções sobrenaturais divinas, tais como cura, tinham tanto cessado como também já não eram mais necessários ou espiritualmente frutíferos. Calvino disse que "o dom de cura, como os demais dos milagres, que o Senhor desejou realizar por um tempo, deixou de existir a fim de tornar a nova pregação do evangelho maravilhosa para sempre".[205]

Ao defender a cessação de obras miraculosas do Espírito Santo na vida aqui e agora, Calvino acreditava que ele elevava a obra do Espírito Santo na inspiração da Bíblia. É a Bíblia, e não qualquer pessoa ou igreja, que primariamente representa Deus, ao menos em toda maneira sobrenatural após o advento de Jesus Cristo e a obra apostólica dos cristãos do primeiro século. Deus pode, através do Espírito Santo, operar como quiser, mas Deus ordenou que o Espírito Santo opere usualmente através da Bíblia, que descreve a vontade de Deus para nós hoje. Porque Deus é soberano e todos os eventos são decretados por ele, Calvino não via mais necessidade de milagres, curas, e de quase a maioria – se não todos os – dons espirituais. Embasado no testemunho da Bíblia, somente a Bíblia (*sola Scriptura*) é considerada suficiente para as necessidades sobrenaturais que as pessoas têm hoje, uma vez que através dela Deus os orienta na verdade para interpretar os acontecimentos da vida.

Quais, então, são os papeis dos pastores e professores que cumprem ofícios permanentes do ministério? Calvino disse que pastores são responsáveis para pregar e administrar os sacramentos. Ademais, eles são responsáveis pela disciplina, especialmente de membros da igreja. Pastores são entendidos como sensíveis a um chamado divino em suas vidas – um "chamado secreto", que deve ser confirmado pela igreja.[206] O ministério pastoral é somente para homens, Calvino rejeitava que existe "um remédio extraordinário exigido pela

---

205 *Ibid.*, IV.xix.19 (2.1467).
206 *Ibid.*, IV.iii.11 (2.1063).

urgente necessidade", que permitiria às mulheres servirem formalmente na liderança da igreja.[207]

Para ajudar no ministério, professores (ou mestres/doutores) devem instruir os crentes na fé cristã. Esta era a função ministerial com a qual Calvino estava primariamente comprometido. Ao descrever o ofício do ensino, Calvino disse que "professores não são colocados como responsáveis pela disciplina ou administração dos sacramentos, mas apenas da interpretação escriturística – para manter a doutrina plena e pura entre os crentes".[208] Entre os vários ministérios nos quais ele investiu tempo, Calvino foi especialmente adepto da educação cristã, e mais notavelmente, escreveu o que ficou conhecido como *Catecismo da Igreja de Genebra, Sendo uma Forma de Instrução para Crianças*. Apesar de o catecismo ser particularmente útil para a transformação de crianças, ele ajudava as pessoas de todas as idades a aprender mais facilmente acerca das crenças, valores, e práticas reformadas. Em suporte adicional a seu ministério de ensino, Calvino fundou um *collège* e uma *académie*. O collège educou milhares de crianças de idade de ensino elementar, e a *académie* educou alunos avançados. Ambas as instituições educacionais estão funcionando até os dias de hoje como Colégio Calvino e a Universidade de Genebra, respectivamente.

Para auxiliar ainda mais no ministério eclesiástico, Calvino discutiu dois ofícios permanentes adicionais: presbíteros (ou governantes) e diáconos. Primeiro, presbíteros eram escolhidos do laicado para compartilhar da liderança, que incluía a disciplina dos membros da Igreja. Alguns presbíteros ensinavam, e outros não. Seu papel primário era governar o bem-estar da igreja e seus ministérios. Segundo, os diáconos eram indicados para cuidar das questões práticas, incluindo o cuidado do pobre como também dos membros da congregação. Desta forma, apesar de algumas qualificações, Calvino geralmente falou acerca de três, sendo quatro ofícios que permanentemente representam o ministério eclesiástico: pastores, professores, presbíteros, e diáconos. Esta estrutura de liderança era entendida como para persistir no cumprimento de vários ministérios da igreja. Apesar de Lutero ter advogado o sacerdócio de todos os crentes, a abordagem de Calvino com a Igreja e ministério colocava toda a principal ênfase sobre a autoridade dos pastores, professores, e presbíteros para liderar no sustento da obra da missão de Deus no mundo.

---

207 *Ibid.*, IV.xv.21 (2:1321–22).
208 *Ibid.*, IV.iii.4 (2.1057).

A Visão Ministerial de Wesley

Wesley foi um anglicano leal por toda sua vida. Ele acreditava que o ministério acontecia através da superintendência da Igreja da Inglaterra, que era governamentalmente episcopal em estrutura. Wesley foi ordenado aos vinte e três anos de idade, e então trabalhou como tutor na Universidade de Oxford. Ele desempenhou todos os ofícios do clero, pregando e presidindo os sacramentos. Como os reformadores continentais, os Anglicanos afirmavam dois sacramentos: batismo e a ceia do Senhor. Após um breve período como missionário na colônia americana da Geórgia, Wesley teve sua experiência de Aldersgate. Logo após o avivamento Metodista que se iniciou. No início, ela incluiu pregação ao ar livre – a qual foi apresentada a Wesley pelo evangelista George Whitefield – antes de Whitefield ter partido para as colônias americanas. Apesar de primeiro se sentir repelido pela ideia de pregar fora das portas de um prédio de igreja, Wesley posteriormente ajudou a converter milhares de pessoas. Ele notoriamente disse, "considero *todo o mundo como minha paróquia*", quando os líderes anglicanos o desafiaram acerca do porque ele desempenhava um ministério de pregação nada tradicional.[209]

Ao passo que o avivamento Metodista cresceu, Wesley reconheceu a necessidade de discipular novos (e existentes) crentes de maneira que os ministros convencionais das igrejas fracassavam na missão de discipular. No curso do tempo ele desenvolveu uma variedade de conferências cristãs (ou pequenos grupos), embasados primariamente sobre as necessidades espirituais do laicato. Wesley começou com encontros semanais chamados por ele chamava de "sociedades metodistas". Estas funcionavam muito como os cultos de meio de semana realizados na igreja hoje. Mas na época, cultos de meio de semana eram vanguardistas, e eles ajudaram a suprir as necessidades dos cristãos desejando ainda mais intimidade em oportunidades de adoração e ministério do que estava disponível nas igrejas aos domingos pela manhã.

Para todas as sociedades Metodistas, Wesley acrescentou encontros de classe, que permitiam que homens e mulheres tivessem mais íntima comunhão e responsabilidade por aqueles interessados em praticar os vários meios de graça. Novamente, Wesley acreditava que Deus instituiu uma variedade de meios de

---

209 Wesley, carta a "Dear Sir" (desconhecido), citado por Wesley em seu *Journal*, 11 de junho de 1739, *Works*, 19.67.

graça na Bíblia, incluindo a oração, estudo bíblico, jejum, e ministério com os pobres. Encontros de classe consistiam de cerca de dez a vinte cristãos, e fornecia um contexto frutífero para crescimento espiritual e ministério. Por fim, para aqueles especialmente comprometidos com o viver santo, Wesley desenvolveu grupos (ou sociedades selecionadas) cada um contando com menos de dez membros do mesmo sexo. Os membros tinham um ao outro em alta estima de responsabilidade espiritual, fazendo perguntas espirituais íntimas toda semana. Quando Wesley disse que "não há santidade exceto santidade social", ele quis dizer que o viver santo não acontecia realmente sem comunhão corporativa e responsabilidade.[210] Assim como Jesus Cristo intimamente nutriu os discípulos em um pequeno grupo, Wesley estava convencido de que os vários encontros que ele organizava eram cruciais para o crescimento espiritual como também para o ministério eficaz. Realmente, os vários pequenos grupos eram a principal forma que os Metodistas ministravam através do evangelismo, discipulado, e ministérios de compaixão.

Wesley não estabeleceu desafiar o *status quo* da Igreja da Inglaterra. Realmente, ele tentou cooperar com a liderança Anglicana, com o melhor de suas forças por toda a sua vida. Por outro lado, seja como for, Wesley não se abstinha de desafiar o *status quo* eclesiástico caso acreditasse que houvesse necessidades reais genuínas. O desejo de Wesley de ministrar o levou à experimentação que ele exibia na pregação ao ar livre, desenvolvimento de conferências cristãs, e foco no viver santo. Wesley queria empoderar o ministério de qualquer forma que ele pudesse, e este objetivo exigia disposição para avaliar o contexto social da sociedade como também das pessoas, e então responder com maneiras que fossem criativas como também fiéis ao Cristianismo bíblico.

Parte do que impelia as práticas ministeriais criativas de Wesley era sua crença na iminente presença e obra ativa do Espírito Santo. Diferente de Calvino, Wesley não pensava que a Bíblia continha o principal depósito do envolvimento do Espírito Santo no mundo hoje. Pelo contrário, o Espírito Santo concede "dons espirituais" como também "fruto espiritual" aos crentes, e se espera que eles sejam usados de quaisquer maneiras que eles puderem em expressões de amor a Deus e aos outros.[211] Wesley estava longe de ser cessacionista, em vez disto, suas visões eram mais como tem sido chamada, teologicamente falando, "continuísmo".

---

210 Wesley, "Preface," *Hymns and Sacred Poems, Works* (Jackson), 14.321. A citação inteira de Wesley diz: "O evangelho de Cristo não conhece religião alguma, senão social, santidade alguma, senão santidade social".
211 Referências aos dons espirituais s encontram em Romanos 12. 6-8; 1Coríntios 12. 4-11, 28; e Efésios 4. 11; referências ao fruto do Espírito se encontram em Gálatas 5. 22-23.

Naturalmente, Wesley não fez uso deste tipo de jargão teológico, mas ele certamente pensava que o Espírito quer operar ativamente hoje em e através das vidas dos crentes – para empoderá-los no ministério.

Às vezes Wesley chocou as pessoas em razão de suas abordagens engenhosas para com o ministério, com a urgência que as circunstâncias da vida necessitavam. Conforme mencionado no capítulo anterior, Wesley enfrentou um estado incomum de acontecimentos nas colônias americanas após a Guerra Revolucionária. Durante a guerra, o governo britânico havia removido os pastores anglicanos, e os novos Estados Unidos da América carecia de pastores para liderar as muitas igrejas vagas. Uma vez que os líderes Metodistas haviam fielmente servido as igrejas Anglicanas, eles geralmente assumiram a liderança de congregações locais.

Conforme a influência Metodista crescia no novo país, Wesley supervisionava a indicação de pastores e, por fim, bispos nas recém-fundada Igreja Episcopal Metodista, em razão da necessidade de liderança pastoral. Naturalmente, a Igreja da Inglaterra estava infeliz com várias das decisões eclesiásticas inovadoras de Wesley. Mas ele acreditava que circunstâncias extraordinárias exigiam decisões extraordinárias, e estava disposto a tomá-las caso outros falhassem em assim o fazer. Com o tempo, Wesley como também o Metodismo recebeu aceitação e aprovação da Igreja da Inglaterra, ainda que relutantentemente.

Liderança Empoderadora

Uma das maiores contribuições de Wesley com o ministério foi a designação de ministros leigos, que lideravam a maioria das conferências cristãs Metodistas. Uma vez que as conferências surgiram separadamente das estruturas eclesiásticas da Igreja da Inglaterra, Wesley empoderou o laicato para oferecer liderança primária nos ministérios. Ademais, o crescimento dos avivamentos Metodistas haviam sido incríveis, não havia ministros ordenados suficientes para cuidar de todos. Como resultado, alguns ministros leigos se tornaram viajantes itinerantes de uma sociedade Metodista à próxima, ministrando às várias necessidades dos pequenos grupos. Em particular, os ministros leigos foram fundamentalmente instrumentais na evangelização e discipulado de novos convertidos ao Cristianismo. Se pastores ordenados eram necessários entre os Metodistas, por exemplo, para funções ministeriais e sacramentais, então Wesley os enviava às respectivas sociedades.

Talvez uma das práticas mais ousadas que Wesley inaugurou foi a designação de mulheres como líderes leigas, e isto não tinha precedentes na história da igreja. Wesley estava bastante consciente da controvérsia potencial que isto traria sobre as líderes mulheres do avivamento Metodista. Encorajado por sua mãe, Susanna Wesley, ele designou líderes mulheres nas sociedades, uma vez que Wesley pensava que os dons e talentos do Espírito Santo eram conferidos tanto sobre mulheres como também para homens. A Bíblia contém ensinamentos que parecem proibir a liderança feminina na igreja, contudo, sob reexame dos textos bíblicos, Wesley pensava que a trajetória do ensinamento sobre o assunto de mulheres na liderança apoiava seu empoderamento ao ministério formal. Líderes mulheres leigas responderam à oportunidade, e ministério eficaz se deu através de mulheres que lideravam mulheres nos encontros de classe e grupos.

Wesley proveu forte liderança no cuidado pelos pobres por toda sua vida. Ativismo social cristão não era peculiar apenas a Wesley, mas o cuidado pelos pobres tem sido frequentemente negligenciado na história da igreja em seus ministérios eclesiásticos. Wesley pensava, contudo, que deveria haver preferência especial para ministrar aos pobres – "o pobre de Cristo" – embasado nas centenas de versículos na Bíblia que ordenam o cuidado por eles.[212] Ele enfatizou os ministérios de compaixão desde os primórdios do Clube Santo em Oxford, que precedeu o avivamento Metodista. Os ministérios de compaixão incluíam a provisão, comida, vestimentas, e dinheiro para o pobre, visitação a presos, a fundação de um orfanato com uma educação de baixo-custo para crianças.

Para Wesley, o pobre incluía mais do que aqueles que eram financeiramente desafiados. Incluía qualquer um que fosse desafiado fisicamente, socialmente e politicamente. Prisioneiros, por exemplo, eram aqueles que, sim, eram culpados de crimes. Mas eles sofreram desumanamente e desnecessariamente em razão das horríveis condições nas prisões britânicas. Wesley também se tornou indignado acerca do comércio escravo. As pessoas não deveriam escravizar as outras, forçando seres humanos a suportarem condições de vida não sanitárias, famílias divididas, abuso físico e ocasiões recorrentes de morte para aqueles que resistiam.

Além dos ministérios de compaixão que cuidavam dos sintomas da pobreza e injustiça, ministérios de advocacia cuidavam das causas de seu

---

212 Em "um comentário introdutório" ao sermão de Wesley "The Use of Money," Outler disse: "Estas massas eram o circulo escolhido por Wesley: 'o pobre de Cristo'"; vide *Works*, 2.263.

empobrecimento. Consequentemente, Wesley se engajou na defesa em prol de reformas presidiárias e abolição. Por exemplo, ele publicou um panfleto chamado *Pensamentos sobre Escravidão*, no qual disse: "Liberdade é o direito de toda criatura humana, tão logo ela respirar o ar vital; e nenhuma lei humana pode privá-la deste direito que ela obtém da lei da natureza".[213] Em sua última carta conhecida, Wesley escreveu ao abolicionista William Wilberforce, encorajando-o a continuar seu trabalho no Parlamento Britânico para mudar as leis que escravizavam e traficavam vidas humanas.[214]

Conclusão

Tanto Wesley quanto Calvino desafiaram o *status quo*, por assim dizer, em seus respectivos ministérios. Calvino, juntamente com outros reformadores, se opôs à hegemonia eclesiástica do Catolicismo Romano, triunfando sobre as crenças, valores, e práticas Católicas de sua época e local que fugiam a prática cristã geral. Contudo, ele também preservou o *status quo* da Teologia Reformada que havia herdado, em grande parte, de Zwínglio e outros reformadores suíços, particularmente na Tradição Protestante Reformada, embora fosse persistente apologética e polemismo contra aqueles que discordavam de sua visão de ortodoxia dentro e fora do Protestantismo. Semelhantemente, poderia ser dito que Wesley preservou o *status quo* do Anglicanismo, já que ele não se propôs a ser biblicamente ou eclesiasticamente inovador. Contudo, em resposta às necessidades das pessoas e sociedade, Wesley desafiou a forma como cristãos viam a experiência religiosa, pelo menos, ao avaliar a cultura contemporânea e então responder a ela de maneira que biblicamente ministrasse às necessidades de todos, individual e coletivamente. Wesley respondeu criativamente às necessidades espirituais e físicas das pessoas enquanto permanecendo fiel ao evangelho.

Apesar de ambos terem contribuído para o ministério das igrejas, Wesley e Calvino comportaram-se notavelmente de maneiras diferentes. Calvino abordou o ministério de uma maneira mais de cima para baixo, autoritária, talvez até triunfalista que focava na manutenção da igreja por meio de uma liderança

---

213 Wesley, "Thoughts upon Slavery," V.6, *Works* (Jackson), 11.79.
214 Wesley, carta "To William Wilberforce," 24 de fevereiro de 1791, *Letters* (Telford) 8.264–65.

separada especificamente, educada para pregar e administrar os sacramentos. Suas maiores preocupações tinham a ver com a preservação da fidelidade teológica à Bíblia, conforme entendida pela tradição reformada – através da palavra e sacramento – do que ministrar criativamente às necessidades das pessoas. Assim sendo, Calvino dispendeu grande parte de seu tempo proclamando e defendendo a ortodoxia, e polemizando contra aqueles que discordavam da interpretação Reformada da tradição cristã ortodoxa. Polemismo e apologética certamente são necessários na igreja, mas sua predominância ministerial pode ser problemática. Novamente, a abordagem de Calvino ao ministério tinha muito a ver com manter a pureza da proclamação do evangelho e administração dos sacramentos, mas ela se deu de uma maneira um tanto quanto controladora. Ele enfatizava pastores e professores como guardiães das pessoas através de um disciplinarismo que desencorajava o questionamento e soluções inovadoras às necessidades das pessoas senão através da educação teológica de amplo escopo.

Em contrapartida, Wesley abordou o ministério de uma forma que era mais amplamente favorável a maneiras inovadoras, contudo, biblicamente sãs, de atender as necessidades das pessoas e da sociedade. Ao empoderar tanto os leigos quanto o clero, incluindo o empoderamento de mulheres na liderança, Wesley expandiu vastamente os ministérios através dos quais as igrejas ministram, incluindo ministério àqueles que são empobrecidos tanto fisicamente quanto espiritualmente. Em todas estas questões ministeriais, Wesley acreditava que ele não somente era fiel à Bíblia, mas que também incorporava a missão de Deus através da abertura à presença e poder contínuos do Espírito Santo.

Discussão

1. Como você entende a natureza do ministério cristão?

2. Como Calvino contribui para um entendimento de ministério cristão? Você gosta de sua ênfase na pregação e administração dos sacramentos? E a ênfase na disciplina eclesiástica, apologética e polemismo?

3. De quais formas a visão de Calvino de ministério parece autoritária, "de cima para baixo" e triunfal?

4. Como Wesley contribui com o ministério cristão? Você gosta de sua ênfase nas conferências cristãs, ou pequenos grupos? Você já se beneficiou de pequenos grupos?

5. De que maneiras a visão ministerial de Wesley parece empoderadora aos leigos? Às mulheres? A quem mais?

6. O que seria benéfico hoje a fim de melhorar os ministérios eclesiásticos? Quais práticas ministeriais devem mudar ou ser eliminadas? Quais práticas ministeriais deveriam ser acrescentadas?

Conclusão

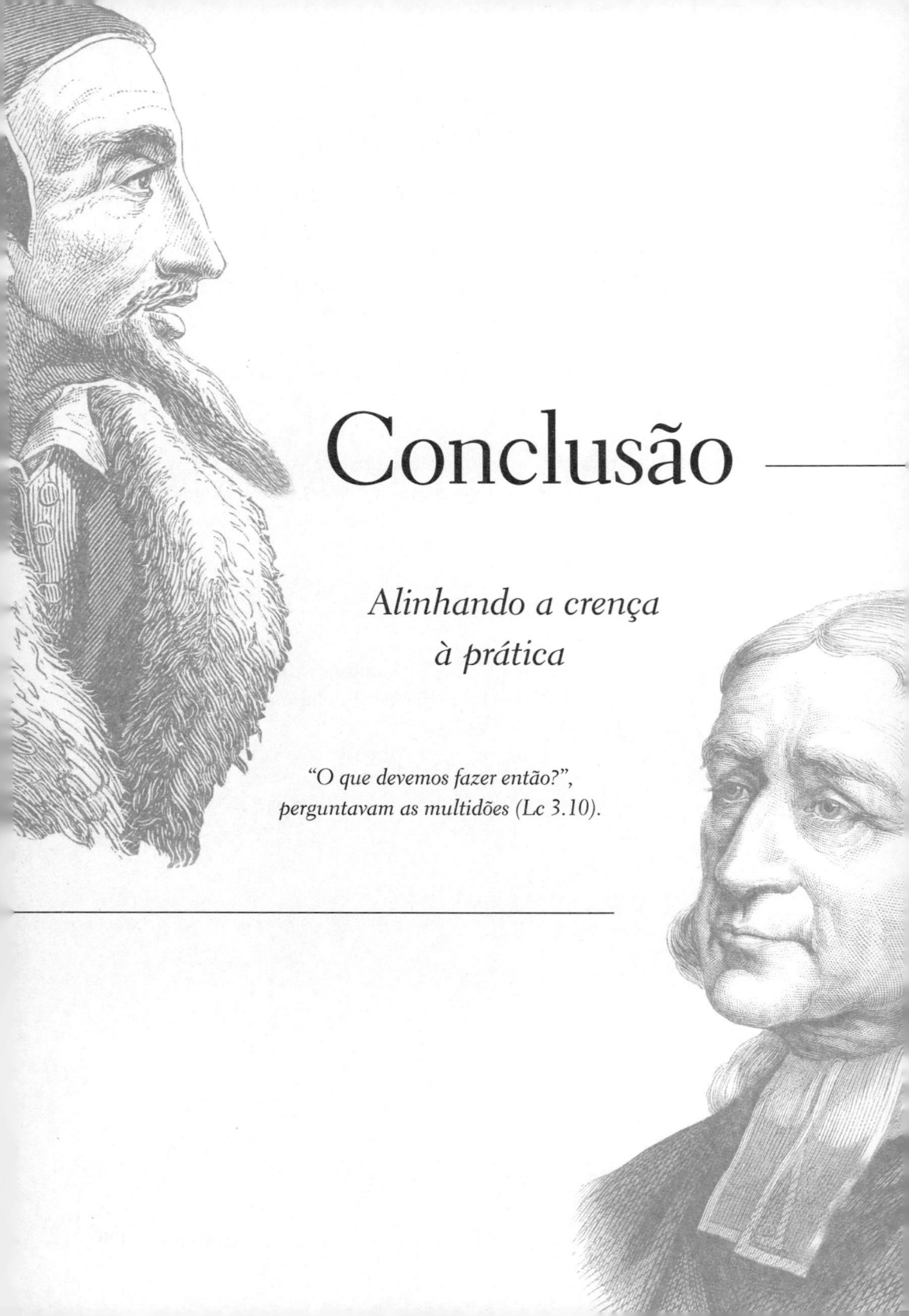

Alinhando a crença
à prática

*"O que devemos fazer então?",
perguntavam as multidões (Lc 3.10).*

Quero lembrar aos leitores que o propósito deste livro é afirmar as crenças, valores, e práticas de João Wesley, e não denegrir os de Calvino. Wesley foi – e continua a ser – um astuto intérprete bíblico, pensador teológico, e líder eclesiástico, que nem sempre é bem entendido. Existe uma variedade de razões para isto. Não é porque as tradições Metodista e Wesleyana não cresceram numericamente. De fato, o crescimento eclesiástico tem sido significativo por todo o mundo desde a época de Wesley, e sua influência continua a inspirar cristãos e igrejas. Contudo, Wesley nem sempre é seguido, parte em razão de uma percebida falta de sofisticação teológica sistemática.

Contudo, a natureza sistemática da teologia de Calvino é bem conhecida, e ela corretamente tem representado um poderoso impacto nos estudos bíblicos e teológicos de cristãos e igrejas em todo o mundo. Na verdade, entre Protestantes, provavelmente ninguém teve maior impacto no desenvolvimento intelectual do Cristianismo do que Calvino. Seu livro *Institutas da Religião Cristã*, sozinho representa um dos mais influentes livros da história da Igreja.

Apesar da excelência da teologia sistemática de Calvino, eu mantenho que a maioria dos cristãos não vive da maneira que ele conceituou o Cristianismo em sua vida e escritos. Esta incoerência inclui muitos que se denominam Calvinistas ou que são parte da Tradição Reformada que acompanha Calvino. Mas qual a razão desta inconsistência? Ela é, em parte, atribuída ao fato de que alguns cristãos valorizam a uniformidade intelectual ou conceitual de um sistema teológico mais do que eles realmente vivem tal sistema na prática. No entanto, a vida em geral pode ser desordenada, e a vida cristã em particular está repleta de mais mistérios espirituais do que ela pode ser sistematizada, humanamente falando. A fim de compensar por essa desordem do Cristianismo, as pessoas são atraídas ao que parece ser uma teologia autocontida, ainda que eles vivam de maneiras bem diferentes da lógica de suas crenças e valores afirmados. Tais pessoas não são necessariamente hipócritas – isto é, elas não intencionam ser.

Todavia, podem comumente experimentar tensão (ou um senso de desconexão) entre suas crenças e práticas, ou entre o que em outro lugar eu descrevo como a tensão entre a teoria e a prática. Afinal, é difícil ser cristão no abstrato sem ser capaz de harmonizar – conscientemente, muito menos inconscientemente – porque nossas crenças e valores podem estar tão fora de sintonia com a vida como a conhecemos e vivemos.

Para tais pessoas, eu encorajo um reexame da Bíblia como também de si mesmas, por mais atraente que a teologia sistemática possa ser com sua reivindicação de ter uma explicação lógica para todas as questões que alguém possa fazer. Quão fascinante a teologia sistemática pode ser se ela não corresponder de forma alguma com o que a Bíblia tem a dizer acerca de Deus e a salvação, e também se não corresponder à vida como vivida de fato pelas pessoas?

Alinhando mais do que Crença à Prática

Escrevi este livro a fim de dizer que Wesley apresentou o Cristianismo bíblico e a vida cristã de maneiras bem mais semelhantes ao modo que os cristãos vivem do que Calvino conseguiu apresentar. Se crentes, especialmente aqueles que são Protestantes, querem alinhar mais suas crenças e valores à maneira como vivem, então eles fariam muito bem em olhar mais para Wesley do que para Calvino. O que Wesley carecia em desenvolvimento sistêmico, ele compensava pela prática com frutífero desenvolvimento da fé e ministério.

Muitíssimas pessoas vivem o que Sócrates descreveu como a "vida não examinada". Em resposta, ele desafiava as pessoas: "conheça a si mesmo!" O mesmo pode ser dito dos cristãos. Aqueles que reivindicam seguir Wesley ou Calvino podem fazê-lo em razão de criação, hábito, ou preguiça intelectual. Naturalmente, tornar-se reflexivo do desenvolvimento moral e da fé de um líder também está relacionado ao desenvolvimento psicológico e cognitivo de alguém. Seja como for, eu encorajo os cristãos a pensarem mais acerca do que acreditam e seu relacionamento com o melhor de como vivem na prática. Permita-me indagar: Suas crenças suportam suas práticas, ou suas crenças te confundem e te frustram mais do que fornecem clareza e auxílio? É difícil, eu percebo, considerar o prospecto de mudar a crença de alguém. A mudança sempre nos tira, por assim dizer, de nossas "áreas de conforto". Contudo, a vida envolve assumir riscos todos os dias, e as questões teológicas discutidas neste livro são importantes demais para serem ignoradas. Elas exigem que nos tornemos mais intencionais acerca de como alinhar a autenticidade e validade de nossas práticas cristãs com nossas crenças e valores.

Agora, naturalmente, alguns leitores podem concordar que as pessoas vivem mais da maneira que Wesley, e não Calvino, descreveu o Cristianismo. Mas, eles perguntariam, "Não é este o problema? Os cristãos vivem mais como Wesley do que como Calvino!" Em particular, os seguidores de Calvino podem argumentar que os seguidores de Wesley inadequadamente levam em consideração, teologicamente falando, a soberania de Deus ou a depravação total da humanidade. Bem, talvez este seja o caso, caso acredite que o sistema de crença de Calvino suplante todas as outras considerações bíblicas e da vida real. Certamente, a excelência cognitiva da teologia sistemática de Calvino tem sido, historicamente falando, o mais forte argumento para afirmar a Teologia Reformada. Entretanto, eu não estou convencido de que o Cristianismo seja primariamente uma questão de cabeça em face ao coração. Certamente, há uma dimensão cognitiva a ser encontrada em Wesley, assim como há uma dimensão afetiva encontrada em Calvino. Mas argumento que Wesley mantém em sintonia a importância da cabeça e coração melhor do que Calvino o faz.

Tanto Wesley quanto Calvino reivindicaram ser bíblicos, certamente. Mas eles também interpretaram partes cruciais da Bíblia de maneira diferente. Por exemplo, eu replico que Calvino concebeu a fé cristã mais em termos de excelência intelectual, verdade, e doutrina, ao passo que Wesley concebeu a fé cristã mais em termos de excelência relacional, amor, e capacitação. Isto não significa que Calvino não estava preocupado com excelência relacional, amor, e capacitação, e que Wesley não estivesse preocupado com excelência intelectual, verdade, e doutrina. Mas Wesley era mais relacional em orientação do que Calvino. Amor e capacitação para crescer espiritualmente eram mais fortes em Wesley do que em Calvino. Uma forma que eu coloco no livro era que Calvino estava mais orientado pela *ortodoxia* (crenças corretas), ao passo que Wesley era mais orientado pela *ortopraxia* (ações corretas) e *ortocardia* (corações corretos). Certamente, esta comparação tem mais a ver com ênfases do que distinções categóricas da relação "ou isto ou aquilo". Mas ênfases diferentes geralmente fazem toda a diferença em termos de como entendemos não apenas nosso Cristianismo, também nosso relacionamento com Deus, conosco mesmos, e com outros, individualmente ou em sociedade.

Oito Razões

Neste livro, eu apresento oito capítulos comparando e contrastando Wesley e Calvino. Em um sentido, eu forneço oito razões que explicam por que Wesley é mais representante e porta-voz do Cristianismo e da vida cristã do que é Calvino. Naturalmente, existem outras maneiras que Wesley e Calvino podem ser contrastados, e, naturalmente, ainda existem outras maneiras que eles podem ser comparados em concordância um com o outro. Realmente, eles concordam entre si mais do que discordam. Mas nestas discordâncias é que descobrimos o que fez tanto Wesley quanto Calvino serem únicos e também influentes entre cristãos subsequentes. Assim sendo, precisamos focar nas características distintivas mais do que qualquer coisa, a fim de avaliar o quão influentes eles devem ser em termos de como cremos, valorizamos, e praticamos hoje como cristãos.

Vamos considerar novamente as oito razões pelas quais Wesley é um porta-voz mais representantivo do Cristianismo bíblico e da vida cristã do que Calvino é. A seção seguinte representa um resumo dos oito capítulos supramencionados.

1. Deus: Mais Amor do que Soberania

Tanto Wesley quanto Calvino acreditavam no poder soberano e majestade de Deus. Mas Calvino colocada ênfase demasiada no poder, providência, e predestinação, de sorte que minimizava outros importantes atributos divinos. Wesley enfatizava o amor de Deus em como Deus se relaciona com a humanidade. O amor de Deus não nega seu poder, majestade e glória, e tais atributos divinos devem ser considerados para afirmar o potencial das pessoas para o relacionamento com Deus em vez de minimizá-los. Afinal, Deus quer redimir as pessoas do pecado a fim de que elas possam tornar-se pessoalmente reconciliadas com ele. Para Wesley, é importante para as pessoas pensarem em Deus como um pai amável – alguém que se importa conosco com as melhores qualidades de paternidade em mente. Um pai permanece forte e impressionante, especialmente em relacionamento com os filhos quando estes são jovens. Mas, mais do que qualquer outra coisa, um pai quer aumentar em relacionamento com os filhos ao passo que eles crescem e amadurecem, assim como Deus quer estar em relacionamento amável conosco.

Como você vê Deus? A maneira que você concebe Deus, afeta significativamente como você vive sua vida aqui e agora, assim como afeta a forma de você se relacionar espiritualmente com Deus. Você vê Deus como um ser todo poderoso cuja majestade transcendente e glória ultrapassam todo o entendimento? Algumas pessoas têm esta imagem de Deus, mas tal visão transcendente – tão grande e assombrosa como é – pode ser excessiva, portanto, frustrando qualquer esperança de relacionamento com um Deus que é por demais distante deles. Sem negar a soberania de Deus, Wesley enfatizou o quanto é importante conceber Deus em termos de amor, graça, misericórdia, perdão e transformação. Tal concepção não nega a santidade, retidão, justiça e julgamento de Deus. Se todos os atributos supramencionados são importantes para concebermos Deus, o mesmo pode ser dito de como concebemos Deus como pai, considerando o melhor da paternidade. Mas Wesley acreditava que tanto a Bíblia quanto a experiência enfatizam o firme amor de Deus como preeminente para uma concepção saudável dele e de um relacionamento com ele.

2. Bíblia: Mais Fundamento Primário do que Autoridade Exclusiva

A visão de Calvino sobre a autoridade bíblica tem sido descrita como *Sola Scriptura* – somente a Escritura. É verdade que a Bíblia representava sua autoridade religiosa primária, embora Calvino estudasse a Bíblia à luz da produção cristã histórica, como também do raciocínio lógico e sistemático. Wesley, contudo, desenvolveu seus estudos bíblicos através de uma tradição Anglicana, que enfatizava a primazia da autoridade bíblica juntamente com a autoridade religiosa da tradição da igreja e pensamento crítico. A estas autoridades religiosas, Wesley acrescentava a experiência, que incluía experiência religiosa pessoal e outras experiências de natureza científica e social. Ele não pensava que estivesse fazendo nada teologicamente inovador, em vez disto, Wesley pensava que estava explicitando o que os cristãos sempre fizeram, a saber, adotando uma abordagem contextual à teologia e ministério, com a Bíblia com sua autoridade religiosa primária.

Como você toma decisões teológicas, éticas, e ministeriais? Você usa somente a Bíblia? Ou, o seu processo de decisão é mais complexo, ao fazer uso de uma variedade de considerações – passado, presente, e futuro – para entender e aplicar a Bíblia às questões, preocupações, e obrigações da vida real?

Para Wesley, era ingênuo pensar que a Bíblia era a única autoridade religiosa na qual os cristãos poderiam apelar. Desta forma, não é uma questão de *se*, mas *quando* outras autoridades religiosas entram em jogo em nosso processo de tomada de decisão. Em vez de perpetuar o mito de usar a Bíblia somente, Wesley considerava mais sábio decidir acerca de como as várias autoridades religiosas devem ser utilizadas, conquanto que a autoridade bíblica permaneça primária.

3. Humanidade: Mais Liberdade do que Predestinação

A crença de Calvino na soberania divina enfatizava o governo todo poderoso de Deus quanto às questões das pessoas, até as mais particulares. Deus decretou antes da fundação do mundo um plano para a criação e para as pessoas e estes decretos de Deus são invioláveis. Assim sendo, as pessoas – que são tanto finitas quanto pecaminosas – devem humildemente submeter-se ao cuidado providencial de Deus em tudo o que acontece na vida. Afinal, por si mesmas, elas são incapazes de realizar qualquer coisa de significância eterna. Mas graças a Deus, uma vez que o Senhor elege algumas pessoas para a salvação, elas podem ser redimidas de seu estado de existência totalmente depravado.

Wesley concordava que as pessoas são pecaminosas e que não podem salvar a si mesmas. A salvação acontece pela graça através da fé. Contudo, esta fé que as pessoas têm representa um ato de volição não coagido. Por meio da graça preveniente de Deus as pessoas podem escolher aceitar o dom de salvação, ou escolher rejeitá-lo. Calvino, contudo, concebia a fé como aquela que é compatível com a vontade de Deus. As pessoas não podem possivelmente frustrar a Deus, uma vez que isto representaria uma diminuição da soberania dele. Wesley discordava. Ele não pensava que a soberania de Deus lhe impedia de autolimitar o poder sobre as pessoas de sorte que elas pudessem genuinamente decidir escolher ou rejeitar a oferta de vida eterna. Tal decisão pode ser iniciada, capacitada, e completada pela graça divina. Contudo, Wesley acreditava que as pessoas podem e devem tomar decisões de seu próprio livre-arbítrio (ou graça livre, conforme Wesley preferia chamá-la) nesta vida. Então nossas decisões aqui e agora se tornam extremamente importantes, algumas delas têm significado eterno. Na verdade, as pessoas não têm liberdade concernente a muitas questões na vida. Como tal, elas não devem pensar que seus futuros estão tão determinados pela ordem divina que não possuem responsabilidade ou esperança pelas decisões que tomam aqui e agora.

4. Graça: Mais Preveniente do que Irresistível

Deus opera graciosamente nas vidas das pessoas. A graça representa favor divino como também a capacitação para salvação e o viver cristão. Calvino afirmou os princípios da Reforma da salvação pela graça somente (*sola gratia*) e fé somente (*sola fidei*). Ele considerava a graça divina como eficaz – isto é, que as pessoas não podem resistir à obra de Deus em suas vidas por sua justificação, santificação, e glorificação. Em razão da finitude e pecado delas, Deus deve ser visto como a causa abrangente do bem estar das pessoas, uma vez que elas nada podem fazer para merecer ou ganhar a vida a eterna.

Wesley também acreditava na salvação pela graça através da fé. Contudo, ele acreditava que a graça divina era condicional. Isto é, Deus não opera irresistivelmente nas vidas das pessoas. Em vez disto, Deus escolhe operar prevenientemente em relacionamento com elas. A graça preveniente capacita a liberdade das pessoas a escolher a justificação, santificação e outras questões da vida. Deus realmente elege as pessoas para a salvação, mas a eleição está embasada na presciência divina em vez de nos decretos irresistíveis de Deus determinados antes da fundação do mundo. As pessoas podem não ter completa liberdade de escolha, uma vez que elas ainda estão impedidas pela finitude humana e o pecado, ademais, seu livre-arbítrio não é uma potencialidade natural, uma vez que as escolhas são capacitadas pela graça preveniente de Deus. Mas as pessoas têm constante acesso à graça divina através da presença da obra do Espírito Santo. Portanto, elas precisam estar atentas ao Espírito de Deus como também à Bíblia e ao ensino cristão, uma vez que Deus as capacita a ter uma medida genuína de liberdade para escolher a salvação, amar a Deus, e amar seu próximo como a elas mesmas.

5. Salvação: Mais Ilimitada do que Limitada

Calvino acreditava que, dadas às horrendas circunstâncias da humanidade pecaminosa, Deus amou o mundo de tal maneira que a provisão foi feita para a expiação das pessoas através da vida, morte, e ressurreição de Jesus Cristo. Jesus representava um substituto para os pecadores, e através dele a salvação tornou-se possível. Aqueles a quem Deus elegeu para a vida eterna antes da fundação do mundo recebem o benefício da expiação de Jesus. Os seguidores de Calvino afirmavam uma expiação substitutiva, mas pensavam que esta deve ser limitada apenas aos eleitos. Embora Calvino não tenha explicitamente afirmado a crença na expiação limitada, a implicação aparece em todos os seus escritos. Uma vez que Deus elege alguns para a salvação e reprova outros para a condenação eterna, a expiação de Jesus não pode logicamente ser entendida como tendo sido universalmente oferecida a todas as pessoas. Calvino tentou equilibrar uma crença na expiação universal com a eleição particular, mas por fim é Deus – não as pessoas – que determina quem são os salvos e quem são os condenados.

Wesley, contudo, ficava horrorizado com qualquer prospecto que se esforçasse em limitar a expiação. Ele enfaticamente afirmava que Jesus viveu, morreu, e foi ressuscitado em prol de todos. Tal universalidade não implica salvação universal, porque as pessoas ainda precisam responder, pela graça, à oferta de Deus da redenção. Deus oferece salvação a todos, mas somente aqueles que pela graça através da fé aceitam a oferta de Deus serão salvos. Para Wesley, parecia tanto teologicamente suspeito quanto ministerialmente cruel Calvino proclamar a salvação para aqueles a quem é impossível ser salvo, em razão da predeterminação por Deus de sua reprovação. Em vez disto, Wesley proclamava com urgência a mensagem do evangelho, a fim de que as pessoas pudessem responder pela graça em cumprimento às condições salvíficas de fé e arrependimento.

6. Espiritualidade: Mais Santidade do que Mortificação

Calvino acreditava que Deus realizava a justificação e santificação nas vidas dos crentes. E que realizava estas características da salvação pela graça, e não através dos méritos ou contribuições das pessoas. A ênfase de Calvino no terceiro uso da lei o distinguia de Lutero, uma vez que Calvino colocava mais ênfase na necessidade de viver obedientemente de acordo com a lei de Deus. Deus usa a lei tanto para mortificar quanto vivificar crentes através de sua obediência. A mortificação lembra as pessoas de que sua salvação é um dom, e que eles nada contribuem com ela, a vivificação espiritualmente os anima e os conforta em sua humilde submissão a Deus. Seu crescimento espiritual ocorre de acordo com os decretos e vontade de Deus, não por qualquer contribuição humana. Nesta vida, os crentes são ao mesmo tempo salvos e pecadores. Mas pela graça de Deus eles podem ser sustentados através das batalhas da vida ao passo que também mortificam suas vidas através da obediência ao ensino bíblico, mantendo a esperança da vivificação de Deus.

Wesley era bem mais esperançoso acerca do nível ao qual Deus quer engajar as pessoas em sua formação espiritual e o nível ao qual eles podem viver vidas santas semelhantes à de Cristo. Após a conversão, o Espírito Santo de Deus continua a operar graciosamente nas vidas dos crentes, levando-os a se arrepender de pecado contínuo e a consagrar suas vidas plenamente ao senhorio de Jesus Cristo. De fato, Wesley geralmente pensava que em certo momento, subsequente à conversão, os crentes enfrentavam a crise de submeter todas suas vidas ao senhorio de Jesus. Deus recebe essa consagração com graça para sua plena santificação. Os crentes não se tornam absolutamente perfeitos, contudo, podem crescer mais eficazmente pela graça de Deus. Wesley era esperançoso acerca do nível ao qual Deus quer que as pessoas associam-se ao Espírito Santo em sua formação espiritual e viver vidas semelhantes às de Cristo, vidas santas.

7. Igreja: Mais Católica do que Magisterial

Calvino tinha elevada consideração pela igreja, e via a necessidade de mantê-la pura de defeitos, embasada nos ensinos da Bíblia. Ao manter a igreja pura, era necessário se engajar continuamente no exercício da apologética e polemismo contra aqueles que desafiavam o Cristianismo, em geral, e a Teologia Reformada, em particular. A oposição precisava ser censurada, excomungada, banida, ou talvez, executada. Tal disciplinarismo exigia uma união entre a igreja e o governo civil, uma vez que se pensava que o último fosse divinamente designado para conservar a ordem jurídica e punitiva tanto das leis políticas quanto civis. A liderança autoritária de Calvino sobre a igreja, aliada ao governo todo abrangente dos magistrados civis sobre todos os aspectos das vidas das pessoas, reflete a natureza magisterial da visão de Calvino da igreja no mundo.

Wesley tinha uma visão bem mais católica, irênica, de como os cristãos e as igrejas devem se relacionar uns com os outros. Ele não falhou em enfatizar a importância de ensinos bíblicos e ortodoxos. Contudo, Wesley pensava que as igrejas deveriam ser mais inclusivas e cooperantes com outros cristãos em vez de serem rápidas para julgá-los e condená-los. Nesta concepção da igreja, Wesley pensava ser importante enfatizar a religião do coração juntamente com as crenças corretas. Como tal, é importante enfatizar um coração reto e ações corretas assim como também relações corretas com as outras pessoas.

Viver fiel aliado à crença fiel era crucial para a vida e ministério das igrejas. Desta forma, alinhar as igrejas excessivamente com o governo civil era bíblica e teologicamente problemático. Wesley enfatizou mais a separação da igreja e estado do que o fez Calvino, uma vez que a igreja poderia ser facilmente recrutada pela influência governamental de sorte que não era benéfico nem para a igreja e nem para o governo.

8. Ministério: Mais Empoderador do que Triunfal

Calvino enfatizou o ministério da pregação da Palavra de Deus – a Bíblia – e a administração correta dos sacramentos. "Palavra e sacramento" se tornaram um tema central de seu ministério. Fazer cumprir a disciplina também era importante, e Calvino colocou grande ênfase acerca de como, tanto a igreja quanto as autoridades civis, foram ordenadas para regular as palavras e ações das pessoas. Nas igrejas, pastores e professores devem tomar a frente na proclamação da majestade soberana de Deus assim como também na primazia de ensinos bíblicos, uma vez que a Bíblia incorpora muito da obra do Espírito Santo hoje. O ministério se estendia para além das igrejas em culto que elevava a educação teológica e a disseminação do entendimento reformado do Cristianismo bíblico. Tais ministérios serviam para anunciar o triunfo soberano de Deus sobre o mundo como também a representação de Calvino dele.

Wesley enfatizava uma abordagem mais criativa, evangelística, orientada por conferência e empoderamento, do que Calvino. Ele afirmava a ênfase bíblica na pregação e administração dos sacramentos nas igrejas, mas ele também foi pioneiro em ministérios inovadores embasados nas complexas necessidades das pessoas. Tais inovações incluíam pregação ao ar livre, e o desenvolvimento de ministérios de pequenos grupos consistindo de sociedades Metodistas, encontros de sala, e grupos. O último foi designado para ser o cerne da formação de discípulos e de ministério para com outros. Wesley não se acovardou em responder às necessidades diretas das pessoas, por exemplo, quando ele fundou a Igreja Metodista Episcopal no recém-criado Estados Unidos, uma vez que a Igreja da Inglaterra havia retirado seus ministros. Por fim, Wesley pensava que o ministério deveria ser direcionado especialmente em prol do pobre. Não era o bastante, contudo, fornecer qualquer ministério de compaixão que lidava com as causas de empobrecimento. Wesley também se envolveu em ministérios de advocacia que combatiam as causas do empobrecimento, por exemplo, trabalhando em prol da reforma prisional e da abolição da escravatura.

Mais Wesley, Menos Calvino

Em qualquer circunstância dada acima, os leitores podem dizer que eles concordam mais com Calvino do que com Wesley. Entretanto, dado o acúmulo de motivos, penso que mais cristão – especialmente cristãos Protestantes – concordam mais com Wesley do que com Calvino. Mesmo aqueles que reivindicam pertencimento à tradição Reformada provavelmente teriam dificuldade em concordar mais com Calvino do que com Wesley, quando considerandas todas as dimensões de sua visão da Bíblia e do viver cristão.

Algumas pessoas simplesmente não se importam, ou não sentem necessidade de decidir acerca de tais questões. Às vezes as pessoas com quem falo se autointitulam "Calminianas", afirmado que eles gostam tanto de crenças Calvinistas quanto Arminianas. Geralmente tal comentário é feito a fim de ser bem-humorado ou evitar discussão teológica. Decerto, a salvação de alguém certamente não depende se este alguém se posiciona mais com os gostos de Wesley ou de Calvino. Entretanto, eu ainda concordo com Sócrates e sua máxima de que uma vida não examinada não vale a pena ser vivida. E quanto mais as pessoas alinham suas crenças e valores cristãos às suas práticas, mais estabelecidas e eficazes elas serão.

Algumas pessoas, indubitavelmente, terão dificuldade em reconhecer que suas crenças e valores (como também suas ações) realmente se parecem mais com as de Wesley do que com as de Calvino. É difícil as pessoas mudarem, e mesmo quando elas mudam isto as ajuda tornarem-se mais cultas, confiantes e maduras no viver cristão. Seja como for, eu encorajo as pessoas a decidirem por si mesmas se elas pensam, falam e agem mais como Wesley do que como pensava, falava e agia Calvino.

Minha conclusão: mais Wesley, e menos Calvino. Isto não quer dizer que não podemos aprender muitíssimo com Calvino, pelo contrário; nós podemos, e devemos! Contudo, se quiser se tornar mais intencional acerca de conceituar suas crenças cristãs de maneira que fortaleçam – em vez de enfraquecerem – ensinos bíblicos e seu viver cristão, então eu encorajo você a aprender sobre, refletir sobre e então seguir a teologia e o ministério de Wesley.

O Que Devemos Fazer Então?

Eu amo a história de João Batista contada em Lucas 3.1-14. João, que era primo de Jesus, começou a pregar por toda a Judeia do século I, proclamando que as pessoas deveriam se arrepender e ser batizadas. Algumas se arrependeram e foram batizadas por ele no Rio Jordão. Outras o insultaram, uma vez que João também reivindicava "preparar o caminho do Senhor" – o Messias vindouro (Lc 3. 4). Aqueles na multidão que acreditaram, perguntaram a João: "O que devemos fazer então?" (Lc 3.10). João não ofereceu respostas meramente espirituais, tais como, orem mais, adorem no sábado, estudem as Escrituras, e assim sucessivamente. Em vez disto, João deu respostas tangíveis e éticas que exigiam comprometimento e autossacrifício da parte da multidão. Ele disse que as pessoas deveriam compartilhar suas riquezas com o pobre, que os cobradores de impostos não deveriam cobrar impostos injustamente das pessoas, e disse que os soldados não deveriam extorquir dinheiro de ninguém através de ameaças ou falsas acusações.

Quando penso nesta história, sou lembrado do quanto é importante viver de maneira realista como cristãos e não apenas pensar que fazemos o bastante alegando um conjunto correto de crenças bíblicas e teológicas. Wesley pensava que estas crenças, mas ele também pensava que as práticas das pessoas devem ser alinhadas às suas crenças e valores. Não é uma preocupação de ou isto ou aquilo, é uma preocupação de "isto e aquilo" que enfatiza a importância *tanto* das crenças *quanto* das práticas, valores *e* suas implicações. Wesley, eu defendo, foi hábil em sustentar, ao mesmo tempo, crenças e práticas que outros rejeitavam, uma vez que elas não poderiam desenvolver um entendimento suficientemente sistematizado, pelo menos do Cristianismo. Mas a sistematização – tão intelectualmente atraente como é – falha em fazer justiça às complexidades e desafios da Bíblia e da vida em sua expressão física, social e espiritual. Wesley integrou crenças e valores cristãos alinhados à prática melhor do que o fez Calvino, e eu encorajo as pessoas a decidirem por si mesmas em relação a como elas podem integrar melhor seu Cristianismo alinhado a sua prática.

Discussão

1. Após ter lido este livro, quem melhor fala em prol de como você tanto acredita quanto age como cristão: Wesley ou Calvino?

2. Quais aspectos das crenças, valores, e práticas **de Calvino** você considera mais persuasivos?

3. Quais aspectos das crenças, valores, e práticas **de Wesley** você considera mais persuasivos?

4. Quais crenças cristãs discutidas neste livro você gostaria de investigar mais?

5. Quais práticas cristãs – práticas pessoais e práticas eclesiásticas coletivas – você gostaria de investigar mais?

6. Qual é sua resposta à pergunta da multidão a João Batista: O que devemos fazer então?

7. Fazendo a pergunta de outra forma, o que, então, você deve fazer?

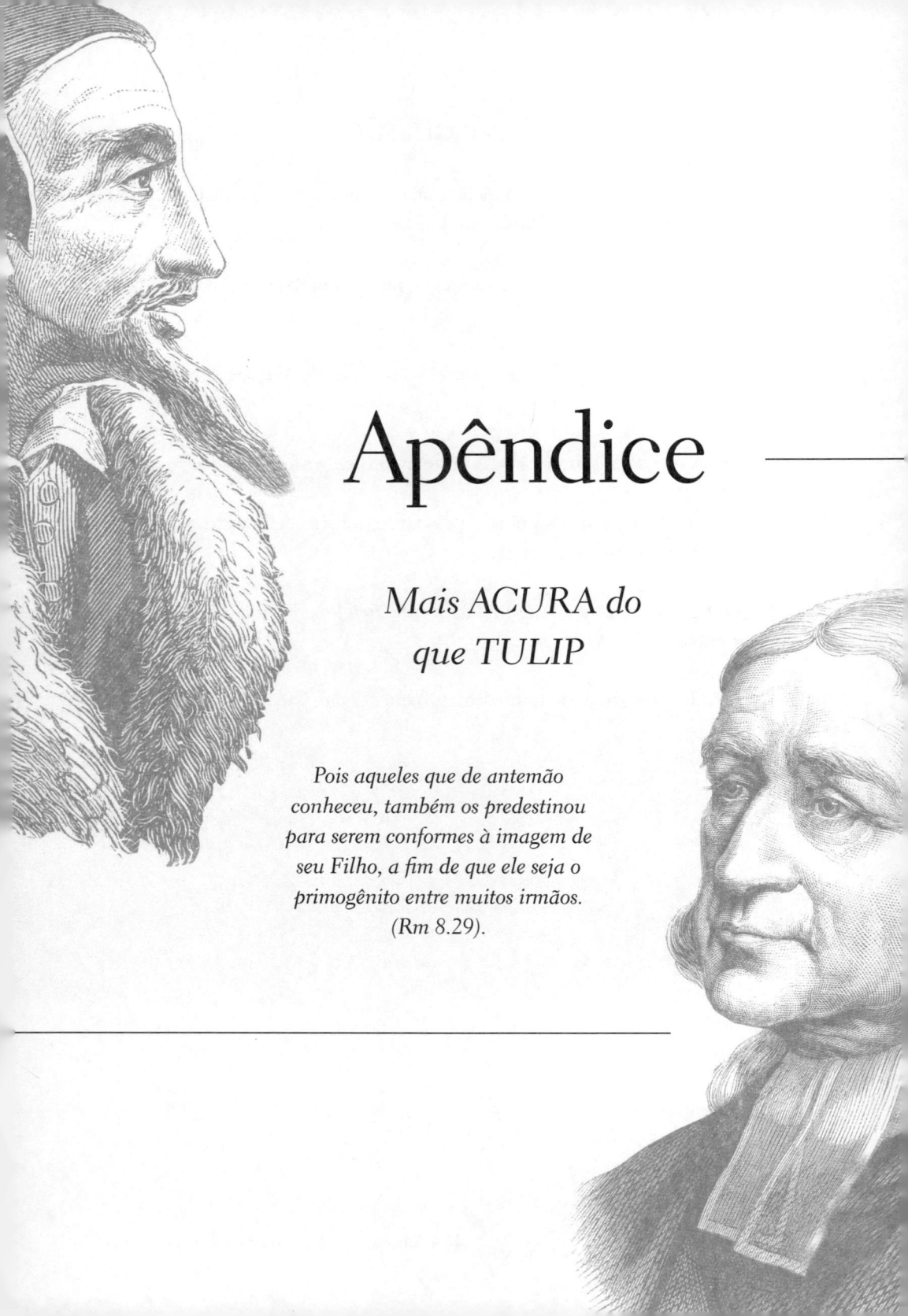

Apêndice

Mais ACURA do que TULIP

Pois aqueles que de antemão conheceu, também os predestinou para serem conformes à imagem de seu Filho, a fim de que ele seja o primogênito entre muitos irmãos.
(Rm 8.29).

João Calvino destacadamente influenciou o desenvolvimento da teologia reformada. Seus seguidores produziram várias declarações de fé, algumas durante sua vida e outras após seu falecimento. Exemplos notáveis incluem as Confissão Gálica (1559), Confissão Escocesa (1560), Segunda Confissão Helvética (1562), Catecismo de Heidelberg (1563), Confissão Belga (1566), Cânones de Dort (1619), Confissão de Fé de Westminster (1646) e assim sucessivamente.

Na Holanda, a Igreja Reformada Holandesa queria unificar as igrejas acerca de doutrinas consensuais. Um sínodo (ou conferência) foi convocado na cidade de Dort (ou Dordt, Dordrecht) em 1618, que incluiu representantes de oito países europeus adicionais. O Sínodo de Dort endossou três declarações de fé reformadas: Catecismo de Heidelberg, Confissão Belga, e a Decisão do Sínodo de Dort acerca dos Cinco Principais Pontos de Doutrina em Disputa na Holanda. O último documento sintetizava as conclusões do sínodo, que são popularmente conhecidas como os "Cânones de Dort". Às vezes, estes documentos coletivos são referidos como as "Três Formas de Unidade", que se tornaram basilares para a doutrina de muitas igrejas Reformadas.

Apesar de o sínodo de Dort ter discutido muitas questões, havia "cinco principais pontos de doutrina" que os seguidores de Jacó Armínio (1560–1609) disputavam. Armínio havia sido um líder entre os cristãos holandeses Reformados. Ele e seus seguidores desafiaram as fortes crenças do Calvinismo, apelando à graça preveniente como o meio divino pelo qual Deus capacita as pessoas a ter uma medida de escolha concernente à aceitação ou rejeição do dom divino da salvação. Após o falecimento de Armínio em 1609, seus seguidores submeteram os Cinco Artigos da Remonstrância (protesto, ou discordância) em 1610 aos estados da Holanda e Frísia. Os artigos defendiam o Arminianismo ponto a ponto, especialmente em relação à predestinação divina e liberdade humana. Os cinco pontos se tornaram um tema de muito debate na Holanda e ameaçavam a unidade das igrejas reformadas. Desta forma, o Sínodo de Dort foi convocado. Os seguidores de Armínio – conhecidos como "Remonstrantes" – vieram ao sínodo em 1618 esperando uma oportunidade para argumentar suas visões teológicas; em vez disto, suas visões foram declaradas como anátema. Isto é, suas visões findaram denunciadas, e aqueles que promoviam as crenças Arminianas obrigados a fugir da Holanda exilando-se em outros países europeus, especialmente a Bretanha e, por fim, as colônias americanas.

Os cinco pontos são comumente utilizados para resumir as diferenças entre Calvinistas e Arminianos. Basicamente eles são as doutrinas que lidam com diferentes visões acerca do nível ao qual Deus determina ou permite que os eventos aconteçam, especialmente em relação à salvação. E o motivo do debate é importante para o tema deste livro porque as crenças de Armínio eram semelhantes às de Wesley. Conforme afirmado anteriormente, não parece que Armínio influenciou Wesley de maneira significativa no desenvolvimento de sua teologia e ministério. Mas no final de sua vida, Wesley se identificou com o rótulo "arminiano" em seus crescentes debates com Calvinistas. Por exemplo, Wesley publicou a *Revista Arminiana*, que continha artigos promovendo o Metodismo como também contrastava as suas visões com as de Calvino. A identificação de Wesley com o Arminianismo foi uma maneira popularmente conhecida de distinguir entre as duas visões mais notáveis quanto a predestinação divina e a liberdade humana; ela ajudou a fornecer categorias teológicas para o duradouro debate acerca do assunto, e a associação com a teologia de Armínio indubitavelmente concedeu credibilidade adicional às visões de Wesley.

Calvino – Armínio – Wesley

As visões de Armínio e Wesley não eram, historicamente falando, novidade para eles. Várias vezes neste livro eu falei acerca de como eles incorporaram a maioria das visões sustentadas pelos cristãos desde a época dos apóstolos. As visões de Agostinho, Lutero, e Calvino não representam a maneira que a maioria dos cristãos na história da igreja entendia o relacionamento entre predestinação divina e liberdade humana. Esta é uma questão histórica equivocada que geralmente confunde os cristãos, dada a aparente importância da teologia de Calvino, pelo menos entre os Protestantes. Em vez disto, visões orientadas pelo Arminianismo mais intimamente assemelhavam-se àquelas do Catolicismo

Romano,[215] igrejas Ortodoxas, Anglicanos, e outras que representaram a maioria da visão teológica na história da igreja.

O mesmo é verdadeiro em relação à maioria dos cristãos hoje, já que a maioria defende visões orientadas pelo Arminianismo, ainda que o façam primariamente na prática em vez de teoricamente (ou teologia). Como seus antepassados teológicos, Armínio e Wesley tentaram contestar o que consideravam excessos no entendimento bíblico do Agostinianismo e visões (Luteranas e Calvinistas posteriores) da soberania de Deus. Soberania não significou que as pessoas não têm uma quantidade significativa e consequentemente responsável de liberdade humana. Pelo contrário, a soberania de Deus capacita as pessoas pela graça a responderem a Deus em fé, e, portanto, a se reconciliarem com Deus. As pessoas são salvas pela graça através da fé, semelhantemente, pela graça Deus permite que as pessoas respondam livremente em fé, apesar dos contínuos efeitos da finitude e pecado em suas vidas.

Anteriormente eu falei acerca de como estes pontos de vista rivais são melhores categorizados como Agostinianismo (por exemplo, Lutero e Calvino) e Semiagostinianismo (por exemplo, Tomás de Aquino, Armínio, e Wesley). (Veja o capítulo 3, "Humanidade: mais liberdade do que predestinação"). Não é uma diferença entre Agostinianismo e Pelagianismo (ou Semipelagianismo), uma vez que o último acredita que as pessoas devem iniciar sua salvação, desta forma, se assemelhando a um tipo de justiça pelas obras que foi rejeitado pelos escritores bíblicos. O Semiagostianianismo, contudo, acredita que Deus permite às pessoas certa medida de liberdade, que é capacitada pela graça divina. Deus inicia a salvação, contudo, Deus quer que as pessoas respondam livremente ao dom da salvação, uma vez que a salvação envolve a restauração de relacionamento com Deus como também a expiação de Jesus Cristo. O pecado impossibilita as pessoas de salvarem a si mesmas por qualquer habilidade natural, obra, ou mérito. Mas Deus, através da presença e obra do Espírito Santo, fornece prevenientemente graça suficiente para as pessoas decidirem, através da fé, aceitar a salvação. Tal decisão não é simplesmente compatível com a vontade de Deus, mas uma condição exigida pelo Senhor. É uma condição que as pessoas podem rejeitar, e por tal rejeição se tornam culpáveis de pecado e julgamento.

Em razão de Wesley e Calvino representarem líderes de grandes tradições

---

215 - Embora existam semelhanças entre a soteriologia Arminiana e a católico-romana, elas não são iguais, por isso é que hoje alguns eruditos distinguem, por exemplo, entre sinergismo evangélico e sinergismo católico (N. E.).

eclesiásticas, os dois vieram a resumir o antigo debate acerca do relacionamento entre a predestinação divina e a liberdade humana. O problema, contudo, é o questionamento sobre se os cinco pontos do Calvinismo representam adequadamente o pensamento de Calvino. Ademais, não está claro se Armínio teria concordado com todos os pontos adotados pelos Remonstrantes. Por fim, as crenças de Wesley e seus valores não correspondem exatamente às crenças e valores, quer de Armínio, quer dos Remonstrantes. Assim sendo, histórica ou teologicamente, é duvidoso o quão adequado os cinco pontos do debate fornecem categorias apropriadas para entender Wesley, Calvino e Armínio. Na verdade, eu não fiz uso dos cinco pontos como uma forma de comparar e contrastar Wesley e Calvino neste livro porque isto seria um anacronismo impreciso inclusive teologicamente.

Seja como for, a discussão doutrinária no Sínodo de Dort toca em muitas crenças e valores sustentados por Wesley e Calvino. Então, embora devamos qualificar a precisão com a qual as visões dos cinco pontos representam Wesley e Calvino, eu as utilizarei neste apêndice para resumir diferenças chave entre os dois líderes eclesiásticos. Os cinco pontos podem não ser um critério perfeito de comparação, mas são suficientes, ao menos, para auxiliar os leitores a reconhecer como Wesley e Calvino discordavam entre si. Para muitos, as principais diferenças entre os dois líderes girava – correta ou erroneamente – em torno de suas respectivas visões da predestinação divina e liberdade humana.

Os Cânones de Dort e TULIP

Apesar de os Remonstrantes primeiro articularem os cinco pontos de discordância com o Calvinismo em 1610, eu começarei tratando acerca das visões decididas pela Igreja Reformada Holandesa quando o Sínodo de Dort concluiu em 1619, uma vez que eles representam uma síntese doutrinária mais conhecida. Nos Cânones de Dort, a Igreja Holandesa Reformada resumiu sua discordância com os Remonstrantes.

Permita-me apresentar cada um dos cinco pontos, utilizando citações a partir dos artigos dos Cânones de Dort, que ajudarão a esclarecer o cerne de cada ponto. Começo com o primeiro ponto principal (dos cinco pontos), e o resumo citando a partir do artigo relacionado à decisão eterna de Deus (ou decretos):

O primeiro ponto principal concernente à predestinação divina

Artigo 6: A Decisão Eterna de Deus

> O fato de que alguns recebem de Deus o dom da fé dentro do tempo, e que outros não recebem, origina-se de sua decisão eterna. Pois "todas as obras são conhecidas de Deus desde a eternidade". Em concordância a esta decisão ele graciosamente abranda os corações, embora duros, de seus escolhidos e os inclina a acreditar, mas por seu justo julgamento ele os abandona em sua malignidade e dureza de coração aqueles que não foram escolhidos. E nisto especialmente nos é exibido seu ato – incomensurável, e misericordioso como é – de distinguir entre as pessoas igualmente perdidas. Esta é a bastante conhecida decisão de eleição e reprovação revelada na palavra de Deus. Esta decisão os maus, impuros, e instáveis distorcem para sua própria ruína, mas ela fornece às santas e pias almas consolo além das palavras.[216]

A citação supramencionada é uma referência ao que Calvinistas posteriores descreveram como "eleição incondicional". Ela inclui ambos os decretos de Deus, declarados antes da fundação do mundo, acerca de quem será eleito (salvo) e quem será reprovado (condenado). Embora Calvino não utilizasse a expressão *dupla predestinação* para descrever o decreto dual daqueles que são salvos e aqueles que são condenados, seus seguidores utilizaram – por exemplo, Teodoro Beza, que articulou a doutrina do supralapsarianismo. O supralapsarianismo enfatiza a soberania dos decretos de Deus para salvar algumas pessoas e condenar outras, mesmo antes de Deus ter decretado criar o mundo e a humanidade.

O segundo principal ponto dos Cânones de Dort tinha a ver com a expiação de Jesus Cristo. O artigo citado abaixo tem a ver com a eficácia da morte de Jesus:

---

[216] Cânones do Sínodo de Dort, 1618-19, em *Creeds and Confessions of Faith in the Christian Tradition*, vol. II, part 4, *Creeds and Confessions of the Reformation Era*, ed. Jaroslav Pelikan e Valerie Hotchkiss (New Haven: Yale University Press, 2003), 571, 572. De agora em diante as referências aos Cânones de Dort serão referidas como "Cânones de Dort".

O segundo ponto principal de doutrina: A morte de Cristo e a redenção humana através dela

Artigo 8: A Eficácia Salvífica da Morte de Cristo

> Pois foi o plano inteiramente livre e a mui graciosa vontade e intenção de Deus, o Pai, que a eficácia animadora e salvífica da custosa morte do Filho operasse em todos os seus escolhidos, a fim de que ele possa conceder fé justificadora a eles apenas e, desse modo, conduzi-los sem fracasso à salvação.[217]

Jesus Cristo forneceu expiação à humanidade. Mas apenas os escolhidos recebem sua "eficácia salvadora".

O terceiro e quarto pontos são combinados. Eles se relacionam ao que veio a ser conhecido como a "total depravação da humanidade" e, consequentemente, à necessidade das pessoas da graça de Deus para operar irresistivelmente em suas vidas. Cito a partir dos três artigos que lidam com a incapacidade humana e como as pessoas devem confiar unicamente em Deus:

O terceiro e quarto principais pontos de doutrina: corrupção humana, conversão a Deus, e a maneira que eles ocorrem

Artigo 1: O Efeito da Queda sobre a Natureza Humana

> O homem foi originalmente criado à imagem de Deus e foi revestido de mente com um verdadeiro e salutar conhecimento de seu Criador e coisas espirituais, em sua vontade e coração foi revestido de retidão, e em todas as emoções ele foi revestido de pureza; de fato, o homem todo era santo. Contudo, ao se rebelar contra Deus instigado pelo diabo e por seu próprio livre-arbítrio, ele privou a si mesmo destes maravilhosos dons. Antes, em seu lugar ele trouxe sobre si cegueira, terrível escuridão, futilidade, e distorção de julgamento em sua mente; perversidade, resistência, e dureza em seu coração e mente; e, por fim, impureza em todas suas emoções.

---

217 Cânones de Dort, II.4.580.

Artigo 2: A Disseminação da Corrupção

O homem gerou filhos da mesma natureza como ele mesmo após a queda. Isto quer dizer, sendo corrupto ele gerou filhos corruptos. A corrupção foi disseminada, pelo justo julgamento de Deus, de Adão a todos os seus descendentes – excetuando-se apenas Cristo – não por forma de (imitação como no passado os pelagianos teriam dito), mas por maneira de propagação de sua natureza pervertida.

Artigo 3: Total Inabilidade

Portanto, todas as pessoas são concebidas em pecado e nascem filhos da ira, incapazes de qualquer bem salvífico, inclinados ao mal, mortos em seus pecados, e escravos do pecado; sem a graça do Espírito Santo regenerador eles não estão dispostos e nem são capazes de retornarem a Deus, para reformar sua natureza distorcida, ou mesmo para se organizarem para tal reforma.[218]

O quinto e último pontos dos Cânones de Dort têm a ver com a perseverança dos santos. Eu cito a partir do artigo que fala acerca de como é Deus quem deve não apenas salvar os eleitos, mas também perseverá-los:

O quinto e último ponto de doutrina: a Perseverança dos Santos

Artigo 3: A Preservação dos Convertidos por Deus

Em razão desses resquícios de pecado habitando neles e também em razão das tentações do mundo e Satanás, aqueles que foram convertidos não poderiam permanecer nesta graça se deixados a seus próprios recursos. Mas Deus é fiel, misericordiosamente fortalecendo-os na graça uma vez conferida a eles e os preserva poderosamente nela até o fim.[219]

---

218 *Cânones de Dort*, II.4.583–84.
219 *Cânones de Dort*, II.4.591, 592.

Na língua inglesa, os cinco pontos do Calvinismo são mais comumente resumidos pela sigla TULIP. Esta sigla não segue a exata ordem dos Cânones de Dort, mas se tornou a maneira mais comum de referência aos cinco pontos. Eles incluem:

1. Depravação total
2. Eleição incondicional
3. Expiação limitada
4. Graça irresistível
5. Perseverança dos santos

Cada um dos pontos supramencionados do Calvinismo é, às vezes, referido por termos diferentes. Às vezes os termos cognatos são iluminadores; outras vezes são confusos, no melhor cenário, e incorretos, no pior dos cenários. Considere os seguintes exemplos:

1. Total depravação: total inabilidade, total depravação hereditária, ou pecado original
2. Eleição incondicional: decisão eterna de Deus, ou eleição de Deus (cf. dupla predestinação)
3. Expiação limitada: expiação particular, redenção particular, ou a justificação é limitada
4. Graça irresistíveI: chamado eficaz, ou chamado eficaz do Espírito Santo
5. Perseverança dos santos: segurança eterna, ou uma vez salvo, sempre salvo.

Eu não planejo discutir os benefícios e desvantagens dos vários termos utilizados acima para identificar os cinco pontos do Calvinismo. Basta-me dizer que escolho falar acerca da TULIP, uma vez que o termo é a maneira mais comum que as pessoas pensam acerca das visões de Calvino e o Calvinismo em relação à predestinação divina e liberdade humana, particularmente em relacionamento com a salvação.

A Remonstrância e os Cinco Pontos do Arminianismo

A Remonstrância (ou os Artigos Arminianos, 1610) foi primeira apresentada como cinco pontos de discordância com a teologia da Igreja Reformada Holandesa.

O documento contendo os pontos de discordância não é longo, e então eu o citarei extensivamente. Quero que os leitores aprendam de primeira mão sobre as cinco preocupações dos Remonstrantes acerca das visões Calvinistas da predestinação divina e liberdade humana. Considere o seguinte:

A Remonstrância

Artigo 1

Que Deus, por um eterno e imutável propósito em Jesus Cristo, seu Filho, antes que as fundações do mundo fossem postas, determinou salvar, dentre a raça humana caída em pecado, em Cristo, por amor a Cristo e através de Cristo, aqueles que através da graça do Espírito Santo crerão neste Filho e perseverarão, por meio da mesma graça, nesta mesma fé e obediência até o fim; e, por outro lado, deixar sob o pecado e ira os contumazes e descrentes e condená-los como estranhos a Cristo, de acordo com a palavra do Evangelho em João 3.36.

Artigo 2

Que, consequentemente, Jesus Cristo, o Salvador do mundo, morreu por todos e por cada indivíduo, de sorte que ele obteve para todos, por sua morte na cruz, reconciliação e remissão de pecados; entretanto, ninguém é participante desta remissão senão crentes, de acordo com a palavra do Evangelho de João 3.16.

Artigo 3

Que o homem não possui graça salvadora de si mesmo, nem do operar de seu próprio livre-arbítrio, visto que em seu estado de apostasia e pecado ele não pode por si mesmo e de si mesmo pensar nada que é bom – nada que seja verdadeiramente bom, tal como é, acima de tudo, a fé salvadora. Mas que é necessário que por Deus, em Cristo, e através de seu Espírito Santo, ele nasça novamente e seja renovado em entendimento, afeições e vontade, e em todas as suas faculdades, para que ele possa ser capaz de entender, pensar, desejar e realizar aquilo que é verdadeiramente bom, de acordo com a palavra de Cristo, João 15.5.

Artigo 4

Que esta graça de Deus é o início, o progresso, e o fim de todo bem; de sorte que o homem regenerado não pode pensar, desejar, nem efetivar qualquer bem, nem resistir qualquer tentação ao mal, sem a graça precedente (ou preveniente), despertadora, seguinte e cooperadora. De maneira que todos os feitos e todos os movimentos voltados para o bem que podem ser concebidos em pensamento devem ser atribuídos à graça de Deus em Cristo. Mas em relação ao modo de operação, a graça não é irresistível.

Artigo 5

Que aqueles que são enxertados em Cristo por uma fé verdadeira, e têm desse modo, se tornado participantes de seu Espírito doador de vida, estão abundantemente dotados de poder para batalhar contra Satanás, pecado, o mundo, e sua própria carne, para obter a vitória; sempre, seja entendido, com a ajuda da graça do Espírito Santo, com Jesus Cristo assistindo-os em todas as tentações, através de seu Espírito; estendendo sua mão a eles e (desde que eles mesmos unicamente estejam preparados para a batalha, que supliquem seu auxílio e não falhem em ajudar a si mesmos) apoiando-os e fortalecendo-os de sorte que por malícia ou violência alguma de Satanás eles possam ser extraviados ou arrancados das mãos de Cristo, de acordo com as palavras de Cristo, João 10. Mas sobre a questão se eles são ou não capazes de abandonar o início de sua vida em Cristo, para abraçar novamente este mundo presente, para se afastar da sã doutrina uma vez entregue a eles, para perder sua boa consciência, e para negligenciar a graça – isto deve ser assunto de uma investigação mais exata nas Sagradas Escrituras, antes que possamos ensiná-la com total confiança de nossa mente.[220]

Se eu quiser sintetizar os cinco pontos do Arminianismo de maneira que contraste ponto a ponto com os cinco pontos do Calvinismo, listados sob a sigla TULIP, então eu poderia fazê-lo da maneira a seguir. Eu utilizo o palavreado exato acima, fazendo uso de traduções dos termos teológicos holandeses:

1. Predestinação condicional
2. Expiação universal
3. Fé salvadora
4. Graça resistível
5. A incerteza da perseverança

Tão importantes quanto estes temas são para descrever o Arminianismo (como também representar as duradouras tradições do Catolicismo Romano, igrejas Ortodoxas, e Anglicanismo), eles não são muito conhecidos, lamentavelmente. Por não serem bem conhecidos, com muita frequência são mal representados, caluniados, ou negligenciados por ser uma alternativa bíblica e teológica não conformista às crenças Calvinistas acerca da predestinação divina e liberdade humana. Contudo, acusações de heresia ou heterodoxia teológica são erradas! Independentemente de se as acusações são oriundas da ignorância ou malevolência, as visões Arminianas orientadas pelo Semiagostianianismo são exaustivamente embasadas na Bíblia. De fato, elas representam a maioria da visão cristã, historicamente falando.

A marginalização das visões Arminianas e do Wesleyanismo (como também as visões do Catolicismo Romano, igrejas Ortodoxas, e Anglicanismo) é, em parte, em razão da hegemonia da produção acadêmica bíblica e teológica representativa das tradições eclesiásticas Luteranas e Reformadas. Para o crédito de tais, os eruditos Luteranos e Reformados fizeram um excelente trabalho no

---

[220] A Remonstrância, 1610, em *Creeds and Confessions of Faith in the Christian Tradition*, vol. II, part 4, *Creeds and Confessions of the Reformation Era*, ed. Jaroslav Pelikan e Valerie Hotchkiss (New Haven: Yale University Press, 2003), 549–50.

desenvolvimento, publicação, e promoção de suas teologias. Contudo, apesar de seu sucesso acadêmico, eles não falam pela maioria dos cristãos, incluindo os Protestantes. Então, maior consciência histórica e teológica se faz necessária. Ela é necessária a fim de reconhecer a natureza e extensão das crenças e valores semiagostinianos, refletidos das visões arminianas e wesleyanas acerca da predestinação divina, liberdade humana, e salvação.

Entendimento Adequado do Arminianismo

Permita-me dar alguns exemplos de como os cinco pontos do Arminianismo têm sido mal entendidos ou mal interpretados. (1) A predestinação condicional tem sido caricaturada como uma eleição anulada – isto é, como uma rejeição total da eleição divina. Mas tal entendimento do Arminianismo é ilógico, uma vez que os Remonstrantes claramente acreditavam em eleição embasada no conhecimento eterno de Deus quanto àqueles que aceitarão a salvação pela graça através da fé. Deus realmente elege alguns para a salvação, mas a eleição está embasada no conhecimento eterno daqueles que, pela graça, decidirão acreditar em Jesus Cristo – o conhecimento que as pessoas se referem como "presciência".

(2) A crença Arminiana na universalidade da expiação de Jesus Cristo tem sido caricaturada como salvação universal ou Universalismo, e falsamente acusado de reivindicar que todos serão salvos sem que ninguém seja, por consequência, condenado. Entretanto, os Remonstrantes não acreditavam em salvação universal. Eles acreditavam firmemente que Jesus morreu por todos, e não meramente pelos eleitos escolhidos por Deus, sem presciência divina de quem aceitaria sua salvação. De acordo com os Remonstrantes, alguns escolhem rejeitar a Deus, e, desta forma, justificam a culpabilidade pelo pecado, julgamento, e condenação.

(3) Fé salvadora tem a ver com como as pessoas, em razão do pecado, não conseguem humanamente ou por meios naturais salvar a si mesmas. Assim sendo, as pessoas devem responder à graça de Deus pela fé a fim de serem

salvas. Contudo, o Arminianismo tem sido caricaturado como advogando uma depravação diminuída que possibilita às pessoas, humanamente falando, a ganhar ou merecer sua salvação. Tal não poderia estar mais longe da verdade, uma vez que os Remonstrantes firmemente acreditavam que Deus iniciava, capacitava, e completava a salvação das pessoas. Não há indício algum de justiça pelas obras ou Pelagianismo na Teologia Arminiana.

(4) Em relação à graça divina, os Remonstrantes acreditavam que ela era resistível. Deus não coage as pessoas para se converterem, em vez disto, dá à elas a graça para aceitarem ou rejeitarem a salvação. Deus graciosamente permite que as pessoas decidam por si mesmas, e suas decisões realmente têm importância eterna. Os Arminianos não acreditavam em uma graça sedentária ou inativa, pela qual as pessoas devem confiar em seu próprio esforço ou mérito humano. Acusações do contrário são tentativas de caricaturar o Arminianismo como uma variação do Pelagianismo. Infelizmente, os críticos dos Remonstrantes – do passado e presente – têm às vezes recorrido mais à distorção teológica do que a tentar entender verdadeiramente e debater imparcialmente com aqueles de quem discordam.

(5) Ao discutir a perseverança dos santos, os Remonstrantes disseram de maneira subjacente que os cristãos poderiam intencional ou habitualmente rejeitar sua salvação. O que eles disseram foi que, embasado no testemunho da Bíblia, é incerto se aqueles que são salvos podem ou não se tornarem apóstatas. Todavia, os Arminianos certamente discordavam do sentido de certeza reivindicado pelos Calvinistas em relação à perseverança dos santos, uma vez que segurança como também a própria salvação consiste de um relacionamento contínuo com o Espírito Santo de Deus. Afinal, reivindicações de certeza não são garantias de verdade. Ademais, Calvino não ofereceu às pessoas um caminho claro para que elas pudessem ter certeza nesta vida se eram ou não eleitas, uma vez que a salvação é mais uma questão de decisão divina do que qualquer coisa que as pessoas possam decidir.

Wesley e ACURA

Wesley não apelou a Armínio ou aos Arminianos durante a maior parte de sua vida e ministério. Foi somente no período final da vida que Wesley identificou-se com a tradição teológica estabelecida pelo Arminianismo. Sua identificação se deu no contexto de crescente debate com Calvinistas, especialmente sobre questões relacionadas aos papeis de Deus e das pessoas concernente à salvação. Apesar de Wesley e Armínio não concordarem inteiramente em cada ponto, suas visões teológicas da predestinação divina e liberdade humana eram suficientemente semelhantes justificando o porquê Wesley tornou-se o principal Protestante do Arminianismo de orientação Semiagostiniana no mundo de fala inglesa.

Até o presente, as pessoas em geral, e Protestantes em particular, ou não sabem ou não entendem as visões Semiagostinianas, Arminianas e Wesleyanas dos assim chamado cinco pontos do remonstrantismo discutidos acima. Conforme já afirmado, lamentavelmente as pessoas tendem a ser ignorantes ou desinformadas acerca da história da Igreja, muito mais em relação à história da teologia cristã. Elas também podem ser mal informadas, o que é especialmente problemático quando Calvinistas e outros distorcem as crenças de Wesley e teólogos como ele. Quando defensores da Tradição Reformada estabelecem defender suas visões apologeticamente ou atacar polemicamente aqueles que discordam deles, seu tratamento dos pontos de vista alternativos, tais como os de Wesley, podem se tornar distorcidos – intencionalmente ou não. Assim sendo, é importante que as visões de Wesley acerca da predestinação divina e a liberdade humana sejam tratadas de maneira justa e crítica, e não que sejam descartadas de forma injusta e acrítica.

Eu defendo que uma das razões pela qual Wesley (e Armínio, neste ponto) geralmente não é ouvido de maneira suficiente é porque suas crenças não são identificáveis com facilidade em face às de Calvino. Permita-me explicar. Quando as pessoas ouvem a palavra TULIP, elas podem facilmente lembrar os cinco pontos do Calvinismo. Podem não concordar com cada ponto, ao menos não inteiramente ou não completamente na prática. Mas, uma vez que não conheçam prontamente uma alternativa, as pessoas podem se sentir sem outras opções teológicas. Consequentemente, elas às vezes precisam lutar com o sistema TULIP e decidir se podem concordar apenas com quatro pontos, três pontos, dois pontos, um ponto e meio, ou quem sabe qual outra versão podem conceber. Como não conhecem prontamente os contrapontos do Calvinismo, tudo o que sabem fazer é aceitar, talvez relutantemente, porções expressas na TULIP.

Agora, Wesley não falou acerca dos cinco pontos do Calvinismo ou Arminianismo *per se*. De novo, Wesley não estava casado com a teologia Arminiana. Seja como for, suas crenças e valores eram substancialmente as mesmas que as de Armínio, ao menos em se tratando de suas visões da predestinação divina, liberdade humana e salvação. Então, em minha opinião, precisa haver uma melhor maneira de comparar e contrastar as visões de Wesley e Calvino do que as disponíveis atualmente.

Desta forma eu proponho o uso de uma sigla específica que auxiliará a um melhor entendimento da teologia de Wesley, e facilitar o processo de comparação com os cinco pontos do Calvinismo. Um mecanismo mnemônico (de memória) ajudará as pessoas a se tornarem mais conscientes e apreciativas das visões alternativas às de Calvino e seus seguidores. Naturalmente, a criação de tal sigla demanda certa imaginação, uma vez que seu sucesso pode exigir que ele seja mais fácil de se lembrar do que em ser meramente sistemático. Agora, eu não pretendo ser impreciso, nem bíblica, nem historicamente. No entanto, uma fraseologia levemente modificada ajudará a contrastar Wesley (e o Wesleyanismo) e Calvino (e o Calvinismo). Consequentemente, eu sugiro a utilização do acróstico (sigla) ACURA a fim de ajudar as pessoas a contrastar as crenças Wesleyanas das do Calvinismo e do TULIP. Permita-me justapor ACURA e TULIP na seguinte tabela:

Calvinismo x Wesleyanismo

Calvinismo - TULIP	Wesleyanismo - ACURA
1 - Depravação Total	1 - Todos são Pecadores
2 - Eleição Incondicional	2 - Eleição Condicional
3 - Expiação Limitada	3 - Expiação Ilimitada
4 - Graça Irresistível	4 - Graça Resistível
5 - Perseverança dos Santos	5 - Certeza da Salvação

Existem inúmeras formas que eu poderia ter criado um acróstico para representar as tradições mais amplas do Arminianismo e Wesleyanismo. Por exemplo, eu poderia utilizar os cinco termos na tradução da remonstrância, mencionadas acima. Mas falando em termos práticos, as letras CUSRT ou CUSRU, em acróstico em língua inglesa, ou a reordenação das letras em SCURT ou SCURU, não formam um acróstico fácil de ser memorizado. O acróstico ACURA (em inglês) pode parecer um tanto clichê, mas espero que a simplicidade e a facilidade de memorização auxiliem as pessoas a se tornarem mais conscientes e discursivas de suas questões teológicas importantes relacionadas à soberania divina, liberdade humana, e salvação.

Há um bom tempo, tenho lecionado acerca do Sínodo de Dort e sobre as visões alternativas do Calvinismo e Arminianismo. Uma vez que os cinco pontos do Calvinismo são mais amplamente conhecidos, fez mais sentido listar os cinco pontos do Arminianismo (e Wesleyanismo) em contraste às visões Calvinistas. Na verdade, por muitos anos, uma tabela que criei para ensinar acerca destas questões teológicas utilizava as quatro últimas categorias de CURA. Em se tratando da depravação total, Wesley compartilhava provavelmente sua maior concordância com Calvino. Assim sendo, era uma questão simples para eu discutir o primeiro ponto de contraste com a expressão *todos são pecadores*. Todos pecaram, certamente (Rm 3.23), mas Wesley – como Calvino – acreditava que o pecado enraizava-se bem mais fundo. As pessoas são inteiramente pecadoras e incapazes de salvarem-se a si mesmas, e, deste modo, devem confiar na graça divina para a vida eterna.

Então ACURA representa um acróstico fácil de ser lembrado (ferramenta heurística, ou mito útil) para falar acerca da visão de Wesley sobre a predestinação divina e liberdade humana em relação à salvação. Ao estudioso, ACURA parece ser demasiado brega e desprovido de precisão teológica. Ao fã de automóveis, o nome pode também ser enganador, embora os carros produzidos pela Empresa Acura sugiram "precisão".[221] Seja como for, em razão do termo ACURA ser mais facilmente lembrado, ele tem chance de rivalizar o TULIP como um recurso mnemônico para falar acerca dos assuntos extremamente – de fato, extremamente importantes – da predestinação divina, liberdade humana e salvação.

---

221 É meu entendimento que a Empresa Acura foi criada na América do Norte a fim de vender carros de ponta para a Empresa Honda. O nome Acura comunicava "precisão", que é o lema da fabricante de carro: "Desempenho Feito com Precisão". Humoristicamente falando, você preferiria ter um ACURA ou um TULIP?

Mais ACURA do que TULIP

Não apenas penso que o ACURA representa um acróstico útil na tarefa de contrastar as visões de Wesley às de Calvino e dos Calvinistas, mas também acredito que sua mensagem é mais persuasiva, bíblica, e mais verdadeira com a vida. Por todo este livro eu demonstrei minha apreciação por Calvino, sobretudo porque ele contribuiu tremendamente ao desenvolvimento histórico e teológico do Protestantismo. Todavia, Calvino não representa todo cristão, especialmente todo cristão Protestante, e muitos que se intitulam seguidores de Calvino ou do Calvinismo podem nem mesmo viver segundo estas crenças. Muito frequentemente ocorre uma desconexão entre o que os cristãos dizem e valorizam, e como eles realmente vivem. Para alguns, isto tem a ver com ser hipócrita, ao passo que outros, e eu suspeito que o maior número, aceitaram a teologia Calvinista e Reformada sem realmente pensar acerca de quão relevante esta teologia é, e se ponderaram sobre as formas que acreditam como também vivem suas vidas na prática. Eles podem não ter tido o tempo (ou devotado tempo e esforço) para pensarem autocriticamente, e considerarem alternativas bíblicas inequívocas, além de terem a coragem para modificar sua *teoria* para que ela ande de mãos dadas com sua *prática*.

Estou tão convencido que Wesley fez um trabalho melhor de capturar o cerne da Bíblia e de articular como o Espírito Santo continua a operar diariamente nas vidas das pessoas que eu não consigo evitar a recomendação por "mais ACURA e menos TULIP". Se você acredita em (1) depravação total, (2) eleição incondicional, (3) expiação limitada, (4) graça irresistível, e (5) perseverança dos santos, então você muito provavelmente afirma o TULIP. Mas eu suspeito que muitos não afirmam as doutrinas supramencionadas. Além do mais, se cristãos afirmam uma, duas, ou apenas parte de um terceiro ponto do Calvinismo, então eles precisam reconsiderar a relevância de suas crenças e valores básicos. Afinal, a teoria que você sustenta (suas crenças e valores) afeta poderosamente como você vive no cotidiano da vida, quer isto ocorra de maneira consciente ou inconsciente. Se você acredita mais nas doutrinas que (1) todos são pecadores, (2) a é eleição condicional, (3) a expiação é ilimitada, (4) a graça é resistível, e (5) na certeza da salvação, então você definitivamente deve afirmar o ACURA.

Wesley tinha uma habilidade excepcional para discernir o cerne dos ensinos bíblicos e torná-lo praticamente relevante às pessoas em geral e aos cristãos em particular. Ele foi metódico em sua teologia e ministério, embora não no sentido de ser um cristão criador de sistema, especialmente quando a criação de um sistema excedia a realidade dos ensinos bíblicos e as complexidades da vida. A vida pode ser bastante desordenada, afinal – bem assistemática e imprevisível. Precisamos estar atentos ao Espírito Santo e prontos a responder primorosamente às necessidades espirituais, físicas, sociais e outras que as pessoas experimentam. Contudo, em razão de não estarmos sozinhos, mas termos constantemente a presença da graça de Deus em nossas vidas, podemos viver ousadamente de modo livre, escolhendo participar responsavelmente das muitas bênçãos divinas prometidas a nós. Tais bênçãos incluem a salvação como também viver santo que refletem o amor a Deus e a nossos próximos, social e individualmente. Que nós possamos como cristãos sempre nos esforçar, pela graça de Deus, a alinhar mais nossas crenças à nossa prática.

Discussão

1. Você entende os cinco pontos do Calvinismo – TULIP? Com qual dos cinco pontos você mais concorda? De qual ou quais você discorda?

2. Você entende os cinco pontos do Arminianismo? Com qual dos cinco pontos você mais concorda? De qual ou quais você discorda?

3. Com qual teologia você mais concorda: Arminianismo ou Calvinismo? Por quê?

4. Como o equívoco de estabelecer cinco pontos é danoso ao Arminianismo? Isto também tem sido danoso ao Calvinismo?

5. O acróstico ACURA é útil ao comparar Wesley e Calvino? Quais são seus benefícios, e quais suas desvantagens?

6. A discussão dos cinco pontos ajuda você a alinhar mais suas crenças à sua prática?

catálogo

DE LIVROS
E LANÇAMENTOS

EDITORA
CARISMA

lançamento

William Seymour: a biografia
VINSON SYNAN & CHARLES FOX JR.

A mais completa biografia disponível sobre a vida e obra de William Joseph Seymour, o ex-escravo da Lousiana que se tornou o maior líder Pentecostal de todos os tempos, à frente de um movimento revolucionário do Espírito que trouxe novos ventos, rumos e intensa vitalidade à Igreja. Conheça tudo sobre Seymour, o avivamento que liderou e acesse os maisimportantes documentos históricos.

320 páginas, ISBN 978-85-92734-05-3

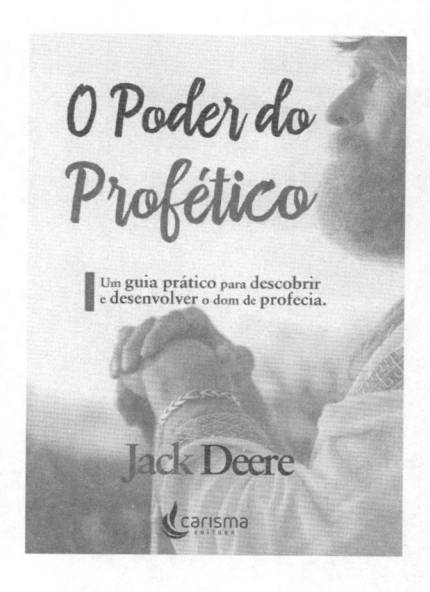

O Poder do Profético
JACK DEERE

Jack Deere, conhecido dos Carismáticos e Pentecostais que o aclamam – e de seus detratores também, desembarca no Brasil com seu mais novo livro que é sucesso de crítica e vendas no mundo inteiro; esclarecedor e pastoral sobre o dom de profecia e suas operações na igreja de nossos dias. Um livro revelador, contagiante, imprescindível.

180 páginas, ISBN 978-85- 92734-03- 9

Sobre a Cessação dos Charismata
JON RUTHVEN

Alister McGrath disse em seu livro "A Revolução Protestante", que Jon Ruthven articulou o melhor estudo e refutação ao Cessacionismo de BB Warfield, considerado pai do cessacionismo como majoritariamente defendido. Larry Hurtado, por sua vez, disse que Ruthven apresentou uma análise notável e persuasiva contra o Cessacionismo despontando como o estudo definitivo sobre o assunto.

304 páginas, ISBN 978-85-92734-02-2

lançamento

Evidência Inicial
GARY MCGEE

Este livro apresenta trezes capítulos assinados pelos mais renomados teólogos e historiadores da área, tais como Stanley Burgess, Larry Hurtado, Robert Menzies e Gary McGee. Evidência Inicial é daquelas ferramentas imprescindíveis aos que desejam estudar os desdobramentos da doutrina do falar em línguas como evidência física inicial do batismo do Espírito.

288 páginas, ISBN 978-85-92734-04-6

O Dom de Profecia no Novo Testamento e Hoje
WAYNE GRUDEM

O conhecido clássico de Wayne Grudem, renomado estudioso bíblico e sistemático, está de volta. Um dos livros mais completos sobre o dom de profecia e outros vinculados à discussão. O livro apresenta análises detalhadas de importantes passagens e oferece respostas necessárias e indispensáveis para o conhecimento da verdade de Deus sobre seus dons.

270 páginas, ISBN 978-85-92734-01-5

Sola Scriptura e os Dons de Revelação
DON CODLING

Sola Scriptura e os Dons de Revelação é uma resposta contundente escrita por um presbiteriano calvinista contra os pressupostos do Cessacionismo. Seus argumentos demonstram com clareza que os princípios da Confissão de Fé de Westminster sobre revelação especial extrabíblica estão sendo interpretados equivocadamente pelo Cessacionismo Reformado.

236 páginas, ISBN 978-85-92734-00-8